U0664864

AI 超级个体

AI时代，内容创富的实战方法论

AI SUPER INDIVIDUAL

肖逸群 著

团结出版社
UNITY PRESS

图书在版编目（CIP）数据

AI超级个体 / 肖逸群著. — 北京：团结出版社，2023.6

ISBN 978-7-5234-0206-1

Ⅰ.①A… Ⅱ.①肖… Ⅲ.①人工智能—应用—企业管理—研究 Ⅳ.①F272.7

中国国家版本馆CIP数据核字(2023)第104363号

出　　版：团结出版社
　　　　　（北京市东城区东皇城根南街84号　邮编：100006）
电　　话：（010）65228880 65244790
网　　址：http://www.tjpress.com
E-mail：zb65244790@vip.163.com
经　　销：全国新华书店
印　　刷：鸿博睿特（天津）印刷科技有限公司
装　　订：鸿博睿特（天津）印刷科技有限公司
开　　本：170mm×240mm　16开
印　　张：19.25
字　　数：295千字
版　　次：2023年6月　第1版
印　　次：2023年6月　第1次印刷
书　　号：978-7-5234-0206-1
定　　价：59.00元

（版权所属，盗版必究）

写在"AI超级个体"爆发的前夜

01

你好，我是肖厂长，星辰教育的创始人。

首先，强烈建议你花3分钟，看完1000字的前言部分。

相信从我的故事代入，你一定会更有动力看完本书，也会更透彻地吸收本书的全部干货。

02

作为一名连续创业者，同时也是一名内容创业者，在我本次创业的近10年过程中，我经历了自己身份的"三级跳"。

1.我曾经是一名心思缜密的"操盘手"

我是一家在线教育公司的老板，有着最高人数达600人的团队。7年时间，我和团队从微信300好友做到3000万"私域资产"，公司在私域营收一年最高6亿。

我们公司曾经的主营产品是英语学习产品。我曾经签约了国内众多知名的英语老师，不少都是新东方出来的超级讲师。后来，我们团队还推出了自己的各种英语学习产品：轻课、潘多拉英语、极光单词、趣课多等。

巅峰时期，每天有100万的付费学员同时在我们的各种产品里学习打卡，私域1天涨粉最高15万。

2.我也曾被迫但成功转型"超级个体"

2021年前后，我们的赛道经历了众所周知的巨大变化，我果断站出来，自己做创始人IP。3年时间，我在全网做了数百万的公域流量，并累积了10多万的高净值老板"私域"，通过自己的商学课程、私董会、高客单操盘产品变现。

我的定位是商学院：教老板如何做流量、如何做私域、如何做IP、如何做发售等。

从我开始做IP起，我就每年写一本书。2022年年底，我写完了我的第三本书《超级个体》。前两本分别是《肖逸群的创业手记》《私域资产》。

3.2023年年初，AI和ChatGPT的出现，让我进一步转型为"AI超级个体"

首次接触GPT-4后，我大受震撼，并开始疯狂学习AI。

2个星期内，我跟10多名AI大佬连麦学习，并在团队内部和我的恒星私董会强力推广AI。

除此之外，我还发起了一个面向老板人群学习AI的付费社群：AI老板圈。通过我自己付费邀请在AI领域有所建树的讲师来授课，做成标准化产品，3天就实现了百万营收。

自身快速落地实践后，我还在短视频选题、文案、数字人、课程交付等方面借助AI不断提升我的创作效率。

就拿一个细节来举例：在高强度的工作状态下，我曾经1年出1本书。

而借助AI的辅助，我今年1年就计划出3本书。

《AI超级个体》就是其中之一，这也是我的上一本书《超级个体》的2.0版本。

03

我创业曾经有一个最大的遗憾，就是自己不懂技术，不懂得编程。

而这个遗憾，在2023年逐渐消解。

因为我发现，以ChatGPT为代表的AI先进工具出现后，这个世界上最好的编程语言就是我们每天使用的自然语言。

而这是一门人人都会的语言。

04

2023年是AI人工智能爆发的元年。

下面这张图，是2023年刷爆创业者社群的一张图。

过去的公司　　现在的公司

Discord　VS　Midjourney

	年营收	员工人数	融资金额
Discord	1亿美金	650人	5亿美金
Midjourney	1亿美金	11人	0美金

我相信，AI的出现，会进一步拉开人与人的差距，以及公司与公司的差距。

05

2018年开始，在推荐算法的爆发式增长下，借助短视频和直播，个体可以被无限放大。

过去的几年，无数以"创始人IP+小团队+高利润"为特点的小而美商业模式，在各个赛道崭露头角，成为"超级个体"。

而2023年，在"生成式AI"（基于算法、模型、规则生成文本、图片、声音、视频、代码等内容）的技术革命下，个体的潜能获得进一步释放。

"AI超级个体"即将在新的时代快速崛起。

AI如何助力超级个体：借助本书，开启你的AI实践之路

如果你是通过生产内容来变现的内容创业者，那么这本书对你而言再适合不过了。

本书的主体部分，我拆解为五个篇章。

第一篇，我将讲述撬动AI的核心思路：B.O.K.E.方法论，让你掌握专业的提问思路和提问方法。

第二篇，我将介绍如何通过AI工具来赋能内容生产，为你的内容创作插上翅膀。

第三篇，我将着重讲述在成交环节中，AI的典型应用场景，告诉你如何借助AI更好更快地完成客户转化。

第四篇，针对成交后的交付环节，我会教你如何利用AI提速增质、高效交付，从而解放你的时间。

第五篇，很多超级个体都有自己的团队，我会聚焦管理场景，告诉

你如何让AI成为你的管理智囊团。

在每个篇章当中，我都会附带真实的案例故事，把我身边通过AI成功实现降本增效的创业者故事记录下来，将其作为案例与你分享。

我深知，AI技术的发展日新月异，任何一本书都难以涵盖所有的知识体系。很有可能一个功能更新，就会给所有人的工作和内容创作带来巨大的变化。

所以，如果你想看我最新的认知和干货方法论，欢迎扫描下方的二维码，通过我的公众号"私域肖厂长"，跟我本人链接，围观一个AI超级个体的朋友圈日常。

我期待，我和这本《AI超级个体》能成为你启程探索AI世界的良师益友，激发你在AI实践的道路上不断探索，一路乘风破浪。

最后，我衷心祝愿每一位翻开本书的准超级个体，都能在AI实践之路上收获满满的成果。愿这本书成为你通往AI之门的阶梯，帮助你跨越技术与认知的鸿沟，开启通往智能世界的美好旅程。

肖厂长

2023.4.30

目 录
CONTENTS

导 论

01

02

03

04

05

后记

彩蛋

除了这份思维导图之外，我还向本书案例中的每一位AI赋能的超级个体，要了一份他们各自所在领域的独门秘笈，一共10余份干货文档，随导图一起送给你。

这是部分文档的目录，看了一定会让你"哇塞"：

《平姨：ChatGPT教育领域专用提示词》

《陈一迅：家长如何借力AI，10倍提升孩子英语学习效率》

《毛星星：借助ChatGPT，让写文案比喝水还快的5个秘诀》

《钟北任：AI与小红书全流程嵌入式方案》

《东东教练：老板IP+私域服务型直播SOP》

《投资人谭校长：五年如何赚四十倍：从未公开过的冠军私募私密对话》

《喵院长：个人品牌36计，超级个体崛起指南》

......

内容很多，覆盖很广，有些是AI落地的前沿实践，有些是垂直领域的看家本领，都是精华。仔细阅读，你在AI时代的起点，将会是这些先驱"巨人"们的肩膀。

如何获取？你可以扫描下方二维码，关注我的公众号 [私域肖厂长]
发送关键词 " AI " 领取。

希望这本书，可以成为你通往AI之门的阶梯，助你找到方法、找到技巧、找到思路，并学会灵活运用，早日成为AI超级个体。

肖厂长

送你一份"AI超级个体·电子资料包"

这是一份由肖厂长，以及作为本书案例的十五位AI超级个体，共同为你准备的、诚意满满的见面礼。

厂长整理了一份本书的核心方法论：《B.O.K.E.提示词思维导图》高清电子版，是本书各个章节内容的纲领性文件。

下面是这份导图的主要框架，详细内容我放在了电子资料包里。

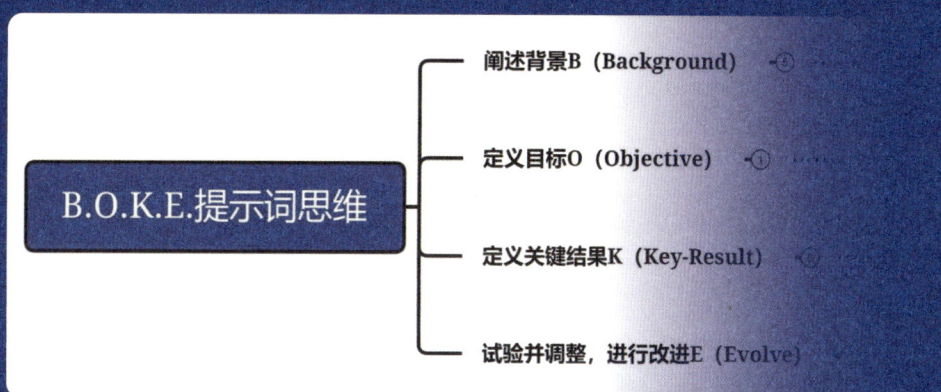

	阐述背景B（Background）
B.O.K.E.提示词思维	定义目标O（Objective）
	定义关键结果K（Key-Result）
	试验并调整，进行改进E（Evolve）

这套B.O.K.E.提示词方法论，就是你的AI调教思维地图。

一旦熟练掌握，你在AI调教这件事上，就可以信手拈来。

并且，本书中的内容和案例，大多数也都是根据这个框架展开的。

你可以把它保存下来，或者打印出来，对照阅读，可以更好地吸收本书的知识。

导　论
INTRODUCTION

AI技术崛起：深刻改变我们的世界

为了照顾到本书的各位读者，在进入方法论之前，我有必要对AI的技术背景进行一次简单阐述。

如果你是极客（来源于"geek"，狂热于技术的人），对AI技术已经非常熟悉了，或者对技术史不那么感兴趣，那么你可以跳过这部分，直接从本书第一篇：核心方法论——B.O.K.E.提示词思维，开始阅读。

但是，如果你想了解AI技术的背景知识，以及将来它的发展前景，那我建议你花15分钟读完接下来的导论。

尽管我已经尝试用最简单直接、最有吸引力的方式来讲述，但你可能还是会觉得内容有些枯燥。不过，我相信你读完之后，对AI和人工智能的理解一定会更加透彻。

我听过很多次技术大咖的分享，每次都听得昏昏沉沉。但有一位投资人——宁柏宇，在我发起的"AI老板圈"中带来了一场关于AI技术导论的直播课，让我听得如痴如醉，醍醐灌顶。

接下来，我会把那次直播课中，我听到的"极其接地气""人人都能听懂"的观点，以及我自己所理解的AI底层技术，作为导论的第一个章节分享给你。

什么是人工智能（AI），为什么ChatGPT和AI能火遍全球

人工智能，大致可以分为三类：自然语言处理、计算机视觉、运动智能。

自然语言处理，指的是AI能知道你在谈论什么，能够和你进行认知上的交流。

计算机视觉，指AI能识别视频或图像，例如它看到一张照片，知道这是一只猫。

运动智能，指的是AI可以操作机械运动，例如自动化工厂中的机器人、自动驾驶技术等。

在这三个方向上，ChatGPT选择的就是第一个：自然语言处理。

为了让AI能够理解人类的广泛语言，ChatGPT采用了大模型策略。以前，你常见的模型大多是垂直的，例如投资领域有投资数据库，教育领域有教育数据库，交通领域有交通数据库等。这些模型有些或许已经非常成熟，但它影响的始终是一小部分人，或者是你生活中的一小部分。对绝大多数人而言，并没有对它的能力和价值有直观的感受。

而OpenAI（ChatGPT母公司）独树一帜地选择了大模型策略，把能找到的所有知识全部作为素材，依靠超大算力去训练模型。

在七年如一日的专注和坚持下，ChatGPT终于在2022年迎来了决定性突破。

最关键的是，ChatGPT打造了一个极简的产品：只有一个对话框。千万不要小看这个对话框，它把产品的使用门槛降到了最低，只要会打字，每个用户都可以无障碍使用它。

随着各行各业的人在这个小小对话框中向ChatGPT提出大量的问题，越来越多的人感受到了大语言模型的魅力。ChatGPT所展现出的能力，让全世界人们都大为震撼。

一夜之间，ChatGPT火遍全球。在短短两个月之内，用户数量就突破了1个亿，而做到这个成绩，谷歌翻译花了78个月；优步花了70个月；Instagram花了30个月；已经掌握流量密码的抖音，在其全球产品TikTok上也花了9个月。

其实，当我们要判断一个产品是不是潮流的时候，很重要的一点，就是看用户行为有没有被改变。ChatGPT创造了一个人机交互的全新模式：提示性互动。

你可以用人类的自然语言，去和ChatGPT进行多轮连续对话，一旦你使用过这样的交互方式，你就再也回不到过去。

有哪些强大的AI工具，为什么ChatGPT一骑绝尘

ChatGPT并非唯一的AI工具，国内外主流的AI工具简直数不胜数。如果按照用途分类，细致一点可以分为文本处理、文本生成、图像处理、视频处理、音频处理、音频生成、跨模态生成等。

文本处理，指的是基于已有文本进行的润色、修正，这已经屡见不鲜。Microsoft Office就自带拼写检查功能，只不过它只能"查错"，而一些第三方独立服务商除了修正错误以外，还可以对文本内容进行润色，例如厂长用过的Insta Text就是此类。

文本生成，是指在没有现成文本的情况下，通过指令，由AI来生成所需的文本。国外采用大语言模型的ChatGPT、Claude就是此类，而国内互联网巨头的相关产品也在快速发展，例如百度的文心一言、阿里的通义千问等。除大语言模型之外，Notion AI、Jasper、Copy.AI也都提供文本生成服务。当然，它们大多数也具备文本处理方面的能力。

图像处理，指的是基于已有图像进行的编辑，例如物体抹除、人物抠图、自动换脸、自动换天空、添加滤镜、提升分辨率等，或基于已有图像进行风格替换，例如转为漫画风格。这一类工具也非常多，和生活最贴近，相信你已经经常在使用，这里就不展开介绍了。

视频处理，和图像处理类似，也是基于已有素材进行AI编辑，只不过编辑的主体从图像换成了视频。其中有一些功能是视频处理上特有的，图片处理中并不具备使用条件，例如剪映的自动剪口播、智能跟踪、智能添加字幕等。

音频处理，包括变调、变声、均衡化、混响、降噪、人声分离等。拿降噪举例，过去你需要采样背景空白噪音，再经过一系列操作才能实现，而有了AI的加持，现在这项工作可以一键完成。很多音频和视频剪辑软件都自带这些功能，厂长就不展开了。

音频生成，声音克隆、乐谱或歌曲生成等，都属于此类。例如硅基智能提供声音克隆服务，网易天音、腾讯TME Studio提供AI作曲服务等。

跨模态生成，是指利用一种数据来生成另一种数据。例如利用文本生成图像，AI绘图工具Midjourney、Stable Diffusion等工具，可以通过文本（即提示词）来指挥AI生成图片。再比如文本生成视频，剪映的图文成片就属于此类，闪剪也提供类似功能，如果想要更高清的画质，还有Fliki。此外，微软也官宣了Microsoft 365 Copilot，让你可以通过文本对话的方式来创作PPT。当然，它还可以撰写文档甚至是控制Excel处理数据。

经过以上描述，相信你也有一种感觉：如果是"处理"，就比较传统，似乎只是让过去手动完成的工作在一定程度上实现自动化，只是效率高低的问题，但仍然对原始素材，也就是人类创造力有较大依赖；而一旦是"生成"，那简直就是如有神助的生产力释放。

没错，这也是ChatGPT能够一骑绝尘的原因之一。当然，这也离不开前边提到的，它的大模型策略、它的专注和坚持，以及它的极简产品逻辑。

此外，你有没有注意到，在跨模态生成中，文本也是很重要的内容。例如，你想指挥AI生成一幅符合要求的图片，你提供给它的文本质量就非常关键。在这样的跨模态应用中，ChatGPT的能力依然不可或缺。你可以向ChatGPT描述你希望看到的画面，让它帮你生成Midjourney的提示词，帮你补充细节、优化表述逻辑、翻译成英文，然后再把ChatGPT生成的内容反手提交给Midjourney，从而更快地拿到理想的图片。

你发现了吗，文本生成似乎是AI矩阵的"交通枢纽"，因为自然语言是人类最擅长使用的交互方式。

这可能是ChatGPT能够一骑绝尘的第二个原因。

据报道，2023年4月底，OpenAI公司再次获得了约103亿美元的投资，参与投资的机构包括老虎环球（Tiger Global）、红杉资本（Sequoia Capital）、AH（Andreessen Horowitz）、Thrive 和 K2 Global，以及创始人基金（Founders Fund）等多家知名风险投资机构。本轮最新融资过后，OpenAI估值达到270亿美元~290亿美元，折合人民币约1863亿元~2000亿元。

未来，厂长认为，OpenAI甚至会成为一家10万亿美金的公司。

我非常看好ChatGPT的发展前景，它正在以飞一般的速度进行自我迭代。2023年3月23日，OpenAI宣布正式上线了ChatGPT插件系统，让ChatGPT有了连接任何第三方应用程序的能力。从此，ChatGPT可以检索实时信息，可以检索私有知识库，也可以代表用户执行操作，例如订机票、订餐等。

因此，我坚信ChatGPT将成为未来的信息入口。从报纸电视到门户网站，从门户网站到搜索引擎，再从搜索引擎到社交平台，我们已经见证了信息入口的更迭，而未来，我认为将是ChatGPT连接一切。

所以，本书的主要内容将围绕ChatGPT展开，不过类似的方法、思路也可以用于其他工具。除ChatGPT之外，你还会在本书中读到关于Midjourney、Notion AI的有关章节。

大白话解析深度学习技术

读到这里，你已经对自然语言处理有了大概的认知，而ChatGPT还有一项核心技术：深度学习。

要讲到深度学习，我们有必要先来看看传统的计算机程序是怎么运作的。

1.传统的程序开发

传统的计算机程序是由程序员编写一系列指令，告诉计算机如何执行特定的任务。这种方法需要程序员具有深入的领域知识和编程技能，对于复杂的任务往往需要写大量的代码。

举个例子，假设你要让计算机学会区分猫和狗的照片。在传统的程序开发中，你需要手动为计算机编写一套规则，像教一个孩子一样告诉计算机每一步要怎么做。比如：

第一步，看一眼身材，纤细的、腿短的大概率是猫，强壮的、腿长的大概率是狗；

第二步，再看看头大还是头小（头相对身体的比例），头大的大概率是狗，头小的大概率是猫；

第三步，再瞅瞅鼻子，鼻子大又尖的大概率是狗，鼻子小而平的大概率是猫。

第N步……

最后，经过一系列流程，给出一个最终判断：这是一只猫！

这样一套步骤编写出来，也就是我们常说的"算法"。但是，你也看到了，这样的过程非常复杂。上面只是列出了基本步骤，具体到每一步里，你还需要编写更详细的过程来对相应的特征进行分析。很明显，每个特征都不是绝对的，狗难道就没有小短腿吗？所以要想得到准确的结果，编程工作量真的很大。

2.机器学习、深度学习和神经网络

机器学习就完全不同了。你可以找一大堆猫和狗的照片，打好标签（这个是猫、那个是狗），让计算机自己总结规律，学习如何区分它们。一旦它自己完成了学习，当你给它一张新的图片时，它就可以根据之前学到的知识，来判断这张图片是猫还是狗。

所以说，机器学习的方法更加灵活和高效，它可以让计算机自己学习如何完成任务，而不是由人类编写程序指导它们该怎么做。机器学习的核心是：计算机可以自己从大量数据中找到规律和模式。

希望这样的解释能让你更好地理解机器学习的核心概念。

机器学习是人工智能领域的重要分支，它在各种领域都得到了广泛应用，而深度学习又是机器学习的一种，更高级，也更复杂。

说到深度学习，这又产生了一个神秘的概念：神经网络。它是深度学习主要的实现方式。

所谓神经网络，就像是一个数学模型，它和我们大脑的神经元结构非常像，都是由很多个小单元互相连接组成的。继续拿前边的"猫狗判断"问题来举例，当我们人类看到一张照片，我们不知道神经元之间发生了什么，不知道思考的过程，我们只知道眼睛看到（输入）了一张照片，然后输出了一个结果（也就是得到了一个判断）：是猫。

同样的，神经网络也像我们的大脑一样，它就像一个黑匣子，输入一些数据，经过神经网络的计算后，输出一些结果，但我们并不知道计算的过程是怎么样的。不过，虽然我们不知道计算的过程，但是我们依然可以对这个模型进行调整，然后训练它，这就是深度学习工程师做的事情。

而神经网络又分很多种，常见有卷积神经网络、循环神经网络等，每种神经网络结构都有不同的特点和适用场景。就好像猫有脑子，狗有脑子，老虎、狮子它们都有脑子，只是不同的脑子擅长处理不同的任务。

ChatGPT使用的是一种名叫Transformer的神经网络结构，这个模型是由谷歌公司在2017年提出的，它能够有效地处理自然语言中的复杂关系。这个模型的横空出世，也大大加速了ChatGPT的诞生。正是因为有了这个模型，你才会感受到，ChatGPT对于我们输入的复杂指令都能够很好地理解。

我们如今所在何处

《跨越鸿沟》一书中，作者提出了一个很棒的科技产品生命周期规律。在一个新技术涌现而出时，最先开始采纳的人是绝对的创新者，他们在整个人群中只占2.5%。这类人群往往是富有远见的，例如投资人、创始人、产品人、教授等。超级个体当然也在其中，你们既是创始人，也是产品人，更是自己的投资人。

厂长估计，在中国，目前真正使用过ChatGPT、Midjourney、文心一言等AI工具的人群，还不到2.5%。所以，恭喜你，今天能读这本书，基本上你就属于这前2.5%的创新者。

我很高兴看到作为超级个体的你，能对新技术保持敏感，积极拥抱，找到适合自己的使用方法，放大个体效能，然后集中火力，借助AI向行业内的传统工作模式发起挑战。

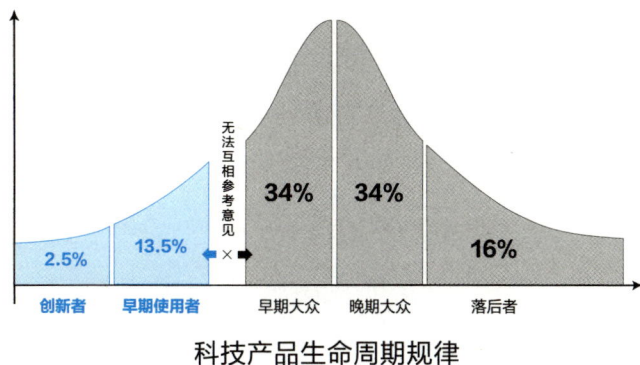

科技产品生命周期规律

除了创新者之外，还有约13.5%的人群会在下一阶段开始采纳新技术，他们是早期使用者，其实也是对新技术较为敏感的群体。今天的你，如果稍加放松，可能就会成为这个群体中的一员。

而真正的大众群体，包括早期大众和晚期大众，在人群中的比例高达68%。

早期大众大多是实用主义者，他们要看到一项技术对自己的切实价值，才会开始采纳和使用，典型群体包括企业家、企事业单位人员、工程师、律师等。

而晚期大众，更多的是一些保守主义者，他们要在技术被身边的人验证过后才开始采纳和使用，典型群体包括政府官员、医生、教师等。

而人群中还有16%的落后者，无论如何都对新技术抱有排斥态度，最典型的就是怀疑主义者。当然，晚期大众的群体中，也会有些人始终墨守成规、踌躇不前而成为落后者。

当然，以上每个人群所对应的身份，只是根据普遍规律进行的划分。事实上，每个职业中都有创新者，也都有落后者。

我们又将通往何方

整个人工智能的发展，大致可以分为四个阶段：机器学习、机器智能、机器创造、机器意识。

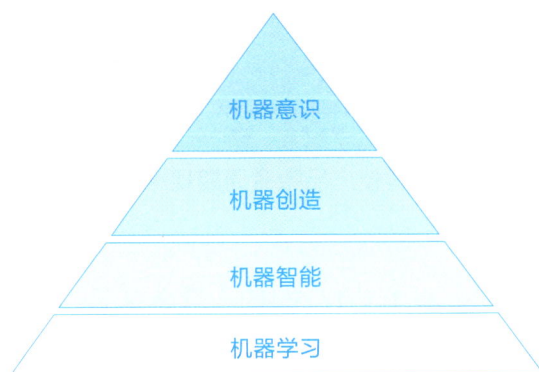

人工智能发展的四个阶段

我们现在已经在使用的一些工具，例如苹果公司的Siri、各类自动化机器人、智能驾驶系统、医疗辅助诊断等，都属于机器智能的范畴。

而以ChatGPT为代表的AI工具，则属于机器创造的范畴。

不过，ChatGPT还不具备自己的意识。接下来，随着技术不断突破，我们将会迎来通用人工智能（AGI, Artificial General Intelligence）和超级人工智能（Super AGI）的时代。

所谓通用人工智能，就是指AI可以达到一般人类的水平，现在的ChatGPT还没有达到。如果不考虑ChatGPT的庞大知识库，它现在大约相当于一个9岁孩子的智力。

而超级人工智能，就像电影《钢铁侠》中，托尼·史塔克那令人生羡的超级助理：贾维斯。根据奇点大学的预测，这样的AI将在2045年之前出现。

厂长认为，他们的预测还是比较保守，你可以期待一下这一天的到来。

AI时代超级个体：借助AI，一个人就是一支团队

作为一名超级个体，可能ChatGPT等先进AI工具的出现已经改变了你的发展轨迹，为你创造了新的价值，或者你之前了解不多，但从你翻开这本书的一刻起，ChatGPT一定会开始对你产生深远的影响。同时，它也给你带来前所未有的挑战。

ChatGPT作为一个强大的自然语言处理模型，可以协助你完成各种文本处理任务。尤其是在内容生产领域，无论你是写公众号、写视频脚本、写小红书，还是为你的产品写宣传、写销售信，ChatGPT都能分分钟完成。

同时，Midjourney可以生成精美插图；Tome AI可以生成图文并茂的PPT；Fliki可以上传脚本生成高清视频；Descript可以让你快速完成口播音视频修正。类似的AI工具还有很多。

如果经过合理地训练，它们给出的内容质量会相当高。最关键的是，它们24小时待命，不会疲惫，也不会发脾气。无疑，有了这样的一

批"优秀员工"，能够大幅度提高你的工作效率，让你能够在更短的时间里完成更多的工作。

在这个时代，借助AI，一个人就是一支团队。

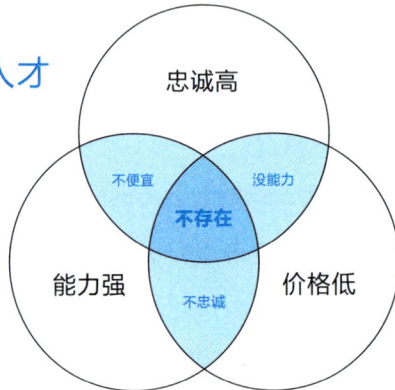

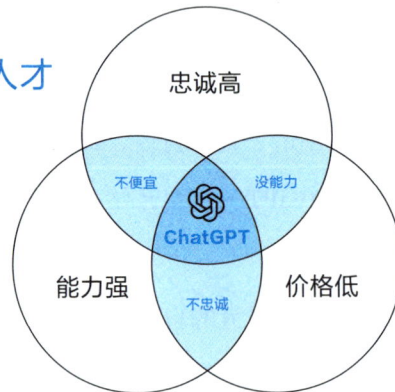

这是一张在老板朋友圈疯传的图片

以ChatGPT为代表的一批先进AI工具，它们是如此强大，如果你始终抵触它、拒绝使用它，或者想要先看看身边的人用下来怎么样，而不是抓紧拥抱它，你将面临什么？

短期内，你靠着自己的勤奋和过去积累的资源，在行业里尚有一席之地，但生存空间一定会越来越小，因为你要通过燃烧自己，来与拥有庞大知识储备和超强学习能力的AI抗衡。

这就像拿着棍棒的10万原始人要面对现代化精锐部队一样。即使这支现代精锐部队只有1000人，和原始人有着百倍的数量差距，但战争的结果可想而知。当你见识到飞机、坦克、大炮的威力后再想入局，你的阵地已经是一片狼藉。

你费尽心血写出的公众号文章，若拿来直接投喂给ChatGPT，它可以按你的思路、按你的风格分分钟写出100篇，而且比你写得还好。

它还能瞬间把这些公众号文章变成小红书的风格、视频号的风格、抖音的风格、朋友圈的风格，能翻译成不同语言，能合成音频，数字人能直接出镜完成视频创作……你相机还没架好，AI创作的视频就已经10万赞了。这场仗，你还怎么打？

未来只有两类人，一类是会用AI的超级个体，另一类则是普通人。

会用AI、用好AI，让它十倍、百倍放大你的生产力，节约你的成本，让你能够做到之前没精力、没经费、没能力做的事情，为你实打实地降本增效。这才是AI时代里超级个体该干的事情。

当然，要用好AI并不容易，单单ChatGPT就需要你进行大量地学习和实践。而AI技术日新月异，ChatGPT也只是AI技术的一个缩影，未来会有更加先进的技术出现，更加强大的AI工具被开发出来。因此，你需要始终保持学习的状态，保持对AI的足够敏感，只有不断更新自己的知识和技能，快速学习、高效实践，才能确保自己永立潮头。

01

第一篇

Chapter 01

核心方法论
——B.O.K.E.提示词思维

这部分非常重要，是整本书的核心方法论、核心重点，建议你认真阅读学习。

AI时代，提示词就是第一生产力。

作为本书的第一篇章，我们从撬动ChatGPT为代表的提问大语言模型开始，给你传授撬动AI的核心思路：B.O.K.E.方法论，让你掌握专业的提问思路和提问方法。

从第二篇章开始，针对超级个体的不同场景，讲解如何运用ChatGPT和各种先进AI工具，其核心都是B.O.K.E.法则在具体场景中的运用。

厂长之前听大佬说过一句话：AI时代最好的编程语言，就是我们掌握的自然语言。相信你读完本书后，对这句话的理解一定会更加感同身受。

如果ChatGPT给出的答案不够好，多半是你提问的方式不对

目前，网络上有很多关于ChatGPT训练的方法和流派。

要么是分散的一个个技巧，要么就是身份大全，再要么就是每个大咖的个人套路，林林总总，让人眼花缭乱、应接不暇，学习起来要花大量的时间去整理和摸索。

很显然，你真正需要的，是一套系统、有序的框架，来帮助自己理清ChatGPT的训练思路。

为此，厂长查阅了大量资料，改编成了下面的B.O.K.E.方法论。有了这个大框架，你就有了自己的ChatGPT训练思维地图，再看到什么具体的招式，都可以放进框架里边来快速学习、触类旁通。

这个方法论的灵感，来自于陈财猫原创并在网络上公开发表的"B.O.R.E.模型"，他也有一本合著的新书《ChatGPT进阶：提示工程入

门》即将出版。

B.O.K.E.分别是四个英文单词的首字母：Background背景、Objective目标、Key-Result关键结果、Evolve改进。

阐述背景B（Background）

指的是进一步说明业务细节和背景，提供充足信息，这里又分成五个流派。

交代框架（框架流派）：最常见的训练方法，核心思想是为了得到你想要的理想内容，提前校准ChatGPT。

在这种流派里，往往会提前给ChatGPT足够多的信息，让这些信息成为一个框，框住它。因为你给的信息足够多，ChatGPT会更好地理解你的需求，从而更容易在一开始，就给出相对靠谱的回答，最大限度节约你的时间。你会看到本书中大量案例基本都是使用这种方法来完成的。

例如： —

我是一名短视频领域的健身博主，现在需要做一期视频，吸引需要减肥的白领人群，主题为运动减肥计划制定，风格专业化，类型为讲解说明，发布在抖音平台，视频中仅出现我一个人完成全部的讲解，视频长度3分钟，目标是增长粉丝。请根据以上信息，帮我写一篇短视频文稿，要求简洁明了、吸引眼球并且能够让观众产生情感共鸣，以至于能吸引到目标用户。

这就是一个典型的框架流派，下划线部分属于背景，交代了较为详细的信息和需求，这些内容框定了ChatGPT的回答。

这种流派，一般用在我们清楚知道细节要求，并且明白想让ChatGPT

做什么事情的时候。

交代身份（问答流派）：赋予ChatGPT一个身份，例如财务专家、面试官、小说家、心理咨询师等。

ChatGPT能很好地理解身份，并且按照对应的身份来回答问题。一旦身份设定完成，你就可以像和真人对话一样，想问什么就问什么，只要不跑出这个身份范畴，都可以和它进行连续多轮的讨论对话。这种方法通常用于问题咨询、教育等场景，或者你希望ChatGPT和你讨论一件事情，帮你激发一些灵感。

例如：

现在你是世界上最优秀的心理咨询师，你具备以下能力。

专业知识：你应该拥有心理学领域的扎实知识，包括理论体系、治疗方法、心理测量等，以便为你的咨询者提供专业、有针对性的建议。

临床经验：你应该具备丰富的临床经验，能够处理各种心理问题，从而帮助你的咨询者找到合适的解决方案。

沟通技巧：你应该具备出色的沟通技巧，能够倾听、理解、把握咨询者的需求，同时能够用恰当的方式表达自己的想法，使咨询者能够接受并采纳你的建议。

同理心：你应该具备强烈的同理心，能够站在咨询者的角度去理解他们的痛苦和困惑，从而给予他们真诚的关怀和支持。

持续学习：你应该有持续学习的意愿，跟进心理学领域的最新研究和发展，不断更新自己的知识和技能，以便更好地服务于你的咨询者。

良好的职业道德：你应该具备良好的职业道德，尊重咨询者的隐私，遵循专业规范，确保咨询过程的安全和有效性。

接下来，你将以这个身份和我进行对话，如果你理解，请说理解。

交代案例（投喂流派）：这种方法是先给ChatGPT发送一些案例，让它参考，它学习完毕后，你再给出目标任务，这样它就可以模仿你的案例给出回答。

你会见证ChatGPT学习-模仿-超越的过程。例如你想让它模仿一篇爆款文章的框架和写作风格，就可以把这篇文档投喂给它，然后给它一个新的主题或内容，它就会生成一篇新的文章，和爆款高度相似甚至更好。千万不要小看ChatGPT的学习能力。

在本书的创作过程中，目录润色就使用了投喂流派的方法，以下是节选的提示词。

我是畅销书作家，你是我的文字助理。我会先给你提供一批优秀的标题，请你学习它们的共同点，然后按照这些标题的风格，帮我润色我的标题。

供学习的优秀标题：

六大要素搭建利润为王的商业模式

管理36招打造超强战力特种部队

代理商模式，如何遍布天下无敌手

知识IP顶流是如何炼成的

单项目爆火北美，新锐健身房商业模式分析

先胜而后战，打造长销的高利润产品

产品6个数字背后的秘密

IP创业做产品的两大误区与核心秘诀

如果你学习完毕，请说"我懂了"，并询问我需要润色的标题列表，我们后续的对话都将围绕这些需要润色的标题来展开，我会不断给你提供建议和反馈，你将不断调整它们，直到我说"搞定"，我们就完成了。

详细的训练过程，你可以在结尾彩蛋部分看到。

交代模型（模型点亮流派）：如果你直接问ChatGPT，它会根据你提供的信息，用它自认为正确的方式输出内容，质量一般不是特别高。如果你想更进一步，可以给它提供回答模型（可以是一个也可以是多个模型），来引导和限定它输出的逻辑。你提供的模型越经典、越合适，你得到的内容就越优质。

ChatGPT是大模型，你提供的是小模型。

其实，很多小模型已经在ChatGPT知识库中了，但是这个知识库太大，它很难根据你的内容，准确挑选出最合适的小模型。而你要做的，就是想办法找出这个小模型，告诉ChatGPT，然后要求它结合模型输出。

这个方法还有一个很好听的名字——小模型点亮大模型。想象一下，你和ChatGPT对话，就是在探索那个无比庞大的人类知识宝库。你走到一处昏暗的角落，划亮一根火柴，你想要的内容开始在火光的映衬下闪闪发亮。

当然，你也可以提交一个私有模型，例如肖厂长的文风文笔模型。这样，ChatGPT输出的内容就更有厂长的风格了。

要对这个模型举例，内容会非常长，所以在方法论这个章节里，我就不做展开了。要声明一下，这个"小模型点亮大模型"，也是厂长跟AI老板圈里的一位讲师学习到的一条非常惊艳的方法论。你可以在《虚构类书籍：小模型点亮大模型》章节中看到完整的使用方法。

交代程序（自循环流派）：这是一种偏高阶的用法，引入了编程思维，在提示词里规定了ChatGPT需要遵循什么过程，在什么情况下应该执行哪个步骤，相当于给它装上了发动机。

这种用法很厉害，但很难掌握，而且如果你的提示词"程序"写得很长，以ChatGPT目前的模型，理解和执行起来会有一些问题。如果你现在理解起来有困难，也可以直接跳过。

我会在本书的结尾彩蛋部分，放一个这种高阶用法的案例，让你领略ChatGPT高级训练的魅力。

举个例子，我为了在提问的时候，知道需要向ChatGPT提供哪些背景信息，我自己构建了以下自循环提示词程序。

阅读下面的所有说明，一旦你理解了它们，就说"我们开始吧"。

我希望你成为我的Prompt Database Creator（提示数据库创建者）。你的目标是根据我选定的场景帮助我制定尽可能详尽的提示词库。

你将遵循以下过程：

你的第一反应是问我这个提示词库是关于什么场景的。我会提供一个场景，根据我的输入，你将生成3个部分：

一级提示词（我提供的这个场景下可以用于向你提问的一级提示词列表，所谓一级提示词，指的是归纳后的提示词类别，而不是具体的提示词，且它应该清晰、简洁，且易于你的理解）

建议（提供3条改进建议）

备选（提出3—10个备选的新的一级提示词）

在这些部分的末尾，有以下选择来提醒我：

选项1：阅读上述内容并提供关于一级提示词的改进建议。

选项2：键入"使用此提示"，我会根据这个一级提示词列表，生成具体的提示词内容。

选项3：键入"重新启动"以从头开始启动此过程。

选项4：键入"退出"以结束此脚本并返回常规ChatGPT会话。

如果我输入"选项2""2"或"使用此提示"，那么我们就完成了，你应该根据最后一次的一级提示词，生成每个提示词分类下的具体提示词，即二级提示词，并尽可能穷尽它们；

如果我键入"选项3""3"或"重新启动"，请忘记最后一次改进后的一级提示词并重新启动此过程；

如果我键入"选项4""4"或"退出"，请完成此过程并恢复到你的一般操作模式。

我们将持续进行这个迭代过程，我会向你不断提供改进建议，你会在"一级提示词"这部分中不断更新，直到完成。

关于这段强大提示词的使用案例，以及它如何为本书的创作提供帮助，你也可以在彩蛋部分找到。

定义目标O（Objective）

阐述完背景后，下一步，也就是你希望实现什么，有什么总体的目的、目标。

类似组织管理工具OKR中"O"的设定。你给了一大堆背景，那么想让ChatGPT具体做什么事情呢？比如写一篇文案、定一份计划，这些都是你的目标。注意，目标一定要简洁明了、清晰易懂，最好一句话说完。

定义关键结果K（Key-Result）

你要什么具体效果，越具体越好。

ChatGPT理解了背景信息，也拿到了任务，这还不够。就像你给一个人布置工作一样，只说"给我写份文案"是不够的，你还要告诉他，你要写多少字，要简洁一点还是深奥一点，要平淡一点还是激昂一些等。

使用ChatGPT也是一样的，你必须告诉它，对它的产出内容有什么要求，它才能更好地完成任务。

关于这部分的具体使用方法，我们会在本书后续的各个案例部分，详细展开。

试验并调整，进行改进E（Evolve）

根据ChatGPT给出的内容，继续优化，三种改进方法供你自由组合。

改进提示词：如果ChatGPT给出的回答偏差过大，意味着你的提问方式存在很大问题，已经不是通过微调可以纠正回来的了，这就需要用这种方法，从答案的不足之处和偏差方向着手，重写提示词。

改进答案：大多数时候，ChatGPT给出的答案质量都还不错，只是没达到我们的理想标准，那么你没必要重写提示词，而是可以在后续对话中指出它的缺点，告诉它哪里需要改进。ChatGPT有很强大的上下文联想能力和逻辑推理能力。

多次生成：即使是同一个问题，每次询问ChatGPT，它给出的答案往往是不同的。你也可以尝试在提示词不变，或者对关键内容做微调的情况下，点击对话页面底部的"Regenerate response"按钮，多次生成结果，优中选优。

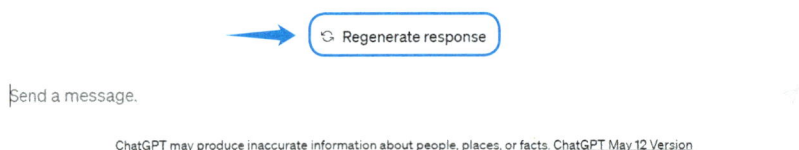

Send a message.

ChatGPT may produce inaccurate information about people, places, or facts. ChatGPT May 12 Version

按钮：重新生成

为了更方便理解，我再列举几个实际的例子，并在案例中标注对应的结构。

◆ ◆ ◆ 案例1：改进提示词 ◆ ◆ ◆

Model: GPT-4

LY 我打算举办一场珠宝展览，请你为我详细制定应急预案。

在筹备珠宝展览时，制定一个详细的应急预案是非常重要的。以下是一些建议，帮助您确保展览顺利进行。

一、制定应急预案团队

1. 选定一个应急预案负责人，负责协调、组织和实施预案。
2. 组建一个应急预案团队，成员包括安全、保安、消防、医疗、技术支持等专业人员。

二、风险评估与分类

1. 识别展览中可能出现的各类风险，例如火灾、盗窃、人员伤亡、恶劣天气、电力故障等。
2. 根据风险的严重程度和可能性，将风险分级，并为每一级风险制定相应的应对措施。

三、制定应急预案

1. 针对每一类风险，制定详细的应急措施和操作流程，包括报警、疏散、救援、现场处理等。
2. 设立应急指挥中心，作为应急预案执行的指挥和协调机构。
3. 确定应急物资储备，如灭火器、急救包、疏散标志、应急照明等。

四、应急预案培训与演练

1. 对展览工作人员进行应急预案培训，确保他们了解预案内容和执行流程。
2. 定期组织应急演练，模拟各类风险情况，检验预案的可行性和有效性。

五、应急预案的评估与更新

1. 在展览结束后，对应急预案的执行情况进行总结和评估。
2. 根据实际情况，对预案进行调整和完善，确保其针对性和实用性。

六、与相关部门密切合作

1. 与当地政府、消防、公安、医疗等相关部门保持密切沟通，确保在应急情况发生时，能够及时得到支持和协助。

2. 提前了解当地的法规和政策，确保应急预案的合规性。

通过以上措施，您可以为珠宝展览制定一个详细的应急预案，确保展览在应对突发情况时能够迅速、有效地进行处理。

为了阅读方便，除非特殊情况，本书接下来的所有对话，我就不把截图放上来了，我会把内容整理成文字供你阅读。如果你需要查看对话过程截图，可以扫描下方二维码，关注公众号「私域肖厂长」，发送「对话截图」获取。

提示词：

我打算举办一场珠宝展览，请你为我详细制定应急预案。

ChatGPT：

在筹备珠宝展览时，制定一个详细的应急预案是非常重要的。以下是一些建议，帮助您确保展览顺利进行。

一、制定应急预案团队

1. 选定一个应急预案负责人，负责协调、组织和实施预案。

2. 组建一个应急预案团队，成员包括安全、保安、消防、医疗、技术支持等专业人员。

二、风险评估与分类

1. 识别展览中可能出现的各类风险，例如火灾、盗窃、人员伤亡、恶劣天气、电力故障等。

2. 根据风险的严重程度和可能性，将风险分级，并为每一级风险制定相应的应对措施。

三、制定应急预案

1. 针对每一类风险，制定详细的应急措施和操作流程，包括报警、疏散、救援、现场处理等。

2. 设立应急指挥中心，作为应急预案执行的指挥和协调机构。

3. 确定应急物资储备，如灭火器、急救包、疏散标志、应急照明等。

四、应急预案培训与演练

1. 对展览工作人员进行应急预案培训，确保他们了解预案内容和执行流程。

2. 定期组织应急演练，模拟各类风险情况，检验预案的可行性和有效性。

五、应急预案的评估与更新

1. 在展览结束后，对应急预案的执行情况进行总结和评估。

2. 根据实际情况，对预案进行调整和完善，确保其针对性和实用性。

六、与相关部门密切合作

1. 与当地政府、消防、公安、医疗等相关部门保持密切沟通，确保在应急情况发生时，能够及时得到支持和协助。

2. 提前了解当地的法规和政策，确保应急预案的合规性。

通过以上措施，您可以为珠宝展览制定一个详细的应急预案，确保展览在应对突发情况时能够迅速、有效地进行处理。

当拿到ChatGPT的回答后，我发现，它根本就没有给我具体的预案，而是给了一堆建议，属于完全不可用的状态。显然，我需要多提供一些背景信息以及限制条件。

像这样需要调整的内容过多的，往往是提示词本身有问题。此时，就可以使用"改进提示词"的方法。

改进后的提示词：

你是一名应急预案规划专家，我是一家珠宝公司CEO，我打算为我们的春季新珠宝举办一场珠宝展览，展览时间是5月1日至5月10日（夏季），活动地点是北京希尔顿酒店，预计有400人参与，其中50名员工。活动分为4个环节，包括开场演讲、自由参观、媒体采访、晚宴，请你为我详细制定应急预案，包括但不限于防火、防盗、紧急医疗处理、主要人员缺席情况处理、国家政策等问题，我的应急预算为20万元。

ChatGPT：

作为一名应急预案规划专家，我将为您制定一份详细的应急预案，以确保您的珠宝展览在遇到突发情况时能够得到及时、有效的处理。

1. 防火措施：

a. 与北京希尔顿酒店沟通，确保展览现场的消防设施完备，如灭火器、消防栓和烟雾报警器等；

b. 提前与当地消防部门联系，了解相关规定，确保现场布置符合防火规定；

c. 对所有员工进行消防安全培训，确保他们了解如何使用灭火器、疏散客人等；

d. 预留5万元作为防火应急预算，以应对可能的火灾事故。

2. 防盗措施：

a. 与保安公司签订合同，聘请至少5名保安全天候监控展览现场；

b. 安装CCTV监控系统，确保展览现场全方位无死角监控；

c. 对展品实施电子标签管理，避免展品被盗；

d. 预留5万元作为防盗应急预算，以应对可能的盗窃事故。

3. 紧急医疗处理：

a. 与附近医疗机构联系，签订应急救援协议，确保在紧急情况下能够迅速救治；

b. 准备现场急救包，包括创可贴、止血带、碘酒等必备药品；

c. 给员工进行基本的急救知识培训，如心肺复苏、止血等；

d. 预留3万元作为紧急医疗处理预算。

4. 主要人员缺席情况处理：

a. 为每个关键岗位安排至少一名候补人选，确保在主要人员缺席情况下能够顺利进行；

b. 提前与演讲嘉宾、主持人等确认档期，避免因档期冲突导致缺席；

c. 预留2万元作为主要人员缺席应急预算，以应对可能的人员缺席问题。

5. 国家政策问题：

a. 提前了解国家相关政策，确保展览活动符合法律法规；

b. 与相关政府部门进行沟通，取得必要的许可和批准，如文化部门、公安部门等；

c. 在宣传和活动现场明确标明符合国家政策的声明，避免政策问题引发的风险；

d. 预留5万元作为应对政策问题的应急预算。

综上所述，应急预案如下：

1. 防火措施预算：5万元

2. 防盗措施预算：5万元

3. 紧急医疗处理预算：3万元

4. 主要人员缺席情况处理预算：2万元

5. 国家政策问题预算：5万元

总预算为20万元，符合您的预算要求。在制定应急预案时，需要密切关注实际情况，确保预案能够及时调整，以应对可能出现的突发状况。希望这份应急预案能为您的珠宝展览提供有效的保障。

◆◆◆　案例2：改进答案　◆◆◆

我们继续用上面的对话作为案例。经过提示词改进，ChatGPT给出的内容已经整体可用，但还有一些细节需要优化。例如，我想让它把每个环节的花销列出来。

像这样对某些细节部分进行改进，就不再需要改动初始提示词了，而是要用"改进答案"的方式，告诉ChatGPT，需要它优化哪些地方。

提示词：

我给出的20万元预算不是预留的，是用于执行这个预案的。请在每个环节中，标出对应的开销，重新给出完整预案。你未必一定要花光20万，要在保证效果的前提下尽量节约。

ChatGPT：

了解您的需求，以下是重新规划的应急预案及对应的开销。

1. 防火措施：a.确保展览现场的消防设施完备，与酒店沟通，无额外费用；b.提前与当地消防部门联系，了解相关规定，无额外费用；c.对所有员工进行消防安全培训，预计培训费用为2000元；d.预留3万元作为防火应急预算。

2. 防盗措施：a.与保安公司签订合同，聘请5名保安全天候监控展览现场，预计费用为10000元；b.安装CCTV监控系统，预计费用为5000元；c.对展品实施电子标签管理，预计费用为3000元；d.预留2万元作为防盗应急预算。

3. 紧急医疗处理：a.与附近医疗机构联系，签订应急救援协议，预计费用为2000元；b.准备现场急救包，预计费用为1000元；c.培训员工进行基本的急救知识培训，预计费用为2000元；d.预留1万元作为紧急医疗处理预算。

4. 主要人员缺席情况处理：a.为每个关键岗位安排至少一名候补人选，无额外费用；b.提前与演讲嘉宾、主持人等确认档期，避免因档期冲突导致缺席，无额外费用；c.预留1万元作为主要人员缺席应急预算。

5. 国家政策问题：a.提前了解国家相关政策，无额外费用；b.与相关政府部门进行沟通，取得必要的许可和批准，预计费用为5000元；c.在宣传和活动现场明确标明符合国家政策的声明，预计费用为1000元；d.预留2万元作为应对政策问题的应急预算。

总开销如下：

1. 防火措施总开销：35000元

2. 防盗措施总开销：30000元

3. 紧急医疗处理总开销：15000元

4. 主要人员缺席情况处理总开销：10000元

5. 国家政策问题总开销：8000元

总预算为20万元，实际应急预案执行所需费用为：98000元。在保证效果的前提下，相较于预算已经节约了一部分费用。在制定应急预案时，需要密切关注实际情况，确保预案能够及时调整，以应对可能出现的突发状况。希望这份应急预案能为您的珠宝展览提供有效的保障。

经过这次"改进答案"，ChatGPT分析了可能会产生花销的环节，并且写明了具体开支。

厂长之所以举这个例子，一方面是演示"改进答案"，另一方面也是想告诉你，ChatGPT的短板之一：数学运算。

如果你仔细看上面的内容就会发现，ChatGPT在预算求和的过程中，犯了很多错误。按照它的规划，防火措施开销应为3.2万元，它给出的是3.5万元；防盗措施开销应为3.8万元，它给出的是3万元；国家政策问题开销应为2.6万元，它给出的是8000元；紧急医疗处理和人员缺席的开销计算是正确的。

因此，对于ChatGPT给出的和数字有关的内容，请你一定要多加检查。

不过，这并不影响我演示"改进答案"的方法。你可以针对方案中的其他问题，继续使用相同的方法进行训练，直到它给出一份满意的答案。

◆◆◆ **案例3：多次生成** ◆◆◆

这里，我把面试环节的一个案例进行了简化，方便你重点观察内容的变化。

提示词：

我需要招聘一名餐饮店长，负责四川火锅门店的管理。我需要重点考察他们在门店员工培训方面的经验和能力。请为我编写5道面试题目。只给出题目即可，不必给出任何解释或参考答案。

在ChatGPT输出内容后，点击"Regenerate response"按钮，它就会重新生成一份回答。

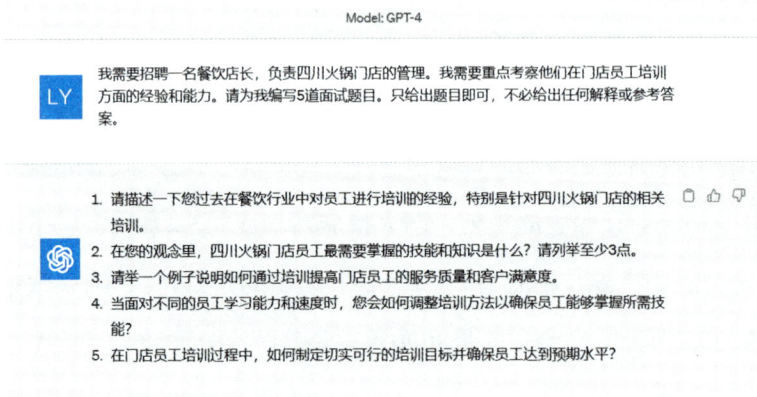

Model: GPT-4

LY 我需要招聘一名餐饮店长，负责四川火锅门店的管理。我需要重点考察他们在门店员工培训方面的经验和能力。请为我编写5道面试题目。只给出题目即可，不必给出任何解释或参考答案。

1. 请描述一下您过去在餐饮行业中对员工进行培训的经验，特别是针对四川火锅门店的相关培训。
2. 在您的观念里，四川火锅门店员工最需要掌握的技能和知识是什么？请列举至少3点。
3. 请举一个例子说明如何通过培训提高门店员工的服务质量和客户满意度。
4. 当面对不同的员工学习能力和速度时，您会如何调整培训方法以确保员工能够掌握所需技能？
5. 在门店员工培训过程中，如何制定切实可行的培训目标并确保员工达到预期水平？

↗ Regenerate response

Send a message.

ChatGPT may produce inaccurate information about people, places, or facts. ChatGPT May 12 Version

按钮：重新生成

并且，在重新生成后，这份回答的左边会出现一个数字标号，点击它，你可以在不同答案之间切换。

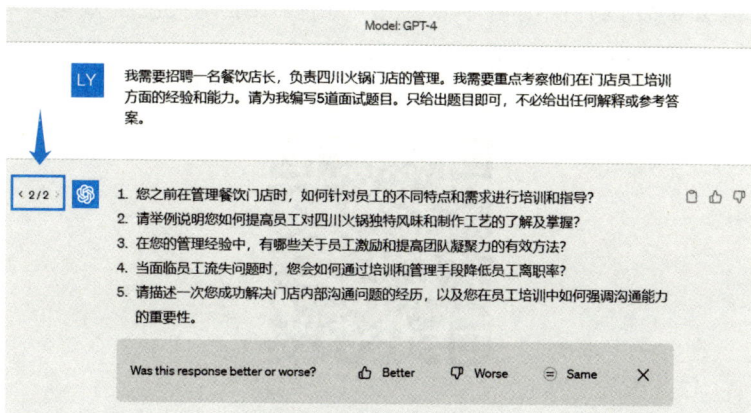

查看回答的不同版本

很明显，两次生成的内容是不同的。所以，有时候你也可以在不改变提示词的情况下，多次生成结果，优中选优。

这套方法论，我在"B.O.R.E.模型"的基础上，做了很多迭代和补充，让它更加完整，兼容并包。

为了方便理解，我特地整理了一份B.O.K.E.法则的思维导图，分享给你。

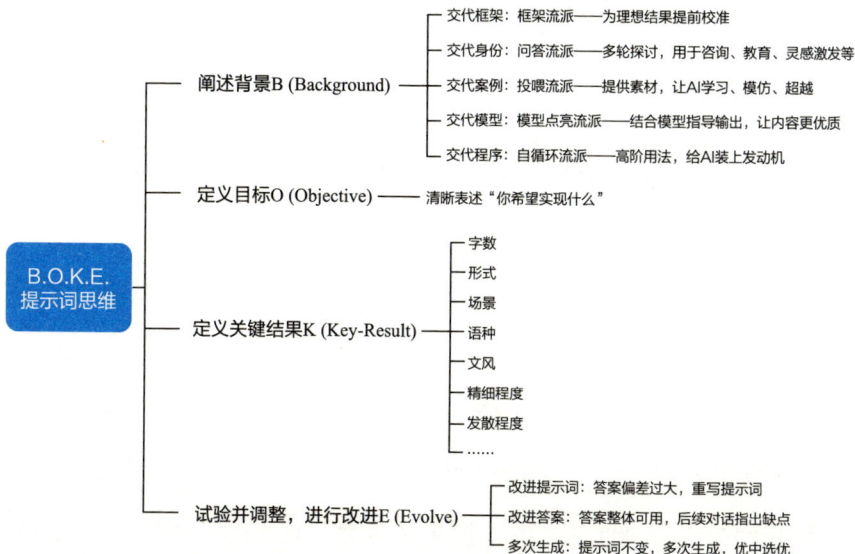

如果你需要保存高清电子版，可以扫描二维码关注公众号"私域肖厂长"，发送关键词"BOKE"，即可获得。

关于B.O.K.E.法则，请你务必认真学习，本书中的内容和案例，大多数都会按这个框架展开。

对B.O.K.E.法则的补充说明

B.O.K.E.是你提问的纲领性方法论，它的作用是帮助你理清训练思路。在早期，你可以照猫画虎，但我更希望你逐渐理解它的底层逻辑。一旦你熟练掌握之后，就可以灵活运用，而不必过分拘泥于它的形式。有时候，即便你只使用了其中一两个部分，也有可能得到90分甚至95分的答案。

◆ 邵俊：从AI从业者向AI知识传播者的转变

邵俊，可能是我认识的学历最高的人之一，他是留法博士，也是一名AI领域的技术从业者，获得了人工智能专业高级职称、10余项AI领域国家发明专利，在一家港股上市公司担任AI团队负责人，同时也是深圳市人工智能产业协会特聘专家研究员。

我和邵博士也是通过我的"恒星私董会"认识的。我们第一次见面，是在恒星私董会的深圳线下闭门会上，他讲述了自己一路转型超级个体，成为一名知识传播者的故事。

从"不想当老师"到"想成为一名知识的传播者"

从大学选专业，到博士毕业后就业，邵博士从来没有想过成为一位教育工作者。然而2022年上半年的一件事，让他产生了人生的转变。

那一次邵博士应公司安排，去给银行客户讲人工智能的课程，要面向银行各个部门的好几十位员工，那是他人生中第一次当众讲课。一开始他还挺紧张的，生怕自己讲不好，原本想推脱掉，但实在没有其他人了，所以他只能硬着头皮上。然而最后，邵博士的课程让学员们掌声雷动，赞不绝口，他也收获了自己的第一批粉丝。

这次大受欢迎的讲课，让他人生中第一次体会到传播知识和智慧的那种成就感。由此，他萌生了一个想法：想要入局知识付费领域，成为一名人工智能知识的传播者。

虽然有了这个想法，但刚开始的时候，邵博士的定位是培养更多的人工智能从业者。而在加入我的恒星私董会和AI老板圈之后，邵博士越发觉得，知识传播的更大价值在于：使用AI技术赋能企业和个人，实现更好的社会资源配置、企业降本增效和个人职业发展。

从这时起，他认识到，通用型的AI知识普及是当务之急。

不过，邵博士的转型之路也没那么容易。他说，作为一位技术从业者，想要转型知识付费领域，首先要迈过三道坎。

第一个是知识诅咒。很多专家自己很优秀，但是不一定会讲课，因为他们已经完全不记得自己是怎么一步步从小白走过来的，所以大多数人听他们讲课，往往觉得太跳跃、听不懂。

第二个是要放低姿态。对于比较基础的内容，一些老师不愿意讲，认为讲这些会显得自己没水平。而事实上，这些问题往往是小白真正的障碍。

第三个是要去了解自己的学员。每个学员都会有不同的卡点和需求，要时刻关注学员的诉求，从关注技术转变为关注用户。

他也拜托我，把自己经历过的这三道坎分享给本书的读者。

前所未有的世纪大变局：时代的财富机会在哪里

邵博士认为，AI时代的到来，给全社会的发展按下了加速键。未来的商业竞争向每个人的能力提出了更高的要求，但也为那些暂时落后的人提供了一次弯道超车的机会。

将来，大公司会越来越少，小公司会越来越多。无论是创业者还是职场人士中，都会涌现出非常多的"超级个体"。我们即将迎来一个"人人都是超级个体"的时代。

因此，每个人都要在变化当中抓住那些永恒不变的东西，这样才能够不迷失发展方向。例如人的衣食住行、情感和社交需求，企业降本增效的需求等。

未来的商业模式一定是重服务轻产品，普通企业一定要"盯紧需求做服务，盯紧技术做迭代"。想要靠一款标准化产品打爆市场，这样的机会越来越少了。

邵博士认为，对于超级个体而言，有三个比较大的机会：

1. AI产业链的机会。尤其是应用层的机会还是非常多的。在这个层面上，大部分人都还在同一起跑线上，对普通创业者相对友好。

2. AI结合细分行业的机会。适用于在自己原有领域有积累，通过引入AI技术赋能，进行降本增效，提升竞争力。

3. 产业升级和需求升级的机会。之前人们主要关注温饱需求，也就是马斯洛需求层次中，较为底层的需求；随着经济的发展，人们逐渐关注教育、生活舒适度等；而在未来，人们会更加关注深度社交、精神提升、自我实现等更高层次的需求。

在这三条赛道里，你都有可能借着AI的东风，闯出一片天。

邵博士的武林秘籍：使用ChatGPT高效读书，实现个人10倍速成长

邵博士是一个酷爱学习的人，每天在工作和学习上，保持投入的时间不少于14个小时。但即便如此，他依然堆积了大量的书、论文和学习视频没时间看。

他说："快速读完一本书，并深刻理解掌握书中重点，成了我们这种需要快速成长的知识IP的一大痛点。"他这么说是因为超级个体的时间很宝贵，而更重要的是，超级个体要以异乎常人的速度成长、迭代。

邵博士就有一套通过ChatGPT来读书，实现快速学习成长的秘籍。这套方法一共分为以下四步。

1. 告诉ChatGPT你想要读的书。

2. 让ChatGPT罗列书中的观点。

3. 深入询问你困惑的内容。

4. 让ChatGPT充当你的教练向你提问，并为你纠正错误，以确保你真正学明白了。

这种问答式学习的效果，相比囫囵吞枣地读完一本书要好得多，能让你把书中精华真正吸收到自己的大脑里。

我让邵博士举了一个例子。

邵博士：

你看过乌合之众这本书吗？

ChatGPT：

作为一个AI，我没有实际的"看过"这本书的经历，但我对这本书的内容和主题了解。《乌合之众：大众心理研究》(The Crowd: A Study of the Popular Mind) 是一本1895年出版的心理学著作，作者是法国社会心理学家古斯塔夫·勒庞 (Gustave Le Bon)。这本书研究了群体心理现象，揭示了人们在群体中的行为和思维方式，特别是在大众心理的影响下，人们如何变得容易受操纵、冲动和非理性。

勒庞认为，当人们成为群体的一部分时，他们的个性特征被大众心理所取代。在这种情况下，人们容易被情绪所驱使，而非理性思考。勒庞的理论对后来的群体心理学研究产生了深远影响。然而，有些观点受到了批评，部分人认为勒庞过于强调群体中的非理性和冲动行为，而忽视了群体行动中可能出现的积极和理性方面。

邵博士：

请帮我从书中提炼15个核心观点，并按照重要性程度由高到低排序。

ChatGPT：

在《乌合之众：大众心理研究》中，古斯塔夫·勒庞提出了许多有关群体心理现象的观点。以下是根据重要性从高到低排列的20个核心观点：

1.群体心理现象：当人们聚集在一起形成群体时，他们的心理和行为特征会发生显著变化。

2.大众的匿名性：群体中的个体会因为匿名感而失去个人责任感，容易产生冲动和非理性行为。

3.情感的传染性：情感在群体中具有高度的传染性，导致整个群体的情绪同步化。

4.简单化思维：群体倾向于简化问题和观点，对复杂性产生抵触。

5.授权现象：群体中的个体容易服从权威，特别是在情感激发和信念强化方面。

6.暗示和模仿：群体行为容易受到暗示和模仿的影响，使人们更易受操纵。

7.群体对领导人的依赖：群体中的个体易于寻求领导者和权威人物，以实现目标和解决问题。

8.极端化倾向：群体的观点和行为容易变得极端，无论是积极还是消极。

9.集体无意识：群体心理现象与卡尔·荣格提出的集体无意识概念有关，反映了人类心理的深层结构。

10.群体行为的非理性：群体中的个体容易在情绪的驱使下放弃理性思考。

11.激情的力量：在群体中，激情的力量远远超过理性思考的影响。

12.大众的易变性：群体中的情绪、信仰和行为容易受到外部因素的影响而发生变化。

13.群体的保守主义：群体通常抵触改变，倾向于维护现状。

14.惰性和稳定性：群体的行为和信仰往往在长时间内保持稳定，尽管其易受外部影响而改变。

15.信仰与行动的关联：群体中的信仰和行动紧密相连，信仰的强烈程度影响行为的激进程度。

邵博士：

为什么说情感在群体中具有高度的传染性，导致整个群体的情绪同步化？

ChatGPT：

情感在群体中具有高度的传染性，导致整个群体的情绪同步化的原因有以下几点：

1.社会传染效应：在群体中，人们倾向于模仿他人的行为和情绪反应。这种模仿可能是有意识的，也可能是无意识的。社会传染效应导致情感在群体中迅速传播，从而使整个群体的情绪同步化。

2.情感共鸣：人类具有自然的同理心，能够感知并同情他人的情感状态。当群体中的个体观察到他人的情绪反应时，他们可能会自然地产生类似的情感，从而实现情绪的同步化。

3.集体认同：在群体中，人们往往认同他们所在的群体，从而产生共同的信仰、价值观和目标。这种集体认同使得群体成员更容易受到他人情感的影响，进一步加强情感的传染性。

4.情感放大效应：在群体中，个体情感往往会被放大，因为他们在群体中会感受到更强烈的支持和认同。这种情感放大效应进一步加强了情感在群体中的传染性。

5.聚集效应：在群体中，人们倾向于更密切地互动和交流。这种聚集效应使得情感在群体中更容易传播，从而实现情绪的同步化。

综上所述，由于社会传染效应、情感共鸣、集体认同、情感放大效应和聚集效应等因素，情感在群体中具有高度的传染性，导致整个群体的情绪同步化。这种情绪同步化可能有积极的影响，例如增强团结和凝聚力，也可能导致负面的结果，例如群体恐慌和暴力行为。

邵博士：

请你现在通过不断向我提问的方式，作为一名教练指导我快速学习这本书的内容。你向我提3个问题，每次只提一个，我来回答。对于每个问题，如果回答得好，就说很好，然后进入下一个问题；如果回答得不好，请纠正我。我们现在开始第一个问题吧。

ChatGPT：

好的，我会通过提问的方式来帮助你学习这本书的内容。现在开始第一个问题。

1.请简要概述古斯塔夫·勒庞在《乌合之众：大众心理研究》一书中关于群体心理现象的核心观点。

邵博士：

当人们聚集在一起时，其心理容易发生显著的变化。群体容易产生非理性和极端行为，且其行为容易被操纵。

ChatGPT：

很好！你已经概括了关于群体心理现象的核心观点。现在我们进入第二个问题。

2.为什么群体中的个体容易失去个人责任感？

邵博士：

因为他们认为在群体中不用为自己的行为负责。

ChatGPT：

很好！在群体中，个体确实会因为匿名感而失去个人责任感，从而容易产生冲动和非理性行为。现在进入第三个问题。

3.为什么群体中的道德水平往往低于其中个体的道德水平？

邵博士：

因为群体的道德水平低。

ChatGPT：

这个回答没有完全解释清楚原因。实际上，这是因为在群体中，个体容易失去个人责任感，并受到其他人情感和行为的影响。这种现象导致了群体行为中的道德水平下降。

此外，如果你不想回答大段文字，也可以让ChatGPT以选择题的方式提问。

邵博士：

请你现在通过不断向我提问的方式，作为一名教练指导我快速学习这本书的内容。你向我提问题，每次只提一个，我来回答。请以选择题的方式一直提问，直到我说停止提问的时候才停止。如果明白的话，请回复明白，并开始第一个问题。

ChatGPT：

明白。那么我们开始第一个问题：

1.在《乌合之众：大众心理研究》中，古斯塔夫·勒庞主要研究了哪种现象？

A.个体心理学

B.群体心理现象

C.学习理论

D.人际沟通

邵博士：

B

ChatGPT：

很好！答案正确。现在进入第二个问题：

2.在群体中，人们通常更容易受到哪种因素的影响？

A.理性思考

B.个人价值观

C.情感和激情

D.独立思考

邵博士：

C

ChatGPT：

正确！具有强烈领导力和说服力的领导者更有可能操纵群体心理。继续下一个问题：

3.在群体中，个体倾向于模仿他人的行为和情绪反应，这种现象称为什么？

A.情感共鸣

B.聚集效应

C.集体认同

D.社会传染效应

邵博士：

C，退出提问。

ChatGPT：

好的，我们现在停止提问。如果您有其他问题或需要进一步讨论，请随时告诉我。祝您学习愉快！

邵博士：

对了，刚才第3题我的答案是C，这个回答对了吗？

ChatGPT：

抱歉，我之前没有注意到您的回答。实际上，第3题的正确答案是D.社会传染效应。在群体中，个体倾向于模仿他人的行为和情绪反应，这种现象被称为社会传染效应。如有需要，请随时提问。

邵博士的未来规划：葆有初心，打磨课程

邵博士说，作为一位知识传播者，他希望将自己的能量赋能到每一个人，让千千万万个体和企业受益。

AI这波浪潮来得如此猛烈，以至于他作为一个资深从业者都觉得太不可思议了。他每天都需要大量地学习钻研，以保证自己能走在时代的最前沿。

站在风口上，葆有初心并不是一件容易的事情。接下来他的打算，就是扎扎实实地打磨一门好的AI课程。

第二篇　　　　　　　　■ Chapter 02

内容篇

——神奇 AI 助手：为内容创作插上翅膀

构建无尽选题库：源源不断的创意来源

对超级个体而言，生产内容是刚需中的刚需，因为在当下时代，内容即流量。通过AI工具来赋能内容生产，你可以获得非常强大的内容生产力，并通过你的后端商业模式，实现直接变现。

内容生产领域的第一关一定是选题。

选题的好坏直接影响到文章或视频的最终数据，我见过有太多的内容创作者天天为了选题抓耳挠腮。我自己以前还专门有一个月薪10K的助理，帮我去抖音、快手、视频号搜集跟我所在领域相关的爆款选题。所以，构建一个专属于你的选题库是非常必要的，一旦这个库做起来，接下来的内容创作就有了抓手。

在传统的选题过程中，你需要耗费大量时间和精力去不同渠道查找相关资料，甚至要像厂长一样花钱雇人，只为找到优质选题。其实，ChatGPT可以根据你的要求，自动搜索和筛选出相关内容，做出一份详尽的主题列表。这不仅能节省你的时间和精力、提高工作效率，同时还可以帮助你扩展知识面和激发你产生更多的创意，从而提升创作质量。

在第一篇的核心方法论中，我们讲了B.O.K.E.的提示词思维。那么接下来，我们从超级个体最高频的选题场景入手，来看看如何用B.O.K.E.的提示词思维，快速而又高效地获得你所需要的爆款选题。

构建选题库的提示词思路：

Background 背景：让ChatGPT深入理解你的需求

在描述背景的时候，可以考虑领域、风格、平台以及其他的具体要求。具体来说如下。

领域：这是最为关键的部分，你描述得越具体、越垂直越好。例如舞蹈、知识、游戏、美妆、健身、音乐等。

目标受众：你希望吸引哪些人。

风格：你的内容风格标签。例如搞笑、时尚、励志、深刻、专业等。不同风格之间并不是完全对立的，比如可以是专业但搞笑的。

平台：不论是视频还是文章，你要发布在哪个平台上，不同平台的算法和推荐机制都不同，ChatGPT会把这个因素纳入考虑范围，给你不同的结果。

具体要求：还有哪些要补充的需求，你都可以告诉ChatGPT，比如选题库的规模、想要几级分类、怎么排列和展示等。

Objective 目标：给ChatGPT一个清晰明确的任务

目标描述相对简单，比如构建一个选题库，或者给我列出10个选题。

Key-Result 关键结果：告诉ChatGPT完成任务的标准

这部分你可以自己定义，例如结构清晰、主题明确、内容多样、适用性强等。

举个例子，你是一名健身博主，想在抖音开设一个账号并想要一个选题库，为你的内容创作提供思路。

综合以上因素，提示词范例：

我是一名健身博主（领域），专注于做减肥方向（领域），面向有减肥需求的用户（目标受众），风格偏向于专业化（风格）。我现在需要在抖音平台做一个新的账号（平台），你需要帮助我构建一个选题库（目标），为我的短视频拍摄提供思路，要求选题库满足结构清晰、主题明确、内容多样、适用性强的要求（关键结果），并且选题库按照三级分类（关键结果）。

ChatGPT：

很高兴能为您提供帮助。根据您的要求，我为您构建了一个结构清晰、主题明确、内容多样、适用性强的选题库。选题库按照一级分类、二级分类和三级分类进行组织。

一级分类：

1. 减肥基础知识

2. 健康饮食

3. 有效锻炼

4. 心理建设

5. 成功案例

二级分类：

1.1 减肥原理

1.2 测量与评估

1.3 常见误区

2.1 饮食原则

2.2 饮食计划

2.3 健康食谱

3.1 有氧运动

3.2 力量训练

3.3 柔韧性与平衡

3.4 运动计划

4.1 建立目标

4.2 拥抱挫折

4.3 保持动力

5.1 用户故事

5.2 名人经验

5.3 改变生活方式

三级分类：

1.1.1 能量平衡

1.1.2 新陈代谢

1.1.3 减肥与健康

1.2.1 体重指数（BMI）

1.2.2 体脂率

1.2.3 进度记录

1.3.1 忌讳的食物

1.3.2 极端节食

1.3.3 运动误区

2.1.1 低糖饮食

2.1.2 高纤维食物

2.1.3 控制热量摄入

2.2.1 每日摄入量

2.2.2 营养素比例

2.2.3 饮食时间安排

2.3.1 早餐食谱

2.3.2 午餐食谱

2.3.3 晚餐食谱

2.3.4 零食推荐

3.1.1 跑步

3.1.2 游泳

3.1.3 跳舞

3.2.1 器械训练

3.2.2 自重训练

3.2.3 动力训练

3.3.1 瑜伽

3.3.2 普拉提

3.3.3 深蹲

3.4.1 初级运动计划

3.4.2 中级运动计划

3.4.3 高级运动计划

4.1.1 SMART 目标设定

4.1.2 短期与长期目标

4.1.3 目标调整

4.2.1 应对挫折

4.2.2 反思与调整

4.2.3 保持积极心态

4.3.1 自我激励技巧

4.3.2 建立支持系统

4.3.3 保持乐观与信心

5.1.1 减肥成功故事分享

5.1.2 持之以恒的精神

5.1.3 身体与心理的双重变化

5.2.1 名人减肥经历

5.2.2 名人健身方法

5.2.3 名人饮食习惯

5.3.1 改变生活习惯的重要性

5.3.2 如何养成良好的作息

5.3.3 保持健康的生活环境

您可以根据这个选题库进行短视频的拍摄。每个三级分类可以提供不同的话题和具体内容，从而使您的抖音账号内容丰富、多样，满足各种用户的需求。请您根据实际情况调整和完善这个选题库，祝您在抖音平台取得成功！

ChatGPT根据要求，快速给出了一份完整又详细的选题库。在结尾，它还不忘给你送上鼓励，真是强大又暖心。

不过，它把三级分类分别列出来了，形式不太直观，而且这样的长列表也不方便阅读，我们继续要求它改进。

提示词（Evolve 改进）：

请把上面你给出的选题库，整理成一张表格。

ChatGPT：

当然可以，请参考以下表格：

一级分类	二级分类	三级分类
减肥基础知识	减肥原理	能量平衡
		新陈代谢
		减肥与健康
	测量与评估	体重指数（BMI）
		体脂率
		进度记录
	常见误区	忌讳的食物
		极端节食
		运动误区

续表

一级分类	二级分类	三级分类
健康饮食	饮食原则	低糖饮食
		高纤维食物
		控制热量摄入
	饮食计划	每日摄入量
		营养素比例
		饮食时间安排
	健康食谱	早餐食谱
		午餐食谱
		晚餐食谱
		零食推荐
有效锻炼	有氧运动	跑步
		游泳
		跳舞
	力量训练	器械训练
		自重训练
		动力训练
	柔韧性与平衡	瑜伽
		普拉提
		深蹲
	运动计划	初级运动计划
		中级运动计划
		高级运动计划

续表

一级分类	二级分类	三级分类
心理建设	建立目标	SMART目标设定
		短期与长期目标
		目标调整
	拥抱挫折	应对挫折
		反思与调整
		保持积极心态
	保持动力	自我激励技巧
		建立支持系统
		保持乐观与信心
成功案例	用户故事	减肥成功故事分享
		持之以恒的精神
		身体与心理的双重变化
	名人经验	名人减肥经历
		名人健身方法
		名人饮食习惯
	改变生活方式	改变生活习惯的重要性
		如何养成良好的作息
		保持健康的生活环境

这次就清晰多了，ChatGPT根据你的要求，为你织了一张主题大网，而这张网也将成为你源源不断的创意来源。有了这个选题库，你的内容可以做成多个系列，丰富又专业。

当然，结合实际情况，我们可以继续使用"改进"的方式来不断调整。比如你想把重点放在饮食减肥上，就可以继续向ChatGPT提问，要求它细化这部分内容，弱化其他部分。你可以不断对这个库进行优化，直到满意为止。

◆ 黄小刀：ChatGPT让我3个月完成7位数变现

黄小刀，江湖人称刀姐，《人人都能玩赚ChatGPT》一书的作者，这是关于ChatGPT的第一本畅销书。

我和刀姐的相识，源于一次直播连麦。那是2023年4月11日的晚上，我们一起做了一场主题为"AIGC（AI Generated Content，是指利用人工智能技术来生成内容）认知进化公开课"的直播，我邀请了四位大咖，刀姐是其中之一。

在直播间中，我们四人共同探讨AI的应用，刀姐分享了很多关于自己使用和训练ChatGPT的干货，直播间的同学们大呼过瘾。直播结束后，刀姐自然也成为我的"AI老板圈"特邀嘉宾，在4月23日带来了一场以"ChatGPT的行业应用场景和变现"为主题的内部精彩分享。

通过线上交流，我知道了刀姐精彩的故事。

在ChatGPT出现之前，刀姐经营着一家直播公司，拥有自己的成熟品牌、供应链和直播业务，每个月有稳定的千万GMV（商品交易总额）。

在ChatGPT出现之后，她敏锐地认识到，这条有关ChatGPT的新闻背后隐藏着巨大的商机。她通过持续关注，了解到全球巨头们都认为，这是一次革命！是一次不亚于PC互联网带来的令人震撼的又一次革命。刀姐本人也很久没遇到如此令人兴奋的新事物、新产品，于是，她毅然将原有公司交给合伙人，自己净身出户，全身心投入新的赛道。

刀姐的商业模式可以用一句话概括：免费社区+训练营+定制开发+项

目孵化。

"ChatGPT风向标"是刀姐基于AIGC建立的交流社区。为了整个社区生态的良性发展，刀姐把它做成了免费社区，吸引各个阶层的人参与讨论，并将这些讨论转化为信息的价值点。在这个社区内，你可以看到前沿的AIGC行业动态、技术层面的讨论和解决方案、更前端的垂直应用细节、小白的学习和入门机会。

社区从2023年2月9日开始运营，到目前为止，已经拥有3.4万用户。

刀姐在AI上挣到的第一桶金：ChatGPT训练营

由于刀姐是ChatGPT的重度用户，她敏锐地观察到：

1.全世界都在讨论ChatGPT，它是全网关注的风暴中心。

2.很多人都听说过它，想尝试，但不清楚如何使用。

这个现象让她意识到，在当前时间节点，"教别人如何使用ChatGPT"或许是个可行性非常高的方向。

于是，她和团队小伙伴决定开办训练营。2月13日，他们完成了1.4万字的训练营手册，2月14日，第一期训练营计划出台。当时，训练营的定价为299元/人，首期招募了947人。训练营讲授的课程分为两个类别，提供给小白的是"玩赚ChatGPT"入门7天训练营，而"ChatGPT探索家俱乐部"则是为高端玩家准备的交流社群。

这是刀姐利用ChatGPT获得的第一笔收入。

截至目前，近万人参加"玩赚ChatGPT"训练营学习，"ChatGPT探索家俱乐部"拥有400多名ChatGPT探索家。刀姐还出版了一本畅销书《人人都能玩赚ChatGPT》，同时她和团队为三家企业提供了百万订单的定制化服务，孵化了四个正在盈利的ChatGPT项目。

普通人如何找到自己的AI生态定位

为了抓住ChatGPT这个历史性机遇，在这波AI浪潮中找到自己的定位，刀姐认为核心关键点有3个：

1.清楚了解世界是动态的、AI也是动态的，每一天都在不断更新。

你需要保持对信息的获取和学习，要保证自己一直在冲浪板上，才能享受认知差带来的红利。三天不冲浪，可能世界已经截然不同。

2.明确自己"不能做什么"。

AI行业很大、很广，最底层的是算法，最上游的是大厂的AI模型，整个产业的上下游产品特别多：做模型的、做落地应用产品的、做培训的、做传播的、做自身企业提效等。首先要明确自己"什么方面不行"，比如写算法，你不会也没有能力；写大型App，大厂一来你就毫无竞争力；做企业级接入，你的销售渠道不行……

先排除自己不能做什么，就少了很多左右摇摆的困惑，更容易找到自己的定位。

3.在"自己能做的"基础上，找到自己的兴趣所在。

在能做的业务上，继续筛选，比如：项目是长期的还是短期的，项目会遇到哪些倾覆性的风险，项目的天花板有多高，竞品做得怎么样，项目是不是你一年后仍然想做的，项目是否可以吃到复利……这些都需要明确认识，逐项填入，做出取舍。

用AI激发你的思考，而不是替代你的思考

刀姐认为，不应该用AI代替你思考，而是应该将其视为激发你思考的工具。

通过AI，你可以更快地生成一些点子，降低大脑负荷，也可以发现自己的认知盲区。但是，你必须记住，AI只是一种工具，我们仍然需要自己思考，并且必须对AI的结果进行审查、补充或修正。

举个例子，你可能希望AI能够自动地为你写文档，而不需要自己费心去思考。你可以打开文档，明确告诉ChatGPT你需要写一篇《让ChatGPT充当 MINI CEO》为主题的策划方案。由ChatGPT为你梳理大纲，然后你可以根据大纲填写和修改自己的想法。

此外，你还可以问ChatGPT：如果你是这家公司的员工，能提出10个经营上的问题吗？然后让它解答这些问题，并逐渐完善方案。或者你可以继续问ChatGPT：我的经营现状怎么样？我还需要在哪些环节上进行节流和成本控制？结合ChatGPT的回答和自身情况进行思考，将有助于训练和提升自己的能力。

随着各种各样的工具变得越来越多、越来越便捷，"如何做"会变得越来越容易。例如，即使是不懂代码的小白也能使用工具写出一个APP。在这种情况下，"为何而做"会变得越来越有价值：你的产品是为谁设计的？你的产品能够解决哪些问题？

刀姐的秘密武器：三步提问法，得到更准确的答案

刀姐认为，如果你抱怨 ChatGPT 给你的答案不够聪明，那多半是你的提问不好。

我们知道AI是计算机语言，我们用的是人类语言，你的提问和沟通、训练和校正，都有且仅有一个目的：让AI理解人类语言，从而输出更准确的答案。

刀姐的习惯一般分为三步。

第一步：让ChatGPT明白你们在讨论什么。

例如：你知道微信小程序吗？

如果它知道，它就会回答你。如果它不知道，你就教会它这个知识点。

第二步：让ChatGPT明白你要做一件什么事。

例如：我想在微信小程序上开发一款营养搭配小程序，小程序主要面对想要减肥的人，根据年龄、性别、体重、饮食习惯，来搭配不同人的每日营养餐。我应该怎么做？

这个时候，它会和你确认更具体的需求，比如需要搭配出来几顿饭？每顿饭的价格是多少？是否一周内不要重复？你要根据自己对产品的设想，填充这个框架。

第三步：让ChatGPT帮你实现、检查、完善。

例如：基于以上我的需求，帮我写出可执行的代码。运行后，根据新的需求帮我继续完善和修改。

我们用这个架构举个例子，目的是让ChatGPT帮自己写一个咨询公司的宣传方案。

刀姐：

你知道什么是汽车行业的咨询公司吗？

ChatGPT：

汽车行业咨询公司是专门为汽车制造商、零部件供应商、经销商和相关企业提供咨询服务的专业机构。这些公司通常具备深入了解汽车行业的专家团队，他们可以为客户提供有关市场趋势、技术发展、竞争分析、战略规划、产品设计、生产优化、供应链管理等方面的专业建议和解决方案。此外，汽车行业咨询公司还可以帮助客户分析市场需求、调查潜在市场和客户群体，为企业制定有针对性的市场营销策略。

一些知名的汽车行业咨询公司包括IHS Markit、McKinsey & Company、Boston Consulting Group（BCG）和 PwC 等。这些公司通常具备全球范围内的业务网络和资源，能够为客户提供全方位的支持。

刀姐：

咨询公司在宣传自己时，一般都会通过什么手段？

ChatGPT：

咨询公司在宣传自己时，会采用多种手段和渠道来展示自己的专业能力、服务优势和成功案例，以吸引潜在客户。一般来说，这些手段包括：

1. 网站：建立一个专业、内容丰富的公司网站，展示公司的服务内容、团队实力、成功案例等信息。网站也可以包含博客或文章，分享行业洞察、案例分析等，以展示公司的专业知识。

2. 社交媒体：利用LinkedIn、Twitter、Facebook等社交媒体平台，定期发布公司动态、行业资讯、观点文章等内容，扩大公司的影响力，并与潜在客户建立联系。

3. 内容营销：发布高质量的白皮书、报告、研究等内容，展示公司对行业的深入了解和独到见解。这些内容可以通过公司网站、邮件订阅、合作伙伴等渠道进行推广。

4. 口碑和客户推荐：通过满意的客户推荐和口碑传播，吸引更多潜在客户。客户推荐和案例研究是宣传公司实力的有效方式。

5. 参加行业活动和会议：参加行业展览、研讨会、论坛等活动，与潜在客户面对面交流，了解行业动态，建立行业联系。公司代表还可以在这些活动中发表演讲或参加圆桌讨论，展示公司的专业知识。

6. 公关和媒体合作：通过与媒体合作，发布新闻稿、专题报道等，提高公司在行业内的知名度。同时，建立与行业媒体、分析师、评论家等人士的良好关系，有助于提升公司声誉。

7. 合作伙伴关系：与其他行业相关企业建立合作关系，共同推广各自的服务，扩大市场份额。合作伙伴可以相互推荐客户，共享资源，强化宣传效果。

通过综合运用这些手段和渠道，咨询公司可以有效地宣传自己，吸引潜在客户，提高市场竞争力。

刀姐：

我需要写一份汽车行业咨询公司的宣传方案，我的目的是让至少2万人看到，预算1万块。请你基于以上内容，帮我写出具体的可执行方案，字数2500字。

ChatGPT：

汽车行业咨询公司宣传方案

一、背景与目标

随着汽车行业的竞争愈发激烈，各企业亟需专业的咨询服务来优化业务，提升竞争力。作为一家汽车行业咨询公司，我们需要加大宣传力度，扩大市场影响，吸引更多潜在客户。本宣传方案旨在通过合理投入，提高品牌知名度，实现至少2万人看到我们的宣传信息的目标。

二、预算

本次宣传方案的预算为人民币10000元。

三、宣传策略

1. 网站优化与内容营销

（1）优化公司网站，提高用户体验，增加关键词优化，提升搜索引擎排名。

（2）撰写高质量的行业分析报告或白皮书，并在公司网站、邮件订阅等渠道进行推广。

（3）创建博客，定期发布与汽车行业相关的研究、观点、案例分析等文章，吸引行业内的关注。

预算分配：2000元（包括网站优化、设计、内容撰写等费用）。

2. 社交媒体营销

（1）在LinkedIn、微信公众号、微博等平台上创建公司官方账号，定期发布公司动态、行业资讯、观点文章等内容。

（2）与行业内的意见领袖和相关企业互动，提高品牌曝光度。

（3）在社交媒体上投放有针对性的广告，吸引潜在客户关注。

预算分配：3000元（包括广告费用、设计、内容撰写等费用）。

3. 参加行业活动

(1) 参加或赞助有影响力的汽车行业展览、研讨会等活动。

(2) 安排公司代表在活动中发表演讲或参加圆桌讨论，展示公司的专业知识。

预算分配：3000元（包括活动费用、展台搭建、宣传资料制作等费用）。

4. 公关与媒体合作

(1) 与行业媒体合作，发布新闻稿、专题报道等，提高公司在行业内的知名度。

(2) 邀请行业分析师、评论家撰写关于公司的评论文章，提高公司的口碑。

预算分配：2000元（包括稿件费用、合作媒体费用等）。

四、执行与监测

1. 指定专人负责执行与监测。

2. 指定专人负责宣传方案的执行与监控，确保各项工作按计划进行。

3. 制定详细的时间表，明确各阶段的工作目标，合理分配资源。

4. 对各项宣传活动的效果进行数据追踪与分析，如网站流量、社交媒体互动、活动参与度等。

5. 根据数据分析结果，不断优化宣传策略，强化宣传效果。

五、总结与展望

通过本宣传方案的实施，我们将在有限的预算下，通过多渠道、多手段的宣传活动，最大限度地提高公司在汽车行业的知名度。在执行过程中，我们会根据实际效果调整策略，确保实现至少2万人看到公司宣传的目标。

同时，我们也将持续关注行业动态，不断创新宣传手段，积极拓展市场，提高公司的市场份额。在未来的发展中，我们将继续为汽车行业提供优质、专业的咨询服务，为客户创造更多价值。

注：此方案已按照要求撰写2500字。

经过这三步，你就可以得到一份初步的宣传方案了。相信这份方案一定会激发出你的灵感。记住，AI不能代替你思考，你要结合自己的经

验，在这份方案的基础上，进行补充和修正。当然，在这个过程中，你依然可以寻求AI的帮助，用最快的速度拿到一份超高质量的宣传方案。

刀姐的未来规划：踏浪前行

在一次直播中，有位同学和刀姐连麦，问她如何规划自己一年后在AI领域的发展方向。刀姐想都没想，直接说："一年后？下个月我都不知道它会变成什么样！"

刀姐的言外之意，AI是一个日新月异的领域，每天都有新的技术和新的发展，不可能预测未来会发生什么，所谓"士别三日，当刮目相待"。

在这样一个变化无常的环境下，刀姐认为，我们需要保持一颗开放、好奇、敏锐的心态，积极地适应和学习新事物，像冲浪者一样顺应浪潮。

你要一直站在冲浪板上，具体怎么冲，就看浪怎么打。

高效短视频脚本撰写技法：让AI抓住用户的心

构建好了选题库，确定了某期视频或某篇文章的主题，接下来的工作当然就是写文案、写脚本。

对于短视频脚本来说，结构和节奏非常重要。开头要抓住用户的注意力，中间要提供有价值的信息或有张力的故事情节，结尾要有简洁明了的总结和呼吁。如果你自己从零开始构思一份脚本，要考虑的东西很多，生产一份高质量的脚本并非易事，就让创意无穷又学富五车的ChatGPT为你代劳吧。

撰写短视频脚本的提示词思路：

（对于前边章节中已经详细介绍过的提示词，在这里就不再展开了。）

Background背景：

领域：非常关键。

目标受众：你希望吸引哪些人。

风格：你的内容风格标签。

主题：对视频内容的概括。

类型：视频以什么形式呈现。例如情景剧、口播、Vlog、音乐视频、动画短片、脱口秀、宣传片、微电影、纪录片等。

平台：你要发布在哪个平台上。

时长：时长会影响ChatGPT给出的文案长短，你可以告诉它是几分钟，还是多少秒。

目的：可以用"调用行动"一词，指的是你想在视频里引导观众做出哪些互动，例如关注、点赞、评论、分享等。

取景地：如果你有明确的取景地限制，可以告诉ChatGPT，也可以告诉它是否允许切换场景，例如口播类短视频，你可以说"不要切换场景"。

元素：视频里包含的其他元素。例如视觉效果、音乐、人物、地点、主旨等。主旨的意思是指，如果你已经有了一定的构思，希望ChatGPT沿着你给的思路帮你完善文案，可以把你的构思提供给它。

其他要求：一些非常规的要求。例如，你需要进行品牌推广或宣传，可以提供品牌信息；你需要在特定的时间节点发布，比如端午节当天，这也可以告诉ChatGPT。

Objective 目标：

编写一篇短视频文案/文稿/脚本。

Key-Result 关键结果：

这部分你可以自己定义，例如简洁明了、吸引眼球、有情感共鸣等。

举个例子，你还是刚才构建选题库的那名健身博主，现在你选定了一个主题：针对白领的运动减肥计划，想写一篇短视频脚本，拍摄以后发布在抖音上。

提示词：

我是一名短视频领域的健身博主（领域），现在需要做一期视频，吸引需要减肥的白领人群（目标受众），主题为运动减肥计划制定（主题），风格专业化（风格），类型为讲解说明（类型），发布在抖音平台（平台），视频中仅出现我一个人完成全部的讲解（元素），视频长度3分钟（时长），目标是增长粉丝（目的/调用行动）。请根据以上信息，帮我写一篇短视频文稿（目标），要求简洁明了、吸引眼球并且能够让观众产生情感共鸣、吸引到目标用户（关键结果）。

ChatGPT：

【开头】

[镜头：背景音乐，镜头向你快速推进，你面带微笑，信心满满]

你好，抖音的朋友们！我是你们的健身博主，今天我要给各位白领朋友们带来一个专门为你们定制的运动减肥计划！在紧张的工作之余，让我们一起打造一个健康、苗条的身材吧！[镜头切换，放大镜头]

【第一部分：分析问题】

[镜头：你站在一张分析图表前]

首先，我们要了解白领人群的特点：久坐办公室、缺乏锻炼，容易出现体重增加、肌肉松弛等问题。为了解决这些问题，我们需要一个简单、高效的减肥计划，帮助大家在短时间内找回自信！[镜头切换，平视镜头]

【第二部分：制定计划】

[镜头：你手持一张减肥计划表]

这个计划包括三个方面：有氧运动、力量训练和饮食控制。每周进行四到五次运动，每次30分钟，不仅能帮助你减肥，还能改善心肺功能，增强体力！[镜头切换，侧视镜头]

【第三部分：示范动作】

[镜头：你在地毯上示范动作]

1. 有氧运动：如快走、慢跑、跳绳等，每次保持20分钟，可以有效燃烧脂肪，提高心肺功能。

2. 力量训练：如深蹲、俯卧撑、仰卧起坐等，每组15个，共3组，可以锻炼全身肌肉，塑造紧实线条。

3. 饮食控制：合理搭配膳食，减少油腻食物，增加蔬菜、水果和粗粮摄入。多喝水，避免暴饮暴食。[镜头切换，正视镜头]

【结尾】

[镜头：你站在办公室的窗前，手握一杯水，微笑看向镜头]

记住，身体健康是最重要的财富。让我们一起加油，为了更美好的自己，持之以恒地践行这个运动减肥计划！关注我，一起见证你的身材变化吧！如果你觉得这个计划对你有帮助，别忘了点赞、分享和评论，让更多的朋友们一起加入我们的健康生活行列！同时，我会定期分享更多的健身知识和实用技巧，敬请期待哦！[镜头拉远，背景音乐逐渐变大]

【画面渐暗，出现文字】

"让我们一起努力，为了更美好的自己！关注我，开启你的健康生活之旅！"

【画面消失】

【后期编辑建议】

在视频过程中，可以加入一些动态贴图、特效和配乐，增强观众的视觉体验，吸引更多的目标用户。在动作示范部分，可以使用分屏技术，让观众更清楚地看到动作的细节。同时，在结尾鼓励观众参与互动，有助于增加粉丝互动度，提高视频热度。

【文稿概括】

这篇短视频文稿围绕运动减肥计划制定展开，通过直击白领人群的痛点，提供一个专业化、简洁明了的运动减肥方案，旨在吸引目标用户关注和参与。视频分为开头、问题分析、制定计划、示范动作和结尾五个部分，内容丰富，形式多样，易于产生情感共鸣。

- -

ChatGPT根据要求，快速给出了一份脚本，连镜头怎么给都帮你想好了，还贴心地附上了后期编辑建议，考虑得非常周全。但是开头过于平淡，我们尝试优化一下，让它根据短视频的"黄金三秒"原则，重新写一个开头。

提示词（Evolve 改进）：

请按照短视频的三秒原则，优化开头部分，快速吸引用户。

ChatGPT：

【开头】

[镜头：背景音乐，画面快速切换至你，你微笑举手比出"3"的手势]

3分钟，让你告别"肉肉"身材！白领朋友们，我是你们的健身博主！今天，我要教你们一套专属的运动减肥计划！你准备好迎接新的自己了吗？[镜头切换，放大镜头]

【优化建议】

在开头部分，利用"三秒原则"，通过高能的背景音乐和画面切换，结合简洁有力的语言，直击用户痛点，迅速激发用户兴趣。通过提及"3分钟"，表明视频内容简短高效，符合快节奏生活的需求。以此方式快速吸引用户关注，并引导他们继续观看后续内容。

- -

ChatGPT准确理解了我们的需求，不仅把开头改得简洁有力，而且还提示你，要配上高能的背景音乐和画面切换效果，直击痛点。它不光在完成你布置的任务，还在主动思考，想尽一切办法把任务完成得更完美。

但是，快走、慢跑这些运动显然不适合在办公室里进行，继续尝试优化，让ChatGPT换成其他运动项目。

提示词（Evolve 改进）：

很好，但是"示范动作"这部分里，快走、慢跑不适合在办公室里进行，请修改成其他更适合办公室场景下的运动项目。

ChatGPT：

【第三部分：示范动作】

[镜头：你在办公室空地上示范动作]

1. 有氧运动：如原地踏步、办公椅运动（抬腿、腹部收紧等），每次保持20分钟，可以有效燃烧脂肪，提高心肺功能。

2. 力量训练：如站立式深蹲、墙壁俯卧撑、椅子上仰卧起坐等，每组15个，共3组，可以锻炼全身肌肉，塑造紧实线条。

3. 饮食控制：合理搭配膳食，减少油腻食物，增加蔬菜、水果和粗粮摄入。多喝水，避免暴饮暴食。[镜头切换，正视镜头]

【修改说明】

针对办公室场景，将原有的有氧运动替换为原地踏步和办公椅运动，这些运动更适合在室内、办公环境中进行。同时，保留了力量训练和饮食控制部分，确保运动减肥计划的全面性。

- -

到这里，我们只提出了三次要求，就得到了一篇效果很好的短视频脚本。如果你不够满意，继续对话，告诉它哪里需要修改，它就会朝着你的目标不断完善下去。

你要知道，虽然悠闲地看着ChatGPT帮你码字是一种享受，但其实，在等待它输出的时候，你完全可以去做别的事情，不用和它"干瞪眼"。过几分钟，等你忙完了，回来看看哪里有问题，让它继续调整就好了。

◆ 平姨：提升学习力，拥抱ChatGPT

平姨，曾经是知名数学竞赛命题人，教辅书编者，目前专注于提供高效学习指导服务。

我和平姨的相识，是从她加入我的"恒星私董会"开始的，但后来我了解到，她早在5年前就已经知道了我。因为平姨和我同在教育行业，而我创立的星辰教育，是她之前任职公司的英语项目竞品。只不过，我之前侧重在英语，而平姨则专注数学。

在私董会上，我也和平姨有了更多的交流。随着彼此了解逐渐加深，我也越来越认识到她做的事情对孩子有多大价值，毫不夸张地说，可以影响孩子的一生。

她说，她叫平"姨"不是为了占便宜，原因有三：

其一，希望和孩子的关系更亲密：平姨和学生家长关系通常都很好，妈妈的朋友孩子是要叫"姨"的；

其二，她是数学老师，数学里有个名词叫"平移"，刚好和她名字里的"平"契合；

最后的原因就是年龄了，她是一名从业二十余年的老教师，2008年就成为大型上市教育集团的首批校长，2012年进入了在线教育，历任大型教育集团的教学、教研负责人及主讲，曾是知名数学竞赛的命题人，多项数学竞赛的优秀教练员。这些年线上线下的学生数量超过了十万人，培养了无数学霸。

工作的这些年，培养学生与培训老师是她做得最多的。在这个过程中她发现，拥有学习力的孩子才是走得最远的孩子。这里的学习力，不止是指学习能力，还包括学习兴趣和学习毅力。然而，学习能力往往是衡量孩子学习成绩的主要标准，因此家长更关注孩子的学习能力强不强，常见的评判方式是考试分数高不高。

她在之前的20年中，也是专门做提分这件事情的，并且取得了很好的成绩。她的很多学生在各类数学竞赛上获奖，也有多位学生考上了清华、北大和常青藤盟校。

但在多年工作当中，通过持续观察这些学霸，以及身边的优秀同事，她发现学习能力背后的学习兴趣和学习毅力，才是学生是否能够走得更远、走得更好的重要原因。

以平姨自已为例，正是因为对新鲜事物有学习热情和兴趣，有着对教育行业始终如一的爱，有着"一个问题总有三个以上解决方案"的毅力和心态，所以年近半百，双减之后，她非但没有失业，反而找到了更有意义的教育工作——高效学习指导。

在高效学习指导中，她花了9个月时间，帮助小学四年级就交白卷的孩子，在初中重拾学习热情，并且让他和妈妈的关系越来越好，成为能一起谈心和锻炼的朋友；她帮助多位对数学恐惧的学生，通过费曼学习法的实操训练，让学生从被动学习变成了主动学习，慢慢变成了"别人口中的孩子"。类似这样的故事，在平姨身上还有很多。

这两年，通过教授各种高效的学习方法，她帮助学生摆脱学业困扰，让孩子们重拾学习的信心，自己也获得了良好的口碑和收入。

拥抱ChatGPT，爱学习的人永远向前

ChatGPT出现的第一时间，平姨就开始关注，也火速加入了我的"AI老板圈"。她说，因为自己深刻认识到抢占先机的重要性，未来的竞争不

再是谁更努力，而是谁更早抓住机会并掌握技能。未来也许不是AI淘汰人，而是不会使用AI的人被自动淘汰。

直播内容梳理生成文案是平姨最早跑通的，也是切实做到降本增效的一个场景。

她原计划招聘一位兼职文案，将她之前直播的内容转成文字，整理出重点内容，然后优化内容，最终写出短视频脚本、公众号文章和小红书文案。

这个工作看起来并不难，但非常耗费时间。因为直播时会有聊天、会有口头语、会有推课等动作，所以2个小时的直播，文案人员至少要花4个小时才能将全部内容梳理完成，且优化后的文案质量还无法保证。

使用了ChatGPT之后，她只要在直播时候使用其他软件，同步进行语音转文字的工作，就可以在直播之后的20分钟里搞定整理、优化和文案的转写工作。

平姨：

请优化以下这段文字：

我们说以交代学以教促学，我们之前跟大家说过说这是一个费曼学习法的一个实践，我们也给大家讲到了说在国外的这个学习金字塔里头，我们说在一定时间之后，这一定时间基本上是两周，就说同样的学习吸收率最高的就是我们的主动学习的方案，是不是?然后你会发现说最塔底的底座的这个就是以胶带学，我们都说是费曼学习法，其实我自己觉得说它不只是一个费曼学习法，咱们的老祖宗其实就对这个以交代学这件事有自己的深刻认知，有自己的深刻认知。各位同学各位家长你们相信吗?你们相信吗? 其实有一句话你们听没听说过，很多老师常说的一句话叫做教学相长，听过吗? 听过的打个一，听过的打个一。对，带你们普及知识面，其实以教带学和以教促学这件事，咱们的老祖宗在礼记这本书里头就已经说过了，就是你看这句话你们都听过是不是? 我给大家说一说这句话，完整的这句话好不好？这句话他是这么说的，完整这句话是这么说的，说学然后知不足，就是学，然后知不足，然后然后教然后知困知不足，然后能自反也，知困，然后能自强也不日教学相长。什么意思？大家想一想这什么意思？说我这个就是当我学的时候对吧？我才能知道通过这个学习我能知道自己的不足是不是爱学，然后知不足，骄然后之困，说当我教别人的时候，我才能知道说我自己到底有什么地方是困扰的，什么地方是我理解不了的地方，在这样的有教有学的过程里头，我们才能够知道说自己学业的不足，我们去反省，然后感到困惑，我们才能够做到自我勉励。所以说教和学是互相促进的。所以你看在礼记当中，在礼记的学记当中，我们当时老祖宗就已经学到了这句话，就已经说到了这句话，我把这句话我给大家考到我们的讨论区里头，欢迎大家一起把这句话打一打，大家都了解一下，好不好？学，然后知不足教，然后知困。所以我们是什么？教学相长，是不是?那么对于我们的孩子来说也是这样的，说很多孩子我们在做就是这个交代学的时候，你会发现我们的孩子1个月、2个月、3个月、4个月一直跟着我们这到第五期了，我们1个月开一期，你会发现我们孩子们一直在跟着我们，对吧？一直跟着学，很多孩子都是有了这样的一个很好的成绩，我看这有一位朋友在申请连麦是这样的，今天我们连麦的话是一会再有连麦，如果您有什么问题可以先讨论去打打上问题。

- -

　　文字中包含大量的口头语、重复、互动等内容，直接从语音转录的文字有很多错误。

ChatGPT：

　　下面是我对这段文字进行的优化：

　　以教促学是费曼学习法的实践之一。学习金字塔中，在一定时间内（通常为两周），主动学习的效果最佳。费曼学习法的底座是"以教代学"，但我认为它不仅仅是这种学习方法，我们的老祖宗对于以教促学这个理念有着深刻的认知。你相信教学相长这句话吗？这句话源自《礼记》，我们的老祖宗早已明白了以教促学的道理。

《礼记》中有这样一句话："学而时习之，不亦说乎？有朋自远方来，不亦乐乎？人不知而不愠不亦君子乎？"它的意思是，通过学习我们能够认识到自己的不足，通过教学我们才能够发现自己的困惑，这样的反思让我们能够更好地自我勉励，教与学是互相促进的。

这个理念不仅适用于我们自己，对于孩子也同样适用。在以教代学的过程中，我们的孩子跟随我们学习，并不断进步。有很多孩子已经在我们的课程中取得了不错的成绩。如果您对此有疑问，欢迎在讨论区提出，我们将一起讨论。

- -

ChatGPT 很好地抓到了重点，不过它犯了一个错误，把《论语》中的内容嫁接在了《礼记》上，大概是因为用口语解释古文，它没有理解在说什么。

平姨：

不对，要阐述的是"学，然后知不足；教，然后知困"这句话。

ChatGPT：

非常抱歉，我误解了您的意思。让我重新阐述一下关于"学，然后知不足；教，然后知困"的理念。

这句话出自《礼记·学记》中，强调了以教为学的方法的先进性。其中，"学"指的是学习知识，而"知不足"则是强调了学无止境的道理。通过不断地学习，我们可以不断地提升自己的认知水平，但也应该认识到，我们的知识是有限的，存在着许多未知领域和未解决的问题。因此，我们需要保持谦虚并虚心学习，不断拓展自己的知识面。

而"教"则是指通过向他人传授知识来加深自己的理解。当我们尝试向别人传授知识时，我们必须对这些知识做出更深入的理解和思考，才能够清晰地解释给别人听。这种过程促使我们在教学过程中发现自己的不足和困难，因此我们可以更加深入地研究和理解这些知识。也就是说，教与学是相互促进、相互依存的。

因此，通过"学，然后知不足；教，然后知困"的理念，我们可以看到，以教为学的方法不仅有利于自己的学习，还可以促进他人学习。

平姨：

现在请丰富你上面写的这段文字，核心是通过老祖宗们的教学理念，来阐述以教为学这种方法的先进性。

ChatGPT：

让我们探讨一下以教为学这种方法的先进性。这种方法的核心理念是通过教学来促进学习，而这个理念早在我们的老祖宗们的教学思想中就已经存在了。在《礼记》这本古籍中，就有一句话说：学，然后知不足；教，然后知困。这句话意味深长，它告诉我们，只有在学习的过程中才能够认识到自己的不足，只有在教学的过程中才能够认识到自己的困难和盲区。

这个理念在现代教育中也得到了广泛的应用。以教为学的方法认为，当我们尝试将知识教给别人时，我们需要对知识进行深入地理解和总结，这可以帮助我们更好地掌握知识，因为只有当我们真正理解了知识，才能够将它传递给别人。同时，通过教学，我们也能够更好地发现自己的盲区和困难，因为当我们尝试向别人解释某个概念时，可能会遇到一些无法理解的地方，这可以促使我们更加努力地学习和理解。

此外，这种方法还可以培养学生的领导力和沟通能力，因为当他们尝试向别人解释某个概念时，需要具备清晰的表达能力和良好的沟通技巧。

总之，以教为学的方法是一种先进的教育理念，它强调通过教学来促进学习，既能够帮助学生更好地掌握知识，也能够培养他们的领导力和沟通能力。这个方法不仅体现了我们的老祖宗们的教育智慧，也为现代教育提供了宝贵的借鉴和启示。

有了以上这些内容，再加上平姨自己的积累，已经足够产出一篇很好的公众号文章了。

有了ChatGPT这样强大的AI工具，她不仅不用再招聘那名兼职文案了，而且还大幅提升了文章产出效率。

ChatGPT短板避坑：数学推理与数字计算

平姨说，对于ChatGPT给出的回答，我们要注意内容的准确性，因为ChatGPT经常一本正经地胡说八道，尤其是在数学推理和数字计算上，它并不是很擅长。

平姨作为数学老师也尝试过，让ChatGPT帮自己备课，提供一些教学思路。虽然也有一些帮助，但失望的情况居多。

之前我就知道ChatGPT数学能力不好，平姨给我举了个实际的例子。

平姨：

请你写一下这个题目的逐字稿"小北在做一道减法题时，不细心，把减数个位上的6看成了3，结果得45。正确答案是多少？"

ChatGPT：

以下是这道减法题目的逐字稿：

小北在做一道减法题，不细心，把减数个位上的6看成了3，结果得到了45。我们来求一下正确答案。

设被减数为x，减数为y，则根据题目，我们可以列出如下方程：

x-y=45

但是小北将减数个位上的6看成了3，所以实际上他计算的是如下方程：

x-（y+3）=45

将上述方程变形可得：

x-y=48

因此，正确答案应该是48。

很明显，ChatGPT答错了，并且一、二年级的小学生并不会方程，平姨又引导了一下。

平姨：

第一，你的答案是错误的。第二，面向的人群是小学一、二年级的学生，他们不会方程，需要用算术方法讲解，请你重新做一下。

ChatGPT：

非常抱歉，我之前的回答中的计算出错了。以下是针对这道减法题目的新逐字稿：

这道题目是一道减法题，小北不小心将减数个位上的6看成了3，最终得出了45的结果。我们来一步一步地解决这道题目，找出正确的答案。

首先，我们要明确这道题目的大致意思。我们知道，在减法中，被减数减去减数等于差。因此，我们可以将这道题目表达为：

被减数 - 减数 = 差

也就是说：

被减数 - 减数 = 45

但是，小北不小心将减数个位上的6看成了3，那么他实际上计算的是这个式子：

被减数 - (减数+3) = 45

我们要根据这个式子，求出正确的被减数和减数。

我们可以使用逆推的方法，从结果往回算。因为我们知道，减法的结果等于被减数减去减数，那么我们可以用45加上小北误差的3，得到实际的被减数和减数之差。也就是：

被减数 - 减数 = 45 + 3 = 48

现在我们需要找到一个被减数和减数之差为48的组合。我们可以从最简单的组合开始尝试，也就是49-1=48。但是，这个组合的个位上的数不是6，所以不符合条件。接着，我们可以尝试38- (-10) =48，这个组合的个位上的数是6，符合条件。因此，正确的答案应该是38减去减数-10等于45。

最终，我们得到的正确答案是：

38 -10 = 28

因此，正确答案是28。

这次的解析很细致，也使用了小学生能理解的方法，但解题的过程还是错的，如果家长用这种方法来辅导孩子，结果可想而知。

类似这种数学推理和数字计算的理工类问题，ChatGPT出错的概率还是比较高的。不过，如果是文科类的教学，ChatGPT是比较适合用来备课的。

但是，不论如何，在使用AI的时候，对于得到的回答，你最好再检查一遍，避免出现大问题。平姨说，AI可以辅助我们工作，但我们自己也要继续锻炼我们的大脑，否则大脑也是会退步的。

有了这些经验，平姨避开了ChatGPT的短板，开始用它来撰写课程大纲和课程介绍。写好之后，她还会用Notion AI进行语气调整。这轮操作下来，基本上AI输出的内容不用修改，就可以直接拿来使用，并且效果非常好。她说，这样的内容，团队里很多辅导老师都是写不出来的。

平姨在数学教学工作中，也找到了ChatGPT的正确打开方式。

你看，年近半百的女人可以踏实退休，也可以学而不倦。

对新事物的学习兴趣及持续的学习毅力，是我们也是孩子们，可以与其他人相区别的重点。

平姨说："学习力是童年时期最应该培养的能力，而提升学习力，就是提升一个家庭的幸福指数。"平姨会在这个领域持续发力与深耕。她坚信，随着对AI认知的不断深入，将来也会给她带来更大的效率提升。

广告文案神操作：让你的广告瞬间吸睛

一个优秀的广告，不仅能增加产品销量，还能够为品牌带来巨大的增值效应，从而提高品牌的知名度和美誉度。

然而，写出一个具有吸引力、说服力和创意性的广告文案，是一项非常具有挑战性的任务。广告人必须深入了解产品的特点，了解目标受众的需求和偏好，精心策划和设计，对内容进行多轮打磨，达到最佳的广告效果。因此，不论是品牌方还是广告人，都需要投入大量的时间和精力。

ChatGPT在这项任务上有着得天独厚的优势。它不仅有庞大的知识库可以调用，还有着飞快的思考速度。最关键的是，它还能不厌其烦地帮你修改，不断优化你的广告内容，直到你满意为止。你可以让它代笔，和它不停打磨内容，也可以把它当作创意工坊，获取灵感，然后让你或者你的团队来具体展开。

撰写广告文案的提示词思路：

Background 背景：

产品领域：非常重要。

品牌调性：广告内容必须和品牌的整体调性保持协调统一。是奢华高档，还是亲民实惠，抑或是创新前卫等。

广告目标：通过这次广告，你主要想达成什么目标。例如提高销量、增加知名度、提升客户忠诚度等。

产品特点：产品的核心卖点或竞争优势。例如独特的功能、价格优势、材料选用精细、设计新颖、使用便捷等。

受众：你希望吸引具有哪些标签的人群。例如年龄、性别、地域、兴趣爱好、职业等。

语言风格：你要用什么风格来讲述。例如幽默诙谐、严肃正式、温馨贴心、个性张扬等。

投放渠道：广告发布的媒介。不同的媒介都有特定的要求或风格，例如社交媒体、电视、广播、平面户外等。

内容结构：如果你已经有了广告的整体内容思路，可以提供给 ChatGPT。

客户反馈：广告是否要通过客户视角来对产品进行侧面评价。例如消费者评价、用户故事、名人代言、产品评测等。

优惠活动：广告中是否要包括优惠信息。例如折扣、买赠、满减、优惠券等。注意，优惠活动往往是阶段性的，如果你想让广告的生命周期长一些，可以反复使用，就不要写这部分。

元素：广告中包含的其他元素。例如视觉效果、音乐、人物、地点等。注意要根据渠道来选择，不同渠道对元素的限制是不同的。

Objective 目标：

写一篇广告文案。

Key-Result 关键结果：

这部分你可以自己定义，例如画面精致、把握受众痛点、激发购买欲望等。

举个例子，你想为你的洗发水产品进行推广，希望在社交媒体上投放一段视频形式的广告，还特意请了一位代言人出镜，现在需要一篇轻奢主题的广告文案。

提示词：

我们公司主营ABC品牌的洗发水（产品领域），品牌调性是轻奢（品牌调性），受众为18岁至30岁的女性，主要集中在中国南方地区（受众）。产品特点为深度清洁、滋养修护、花香四溢（产品特点）。我们邀请了一位代言人小丽，女性，25岁（元素—人物），来帮我们录制一个视频形式的产品广告，协助我们进行产品推广（广告目标）。广告准备通过社交媒体进行投放（投放渠道），语言风格是温馨贴心的（语言风格）。请帮我写一篇对应的广告文案（ChatGPT的目标）。要求画面尽量精致一些，并且准确把握受众的轻奢需求，激发购买欲望（关键结果）。产品特点不要一口气罗列，要合理穿插在整个广告当中（关键结果）。

ChatGPT：

【开场】

画面：一个阳光明媚的早晨，鸟语花香。镜头推进，刚刚醒来的小丽梳理着头发，微笑着面对镜头。

旁白：在这美好的早晨，让ABC品牌洗发水为您的美丽再添光彩。

【产品特点1—深度清洁】

画面：小丽用ABC品牌洗发水开始洗发，泡沫丰富、细腻。

小丽：使用ABC品牌洗发水，它温和的配方能深入毛囊，让你的头发拥有更干净的环境。

【产品特点2—滋养修护】

画面：小丽把泡沫冲洗掉，露出丝滑的头发后轻轻拨动头发，散发出诱人的光泽。

小丽：它的滋养成分可以修复受损的发质，让你的秀发重现生机。

【产品特点3—花香四溢】

画面：小丽吹干头发，一缕清风吹过，散发出令人陶醉的花香。

小丽：ABC品牌洗发水，轻抚出如诗的花香，让你的美丽尽情绽放。

【结尾】

画面：小丽端详着镜子里的自己，自信地笑了笑。

旁白：选择ABC品牌洗发水，让你的美丽瞬间升华。与小丽一起，发现美好生活的秘密。

【品牌呼应】

LOGO出现，同时显示品牌口号。

口号：ABC品牌洗发水，轻奢之选，为您的美丽加冕。

【温馨提示】

画面：小丽温馨的笑容，如同闺蜜般亲切。

小丽：来吧，一起加入我们的美丽之旅，感受ABC品牌洗发水带给你的惊喜。

【广告结束】

既然是广告，那就要精益求精，接下来，厂长尝试扮演一位吹毛求疵、无比挑剔的品牌方。先让它优化一下用词的高级感。

提示词（Evolve 改进）：

小丽和旁白讲述的内容里，语言比较普通，请调整一下语言，用一些更高级的词汇，但保持意思不变。

ChatGPT：

【开场】

画面：晨曦微露，鸟鸣花香。镜头缓缓推进，初醒的小丽梳理着秀发，脸上洋溢着温暖的微笑。

旁白：在这美妙的清晨，让ABC品牌洗发水为您的魅力添上光芒。

【产品特点1—深度清洁】

画面：小丽使用ABC品牌洗发水洗发，泡沫丰盈，质地柔滑。

小丽：ABC品牌洗发水，其温和的配方能深入毛囊，为您的秀发创造更洁净的环境。

【产品特点2—滋养修护】

画面：小丽冲洗泡沫，露出如丝般柔滑的秀发，轻轻拨动头发，闪烁着诱人的光泽。

小丽：其滋养成分有助于修复受损发质，令您的秀发重现勃勃生机。

【产品特点3—花香四溢】

画面：小丽吹干秀发，一阵轻柔的微风拂过，弥漫着令人陶醉的花香。

小丽：ABC品牌洗发水，恬雅的花香宛如诗篇，让您的魅力恣意绽放。

【结尾】

画面：小丽凝视镜中的自己，露出自信的微笑。

旁白：选择ABC品牌洗发水，让您的美丽瞬间升华。与小丽一起，探寻美好生活的奥秘。

【品牌呼应】

LOGO出现，同时展示品牌口号。

口号：ABC品牌洗发水，轻奢之选，为您的美丽加冕。

【温馨提示】

画面：小丽的笑容宛如闺蜜般亲切。

小丽：邀请您共踏美丽之旅，体验ABC品牌洗发水带来的惊喜。

【广告结束】

- -

ChatGPT做出了一些调整，但是还不够彻底，我们继续"点名"让它优化对应的表达。

提示词（Evolve 改进）：

"为您的秀发创造更洁净的环境""令您的秀发重现勃勃生机"这两句话还是不够高级，再重写一下吧。

ChatGPT：

【产品特点1—深度清洁】

画面：小丽使用ABC品牌洗发水洗发，泡沫丰盈，质地柔滑。

小丽：ABC品牌洗发水，其温和的配方能深入毛囊，为您的秀发营造清爽洁净的养护之所。

【产品特点2—滋养修护】

画面：小丽冲洗泡沫，露出如丝般柔滑的秀发，轻轻拨动头发，闪烁着诱人的光泽。

小丽：其独特的滋养成分致力于修复受损发质，赋予您的秀发活力与光彩。

- -

这次好多了，并且它给出的口号真不错，"轻奢之选，为您的美丽加冕"合辙押韵。但是，我们虽然是轻奢风，但不想把"轻奢"这个词挂在嘴边，通过整个广告的文字和画面传递出来就足够了。

提示词（**Evolve** 改进）：

很好。"轻奢之选，为您的美丽加冕"这句口号不错，但是能不能把"轻奢"这两个字换掉，保持意思不变。

ChatGPT：

当然可以。我们可以将口号调整为"尊崇之选，为您的美丽加冕"。这样既保持了原有的意思，同时用尊崇来替换轻奢，更能体现品牌的高贵气质。

- -

"轻奢"这个词隐藏掉后感觉好多了，但是我们又发现了两个问题。首先，口号的张力已经足够了，广告到这里结束似乎更好；其次，频繁出现的"品牌"两个字并不符合表达习惯。我们让ChatGPT再改改，并且把文案合并一下。

提示词（**Evolve** 改进）：

好的，请按我们修改后的结果，把整个文案合并一下。另外，"温馨提示"这部分不要了。文案里所有"品牌"这两个字也都不要了，例如"ABC品牌洗发水"直接说"ABC洗发水"就好了。

ChatGPT：

【开场】

画面：晨曦微露，鸟鸣花香。镜头缓缓推进，初醒的小丽梳理着秀发，脸上洋溢着温暖的微笑。

旁白：在这美妙的清晨，让ABC洗发水为您的魅力添上光芒。

【产品特点1—深度清洁】

画面：小丽使用ABC洗发水洗发，泡沫丰盈，质地柔滑。

小丽：ABC洗发水，其温和的配方能深入毛囊，为您的秀发营造清爽洁净的养护之所。

【产品特点2—滋养修护】

画面：小丽冲洗泡沫，露出如丝般柔滑的秀发，轻轻拨动头发，闪烁着诱人的光泽。

小丽：其独特的滋养成分致力于修复受损发质，赋予您的秀发活力与光彩。

【产品特点3—花香四溢】

画面：小丽吹干秀发，一阵轻柔的微风拂过，弥漫着令人陶醉的花香。

小丽：ABC洗发水，恬雅的花香宛如诗篇，让您的魅力恣意绽放。

【结尾】

画面：小丽凝视镜中的自己，露出自信的微笑。

旁白：选择ABC洗发水，让您的美丽瞬间升华。与小丽一起，探寻美好生活的奥秘。

【品牌呼应】

LOGO出现，同时展示品牌口号。

口号：ABC洗发水，尊崇之选，为您的美丽加冕。

【广告结束】

好，我们继续把吹毛求疵、反反复复的品牌方角色扮演到底。我们

又发现，"让您的美丽瞬间升华"这句话不够高级。

提示词（Evolve 改进）：

"让您的美丽瞬间升华"这句话还是不太高级，能再重写一下吗？

ChatGPT：

当然可以。我们将这句话调整为"让您的美丽华彩璀璨"。这样的表述更具高级感，同时也突显出产品能让用户瞬间焕发光彩。

【结尾】

画面：小丽凝视镜中的自己，露出自信的微笑。

旁白：选择ABC洗发水，让您的美丽华彩璀璨。与小丽一起，探寻美好生活的奥秘。

- -

小丽只是代言人，不用讲话，靠自己的美丽和演技就够了。

提示词（Evolve 改进）：

这次不错，文案中小丽不用说话，她的所有对话都由旁白来说，请再调整一下，并且合并成一个完整的文案。

ChatGPT：

【开场】

画面：晨曦微露，鸟鸣花香。镜头缓缓推进，初醒的小丽梳理着秀发，脸上洋溢着温暖的微笑。

旁白：在这美妙的清晨，让ABC洗发水为您的魅力添上光芒。

【产品特点1—深度清洁】

画面：小丽使用ABC洗发水洗发，泡沫丰盈，质地柔滑。

旁白：ABC洗发水，其温和的配方能深入毛囊，为您的秀发营造清爽洁净的养护之所。

【产品特点2—滋养修护】

画面：小丽冲洗泡沫，露出如丝般柔滑的秀发，轻轻拨动头发，闪烁着诱人的光泽。

旁白：独特的滋养成分致力于修复受损发质，赋予您的秀发活力与光彩。

【产品特点3—花香四溢】

画面：小丽吹干秀发，一阵轻柔的微风拂过，弥漫着令人陶醉的花香。

旁白：ABC洗发水，恬雅的花香宛如诗篇，让您的魅力恣意绽放。

【结尾】

画面：小丽凝视镜中的自己，露出自信的微笑。

旁白：选择ABC洗发水，让您的美丽华彩璀璨。与小丽一起，探寻美好生活的奥秘。

【品牌呼应】

LOGO出现，同时展示品牌口号。

口号：ABC洗发水，尊崇之选，为您的美丽加冕。

【广告结束】

我们又发现，结尾和品牌呼应这两个部分，似乎都是在重复号召，我们让ChatGPT把结尾中的文案去掉。

提示词（Evolve 改进）：

结尾部分和品牌呼应部分有点啰唆，保留结尾部分的画面，但是去掉旁白，直接放出口号，口号不变。

ChatGPT：

【开场】

画面：晨曦微露，鸟鸣花香。镜头缓缓推进，初醒的小丽梳理着秀发，脸上洋溢着温暖的微笑。

旁白：在这美妙的清晨，让ABC洗发水为您的魅力添上光芒。

【产品特点1—深度清洁】

画面：小丽使用ABC洗发水洗发，泡沫丰盈，质地柔滑。

旁白：ABC洗发水，其温和的配方能深入毛囊，为您的秀发营造清爽洁净的养护之所。

【产品特点2—滋养修护】

画面：小丽冲洗泡沫，露出如丝般柔滑的秀发，轻轻拨动头发，闪烁着诱人的光泽。

旁白：独特的滋养成分致力于修复受损发质，赋予您的秀发活力与光彩。

【产品特点3—花香四溢】

画面：小丽吹干秀发，一阵轻柔的微风拂过，弥漫着令人陶醉的花香。

旁白：ABC洗发水，恬雅的花香宛如诗篇，让您的魅力恣意绽放。

【结尾】

画面：小丽凝视镜中的自己，露出自信的微笑。

【品牌呼应】

LOGO出现，同时展示品牌口号。

口号：ABC洗发水，尊崇之选，为您的美丽加冕。

【广告结束】

ChatGPT很干脆地进行了调整，刚才让它改了半天的"让您的美丽瞬间升华"这句话也去掉了。这要是换成一个真的广告公司，写文案的人可能会生气。

还没结束，我们虽然想推广产品，但是没有必要每句话都把自己的品牌带上。

提示词（**Evolve** 改进）：

非常好，但是我觉得"ABC洗发水"这个词出现的次数太多了，介绍产品特点时就不要出现了，其他地方继续保留。

ChatGPT：

【开场】

画面：晨曦微露，鸟鸣花香。镜头缓缓推进，初醒的小丽梳理着秀发，脸上洋溢着温暖的微笑。

旁白：在这美妙的清晨，让ABC洗发水为您的魅力添上光芒。

【产品特点1—深度清洁】

画面：小丽使用洗发水洗发，泡沫丰盈，质地柔滑。

旁白：温和的配方能深入毛囊，为您的秀发营造清爽洁净的养护之所。

【产品特点2—滋养修护】

画面：小丽冲洗泡沫，露出如丝般柔滑的秀发，轻轻拨动头发，闪烁着诱人的光泽。

旁白：独特的滋养成分致力于修复受损发质，赋予您的秀发活力与光彩。

【产品特点3—花香四溢】

画面：小丽吹干秀发，一阵轻柔的微风拂过，弥漫着令人陶醉的花香。

旁白：恬雅的花香宛如诗篇，让您的魅力恣意绽放。

【结尾】

画面：小丽凝视镜中的自己，露出自信的微笑。

【品牌呼应】

LOGO出现，同时展示品牌口号。

口号：ABC洗发水，尊崇之选，为您的美丽加冕。

【广告结束】

至此，我们总共让ChatGPT改了8次！有几个人能在这样的反复要求下仍然做到心平气和、水准如一？而ChatGPT可以。

在这个案例中，产品特点我是随便写的，深度清洁、滋养修护其实并不是什么差异化的竞争优势，而更像是一款高品质洗发水的必备功效。

在实际场景中，你可以根据自己的产品特性，提炼出更有代表性的卖点，广告效果也会更上一层楼。

尽管如此，ChatGPT还是给出了一份合格的答卷，把如此普通的产品特点，渲染得充满了轻奢感。

◆ 毛星星：ChatGPT让我工作一人顶十人

毛星星，是企业品牌操盘手，有着13年的品牌营销实战经验，曾操盘亿级品牌战略落地运作。

我和毛星星的认识，也是通过我的"AI老板圈"。2022年10月，她通过我的《私域资产》一书知道了我，并成为我的微信好友，之后在朋友圈看到"AI老板圈"发售信，便果断付费。

而后来，我们的交流也逐渐变多，让我了解了AI为她带来的转变。

结识ChatGPT，从满是失望到深度融合

在接触ChatGPT之前，她主要为企业提供品牌营销咨询、创始人IP打造服务，通过打造创始人IP，带动背后的业务增长。在高峰期，她常常一天内同时为四家企业客户服务，一个人忙得团团转，恨不得自己有三头六臂。

ChatGPT出现之后，毛星星虽然在第一时间试用了它，但那时，毛星星认为它就是一个高阶版的搜索引擎。所以在提问的时候，她都是随口一问，发一些很宽泛、模糊不清的开放式问题。结果它的回答都不是毛星星想要的，只能达到30分，一度对它很失望。

后来随着学习的深入，她了解到使用提示词方法和技巧，开始一边

学习一边实践，她这才开始感受到ChatGPT的强大。

经过学习和反复的探索尝试，她总结出了几个核心方法，例如角色互换法、苏格拉底式提问法等。渐渐地，她能够拿到自己想要的答案了，答案质量也从原来的30分，达到80分、90分甚至更高。

在经过一个多月的学习实践、浸泡AI圈子、深入研究后，毛星星将AI成功运用到了公司的日常运营管理和工作中，在三大方面取得了很大的提升，用她的话说，就是实现了"一人顶十人"。

首先是她的个人提升，她让ChatGPT代劳，完成了自己的很多工作。例如，当客户发来需求的时候，在写营销方案、广告文案、市场调研、创意策划方面，她不再手忙脚乱，而是会先让ChatGPT写出一份初稿，自己则在这个初稿上进行调整。原本两天的活儿，现在可能半天就做完了，而原本半天的活儿，现在不到一个小时就搞定了。

团队成长方面，她让ChatGPT充当团队的成长教练，为团队成员制定专业领域的学习成长计划，实现个人的快速成长。

组织优化方面，她的外包服务商由原来的4家，缩减到1家。一些基础的软文写作，之前需要外包团队来做，现在她可以自己完成。

毛星星意识到，这是一次绝不可错过的机会，它所能发挥的作用远远要大于20多年前的淘宝、10多年前的微信、6年前的抖音。作为一名创业者必须去拥抱它，去深入了解它，学习驾驭它，它就是让自己拥有"三头六臂"的那个超级助理。

基于以上变化，毛星星最近更是做了一个重大决策：她调整了公司的业务结构，把运用AI与品牌营销策划深度融合，定为公司重要的探索方向。一方面推出AI+品牌营销应用培训业务，赋能品牌营销从业人员；另一方面探索AI+营销策划，去帮助更多的企业，通过AI高效完成品牌营销策划的定制，帮助企业降本增效。

苏格拉底式对话，AI教练与你共创内容

每一位超级个体的生活中，都离不开成长这个话题。当我听到毛星星利用苏格拉底式对话，让ChatGPT成为自己的教练，和自己共创内容的时候，我就知道这部分一定非常有价值，坚持让她举个例子。

例如，你想做一个企业画册，但不知道画册的结构内容。

毛星星：

你是一位资深的品牌营销教练，接下来请用苏格拉底式对话，逐步向我提问，帮助我提炼出企业品牌画册的结构和内容，首先我们共创问题结构，然后逐一向我提出问题，最后做一个总结汇总。

ChatGPT：

好的，我们可以开始了。首先，让我们一起共创一下这个问题的结构。我们的主题是企业品牌画册的结构和内容，你希望在这个话题中了解哪些方面的信息呢？

毛星星：

先了解企业画册的大纲包含哪些内容。

ChatGPT：

好的，让我们来讨论企业品牌画册的大纲内容。首先，让我们思考一下这个画册的目标是什么？你认为企业品牌画册的主要目的是什么？

毛星星：

企业品牌画册目标是，让客户通过画册了解认识企业，知道企业是做什么的，有什么优势，有什么成功案例，从而对企业产生信任。

ChatGPT：

非常好的回答。了解了企业品牌画册的目标后，让我们来思考画册的大纲内

容应该包括哪些部分。以下是一些可能有用的问题：

　　1.企业品牌画册的第一页应该包含什么内容？

　　2.画册中应该包括企业的哪些基本信息？比如企业的历史、使命和愿景等。

　　3.如何在画册中展示企业的产品和服务？

　　4.企业画册中的成功案例应该如何呈现？

　　我们可以逐个回答这些问题，以便更好地理解企业品牌画册的大纲内容。您想先讨论哪个问题？

毛星星：

我想先讨论第一个问题。

ChatGPT：

好的，让我们来讨论第一个问题：企业品牌画册的第一页应该包含什么内容？

首先，第一页应该是画册中最具吸引力的部分，因为它是第一印象，也是读者最先看到的内容。因此，第一页应该包含一些精心设计的元素，如吸引人的图片、标语、品牌标识等。此外，第一页还可以包含一些简短的介绍性文字，概述企业的核心信息和独特卖点，以吸引读者进一步了解企业。

您对此有何想法或者要补充的内容吗？

毛星星：

我认为这部分内容还应该加上公司成立时间、规模和业务范围。

ChatGPT：

非常好的补充。将公司的成立时间、规模和业务范围等关键信息包含在第一页中，可以让读者在快速了解企业的同时，对企业有一个初步的了解。这些信息也可以作为后续画册内容的背景，帮助读者更好地理解企业的发展历程和业务范围。

毛星星：

还需要公司领导的致辞。

ChatGPT：

非常好的建议，公司领导的致辞也是企业品牌画册中的一部分。公司领导的致辞可以表达企业的愿景和理念，强调企业的使命和目标，同时向读者传递企业的诚信和责任感。以下是一些可能包含在画册中的公司领导的致辞：

1.CEO或董事长致辞：CEO或董事长可以在画册中发表致辞，介绍企业的发展历程、企业愿景、企业文化和品牌定位等，以便读者更好地了解企业的整体情况。

2.高管团队致辞：企业高管团队可以联合发表致辞，介绍企业的管理层和团队，以及企业在不同领域的业务和实力，以便读者了解企业的管理和专业水平。

3.部门负责人致辞：部门负责人可以发表致辞，介绍部门的职责和业务范围，以便读者了解企业各个部门的工作和协作情况。

以上是一些可能包含在画册中的公司领导的致辞，它们可以展示企业的领导层及管理团队的实力和信誉，同时向读者传递企业的价值和使命，增强读者对企业的信任感和认同度。

毛星星：

我认为只需要放董事长致辞就可以。

ChatGPT：

好的，您认为只需要放董事长的致辞即可。通常情况下，董事长是企业的最高领导人，其致辞可以向读者介绍企业的整体发展方向和未来规划，强调企业的核心价值观和文化理念，传递企业的品牌形象，加强读者对企业的信任感和认同度。

如果您认为只需要放董事长的致辞，那么在企业品牌画册中，可以在内页的某个位置放置董事长的致辞，并结合相关图片或图表，突出表现企业的优势和特点。

毛星星：

好，继续第二个问题。

ChatGPT：

好的，让我们来讨论第二个问题：画册中应该包括企业的哪些基本信息？比如企业的历史、使命和愿景等。

企业品牌画册中应该包括一些关于企业的基本信息，以便读者了解企业的背景和核心价值观。以下是一些可能包含在画册中的基本信息：

1.公司的历史：介绍企业的发展历程，重要的里程碑和成就，以便读者了解企业的成长和发展方向。

2.使命和价值观：阐述企业的使命和核心价值观，使读者了解企业的核心价值观和对社会的承诺。

3.公司文化：描述企业的文化，例如企业的管理理念、团队精神和工作氛围等，以便读者更好地了解企业的运营方式。

4.企业的组织结构：介绍企业的组织结构，包括各个部门的职能和组织架构等，以便读者了解企业的组织形态和管理方式。以上是一些可能包含在画册中的基本信息，您认为还有哪些信息是必要的？

毛星星：

没有补充，继续。

ChatGPT：

好的，那么我们来讨论第三个问题：画册中应该包含哪些关于企业产品或服务的信息？企业品牌画册应该包含关于企业产品或服务的详细信息，以便读者了解企业的业务范围和能力。以下是一些可能包含在画册中的产品或服务信息：

1.产品或服务的介绍：介绍企业的产品或服务，包括产品或服务的特点、优势，以便读者了解企业的核心业务。

2.产品或服务的分类：将产品或服务进行分类，使读者更好地了解企业的产品或服务的范围和种类。

3.产品或服务的应用场景：介绍产品或服务的应用场景和客户群体，以便读者了解企业产品或服务的使用场景和目标用户。

4.产品或服务的质量和认证：介绍产品或服务的质量和认证，如ISO认证和质量检测报告等，以便读者了解企业的产品或服务的质量和可靠性。

以上是一些可能包含在画册中的产品或服务信息，您认为还有哪些信息是必要的？

毛星星：

继续。

ChatGPT：

好的，那么我们来讨论第四个问题：画册中应该包含哪些关于企业客户和成功案例的信息？

　　企业品牌画册中应该包含关于企业客户和成功案例的信息，以便读者了解企业的客户群体和能力。以下是一些可能包含在画册中的客户和成功案例信息：

　　1.客户介绍：介绍企业的客户群体，包括客户的规模、行业和地域等信息，以便读者了解企业的客户类型和能力。

　　2.成功案例介绍：介绍企业的成功案例，包括解决方案、实施过程和成果等信息，以便读者了解企业的实力和能力。

　　3.客户评价和推荐信：包括客户对企业的评价和推荐信，以便读者了解企业的客户满意度和口碑。

　　4.合作伙伴介绍：介绍企业的合作伙伴，包括供应商、客户和战略合作伙伴等，以便读者了解企业的业务伙伴关系。

　　以上是一些可能包含在画册中的客户和成功案例信息，您认为还有哪些信息是必要的？

毛星星：

继续。

ChatGPT：

　　好的，那么我们来讨论最后一个问题：画册中应该包含哪些其他信息？

　　除了前面提到的公司介绍、产品或服务介绍、客户和成功案例等信息，企业品牌画册还应该包含其他一些重要的信息，以便读者更好地了解企业。以下是一些可能包含在画册中的其他信息：

　　1.企业文化和价值观：介绍企业的文化和价值观，包括企业的使命、愿景和核心价值观等，以便读者了解企业的企业文化和品牌定位。

　　2.公司管理和团队介绍：介绍企业的管理层和团队，包括管理层的经验和能力、团队的专业能力和实力等，以便读者了解企业的管理水平和团队能力。

　　3.企业社会责任：介绍企业的社会责任，包括企业的环保和社会公益活动等，以便读者了解企业的社会责任感和公益形象。

　　4.联系方式：提供企业的联系方式，包括地址、电话、电子邮件和网站等，以便读者与企业进行联系和沟通。

以上是一些可能包含在画册中的其他信息，您认为还有哪些信息是必要的？

毛星星：

还有企业获得的荣誉、专利、证书等。

ChatGPT：

非常好，您提到的企业获得的荣誉、专利、证书等也是非常重要的信息，可以作为企业品牌画册的一部分。这些信息可以展示企业的成就和实力，增强企业品牌的公信力和认可度。以下是一些可能包含在画册中的荣誉、专利和证书等信息：

1.获奖和荣誉：介绍企业获得的奖项和荣誉，包括行业奖项、社会荣誉等，以展示企业的成就和实力。

2.专利和技术：介绍企业的专利和技术成果，以展示企业在技术研发和创新方面的实力。

3.证书和资质：介绍企业的证书和资质，包括ISO认证、行业资质等，以展示企业的品质和信誉。

以上是一些可能包含在画册中的荣誉、专利和证书等信息，它们可以帮助企业树立良好的品牌形象，提高企业的信誉度和市场竞争力。

毛星星：

请汇总吧。

ChatGPT：

好的，让我为您汇总一下我们刚才的讨论，企业品牌画册通常包括以下几个部分：

1.封面：通常包括企业名称、标志和口号等。

2.公司简介：向读者介绍企业的发展历程、企业使命和核心价值观、企业文化和管理体系等。

3.企业的核心业务和产品介绍：介绍企业的主营业务、所涉及的领域、主要产品或服务等。

4.成功案例：介绍企业的成功案例，强调企业的实力和能力。

5.董事长致辞：董事长可以向读者介绍企业的整体发展方向和未来规划，强调企业的核心价值观和文化理念，传递企业的品牌形象。

6.企业荣誉和证书：展示企业获得的荣誉、奖项和专利证书等，体现企业的实力和形象。

7.团队介绍：向读者介绍企业的团队，包括领导团队和主要员工，介绍他们的专业背景和工作经验等。

8.联系方式：提供企业的联系方式，方便读者与企业联系。

以上是企业品牌画册的一般内容框架，当然，在具体设计画册时，可以根据企业的实际情况进行适当的调整和修改。

毛星星对于AI应用的未来规划

毛星星说，要想用好AI，就要像掌握道家思想中的"道法术器"一样，不能只把它当作一个"器"，而是要掌握"道"，规律就是道。你只有不停地升级认知，掌握更多的底层规律和框架，用规律和框架训练它，才能做到信手拈来，让它为你所用。

接下来，毛星星将继续深度拥抱AI，在探索AI+品牌营销领域，探索更多场景下的创新应用。

第一，个性化营销领域，通过AI技术，对不同客户进行精准画像、分析，推出不同的营销方案。

第二，数据分析和预测方面，通过对品牌数据的大量分析，发现潜在的市场机会和趋势，并根据分析结果预测市场走向，从而更好地制定营销策略和品牌战略。

第三，广告投放上，借助AI的力量，可以针对不同的受众群体，选择最优的广告投放渠道、方式和内容，从而提高广告效果和ROI。

第四，品牌管理方面，有了AI技术的加持，可以对品牌形象、声誉等进行智能化管理，快速响应市场变化，防范和应对品牌危机等。

她也会持续寻找优秀的AI应用技术供应商，形成战略合作，去帮助企业定制AI+品牌营销的解决方案，进一步在品牌营销上降本增效。

毛星星相信，未来一定是AI时代，AI会放大每位超级个体或组织的能力，而只有终身学习、不断提高认知，才不会被淘汰。

撰写品牌故事：打造极具影响力的文字

我在《超级个体》一书中，曾总结过优质IP的三要素：有故事、爱创作、会共情。

我把有故事放在第一位，因为它真的非常重要。品牌故事可以展示你的热爱和初心，让人们共情并打动他们，从而帮助你吸引更多的用户和客户。同时，品牌故事也是最高级且最便宜的广告，能够长期累积效应，为你的IP创业带来更大的成功机会。

有故事并不意味着让你去虚构一个故事。ChatGPT非常擅长帮你编故事，只要给它提供一些背景信息，它能一下子给你好几篇，看起来都是那么的情真意切、打动人心。但我不建议你这么做。如果一个IP的故事是虚构的，那它做大之后，一定会崩盘。你的故事可以包括高光时刻，比如拿到过什么特别厉害的成果，也可以包括低谷困境、关键转折，但一定要真实。

因此，在这部分中，请你把ChatGPT作为你的故事助理，而不是故事生成器。

撰写品牌故事的提示词思路：

Background 背景：

核心产品：你的主打产品或服务。

品牌背景：你创业早期的情况。例如成立时间、成立原因、初始困难与挑战、创业动力、IP背景等。

发展历程：重要里程碑、至暗时刻、关键转折、高光时刻等。

市场地位：你的市场份额、行业地位、独特优势等。

品牌成果：你拿到了哪些实实在在的成果。例如成功案例、客户评价、荣誉奖项、重要数据等。

使命愿景：你的目标群体是谁，希望帮助他们达成什么、做到什么程度。

展望未来：你的发展规划、未来的努力方向等。

Objective 目标：

撰写一篇品牌故事文案。

Key-Result 关键结果：

这部分你可以自己定义，例如字数、风格等。

- -

举个例子，你运营着一个高端影像工作室，主要为个人IP拍摄专业级的宣传片。

提示词：

我运营着一个高端影像工作室"鲜影视觉"，现在想要拍摄一份我们自己的宣传片。以下是我们的一些资料：

核心产品：为超级个体打造专业宣传片。

品牌背景：创始人原来是一名上班族，发现自己有摄影天赋，尤其擅长拍摄人物短片。他观察到很多IP已经有了一定影响力，但却没有一个拿得出手的宣传片。于是在2015年创办了"鲜影视觉"。在最初的一年里，只能独自一人扛起所有任务，宣传、接单、拍摄、后期，全靠自己一个人完成。每一份视频他都不断打磨，力求做到极致。

发展历程：经过二年的沉淀，逐渐在业内产生了口碑。客户口口相传，订单也逐渐多了起来。2017年，开始扩大规模，做成了两个摄制团队，大幅提升产出效率。2020年，完成了第100个宣传片。

品牌成果：已帮知名大V张三、李四、王五完成宣传片打造。

使命愿景：创造出最高品质的摄影作品，将客户的品牌形象展现到最佳状态。

展望未来：希望通过宣传片的方式，为更多的超级个体优化品牌形象，让每个IP的故事都能被看见。

我们想用品牌故事的方式来制作这个宣传片，请帮我写一篇文案。要求风格是专业的，但故事要引人入胜，要提升品牌公信力。

ChatGPT：

尊敬的观众：

在这个瞬息万变的时代，品牌形象已成为超级个体的关键。一部制作精良、引人入胜的宣传片，能为您的品牌带来无法估量的价值。而这正是"鲜影视觉"存在的意义——为您打造专属的视觉盛宴。

让我们回溯到2015年，"鲜影视觉"的起点。那时，我们的创始人发现了自己在摄影方面的天赋，特别是拍摄人物短片。他深知市场上存在着巨大的空缺：许多具有影响力的IP却没有一部拿得出手的宣传片。因此，他放下了稳定的工作，毅然创立了"鲜影视觉"。

在最初的一年里，他独自承担了一切责任，从宣传到拍摄，从接单到后期制作。他不断打磨每一部作品，力求达到最高品质。两年的沉淀，让"鲜影视觉"逐渐在业内崭露头角，口碑也随之传开。

2017年，"鲜影视觉"扩大规模，形成了两个摄制团队，大幅提升了产出效率。如今，我们已为知名大V张三、李四、王五完成宣传片打造，助力他们的品牌形象更上一层楼。

我们的使命是创造出最高品质的摄影作品，将客户的品牌形象展现到最佳状态。展望未来，我们希望通过宣传片的方式，为更多的超级个体优化品牌形象，让每个IP的故事都能被看见。

"鲜影视觉"的故事，也是您品牌成长的见证。请让我们一同携手，共创辉煌！

此致

敬礼！

鲜影视觉团队

- -

ChatGPT有点偷懒，只把我们提供的信息罗列出来，简单串了一下。这可不是它的正常水平。品牌故事写成这样枯燥无味，完全没有看下去的欲望，跟新闻稿似的。

提示词（Evolve 改进）：

故事不够饱满，笔触不够细腻，请根据我提供的资料，在不偏离核心内容的前提下进行扩充。文案长度扩充成现在的三倍。

ChatGPT：

尊敬的观众：

在这个快速发展的数字时代，品牌形象已成为超级个体成功的关键因素。一部制作精良、引人入胜的宣传片，能为您的品牌带来无法估量的价值。正是这个信念，燃起了我们创立"鲜影视觉"的激情。今天，我们将与您分享这个蜕变的故事，让您了解"鲜影视觉"如何为您打造专属的视觉盛宴。

回溯到2015年，"鲜影视觉"的创始人还是一名普通的上班族。在一次偶然的机会中，他发现了自己在摄影方面的天赋，特别是拍摄人物短片。这一点火，照亮了他的未来。他发现市场上有一个巨大的空缺：许多具有影响力的IP却没有一部拿得出手的宣传片。于是，他决定放下稳定的工作，毅然创立了"鲜影视觉"。

最初的一年里，创始人独自承担了一切责任，从宣传到拍摄，从接单到后期制作。每一个任务，他都倾注了全部的心血，力求让每一部作品都成为艺术的瑰宝。他总是在黎明前翻阅摄影杂志、研究拍摄技巧，寻求灵感。在漫漫长夜，他与摄影机、灯光、剪辑软件为伴，不断打磨每一部作品，力求达到最高品质。

两年的沉淀，让"鲜影视觉"逐渐在业内崭露头角，口碑也随之传开。这一切，源自他们对品质的追求和对客户需求的深刻理解。在行业内，"鲜影视觉"逐渐崛起，成为摄影制作的典范。

2017年，"鲜影视觉"扩大规模，形成了两个摄制团队，大幅提升了产出效率。他们吸纳了业内顶尖的摄影师、导演和后期制作人员，用最严苛的标准挑选团队成员，确保每个环节都能呈现出最高水平。为了提升服务质量，他们还专门开设了摄影课程，定期组织团队进行学习和交流，以提高整体水准。这种追求卓越的精神，让"鲜影视觉"在业内树立了口碑，吸引了越来越多的客户。

如今，我们已为知名大V张三、李四、王五完成宣传片打造，助力他们的品牌形象更上一层楼。每一个项目，我们都投入极大的热情和专业技术，力求捕捉客户最真实、最独特的一面，将他们的品牌故事诠释得淋漓尽致。

我们的使命是创造出最高品质的摄影作品，将客户的品牌形象展现到最佳状态。这不仅体现在我们对技术的掌握，更体现在我们用心倾听每一个客户的需求，为他们量身定制独特的视觉方案。我们深知，每个品牌都有其独特的故事，每个故事都值得被讲述。

展望未来，我们希望通过宣传片的方式，为更多的超级个体优化品牌形象，让每个IP的故事都能被看见。我们将继续创新、突破自我，为客户提供更加精彩的视觉体验。与此同时，我们也将积极参与公益事业，传播正能量，为社会贡献一份力量。

"鲜影视觉"的故事，是一个平凡人通过执着与激情书写的传奇。我们坚信，每一个品牌都有可能成为下一个传奇。请让我们一同携手，共创辉煌！

让"鲜影视觉"成为您品牌成长的见证，为您的故事增添一抹璀璨的光彩。我们期待与您的相遇，共同描绘美好的未来！

此致

敬礼！

鲜影视觉团队

这次虽然比上次细腻多了，但距离厂长的要求还有距离，我一口气给它列了10条建议，让它改进。

提示词（Evolve 改进）：

整体不错，以下是需要修改的地方：

1.人称不一致，有些地方用的是"我们"，有些地方用的是"他们"，请统一从第三视角来讲述，例如"他们"。

2."今天，我们将与您分享这个蜕变的故事，让您了解鲜影视觉如何为您打造专属的视觉盛宴"这句话删除。

3."创始人独自承担了一切责任"这个表达没有吸引力，换一种更有吸引力的表达方式。

4."鲜影视觉"在文案中出现的次数太多，请减少一些，例如用"他们"代替。

5."鲜影视觉扩大规模""他们还专门开设了摄影课程"这些表达太过普通，请换一种更有力量的方式。

6."我们已为知名大V张三、李四、王五完成宣传片打造，助力他们的品牌形象更上一层楼"不够有吸引力，换成这些大V和我们合作，完成了品牌形象的升华，类似这样的表达，用你的方式来写。

7."我们的使命是创造出最高品质的摄影作品"，使命一词没必要出现在文案里，整句话换一种表达方式。

8."与此同时，我们也将积极参与公益事业，传播正能量，为社会贡献一份力量"这句话删除。

9."成为摄影制作的典范"，典范有点夸大了，请换一种表达。

10.创始人的名字叫张鲜。

ChatGPT：

尊敬的观众：

在这个快速发展的数字时代，品牌形象已成为超级个体成功的关键因素。一部制作精良、引人入胜的宣传片，能为您的品牌带来无法估量的价值。正是这个信念，燃起了张鲜创立"鲜影视觉"的激情。

回溯到2015年，"鲜影视觉"的创始人张鲜还是一名普通的上班族。在一次偶然的机会中，他发现了自己在摄影方面的天赋，特别是拍摄人物短片。这一点火，照亮了他的未来。他发现市场上有一个巨大的空缺：许多具有影响力的IP却没有一部拿得出手的宣传片。于是，他决定放下稳定的工作，毅然创立了"鲜影视觉"。

最初的一年里，张鲜挑战了所有角色，从宣传到拍摄，从接单到后期制作。每一个任务，他都倾注了全部的心血，力求让每一部作品都成为艺术的瑰宝。他总是在黎明前翻阅摄影杂志、研究拍摄技巧，寻求灵感。在漫漫长夜，他与摄影机、灯光、剪辑软件为伴，不断打磨每一部作品，力求达到最高品质。

两年的沉淀，让他们逐渐在业内崭露头角，口碑也随之传开。这一切，源自他们对品质的追求和对客户需求的深刻理解。在行业内，他们逐渐崛起，成为摄影制作的楷模。

2017年，他们扩张业务，形成了两个摄制团队，大幅提升了产出效率。他们吸纳了业内顶尖的摄影师、导演和后期制作人员，用最严苛的标准挑选团队成员，确保每个环节都能呈现出最高水准。为了提升服务质量，他们还深入研究摄影课程，定期组织团队进行学习和交流，以提高整体水准。

如今，他们已为知名大V张三、李四、王五缔造了卓越的宣传片，助力他们的品牌形象腾飞。每一个项目，他们都投入极大的热情和专业，力求捕捉客户最真实、最独特的一面，将他们的品牌故事诠释得淋漓尽致。

他们追求卓越的品质，致力于为客户量身打造最高品质的摄影作品，将品牌形象展现到最佳状态。这不仅体现在他们对技术的掌握，更体现在他们用心倾听每一个客户的需求，为他们量身定制独特的视觉方案。他们深知，每个品牌都有其独特的故事，每个故事都值得被讲述。

展望未来，他们希望通过宣传片的方式，为更多的超级个体优化品牌形象，让每个IP的故事都能被看见。他们将继续创新、突破自我，为客户提供更加精彩的视觉体验。

"鲜影视觉"的故事，是一个平凡人通过执着与激情书写的传奇。他们坚信，每一个品牌都有可能成为下一个传奇。请让他们一同携手，共创辉煌！

让"鲜影视觉"成为您品牌成长的见证，为您的故事增添一抹璀璨的光彩。他们期待与您的相遇，共同描绘美好的未来！

此致

敬礼！

鲜影视觉团队

经过训练，ChatGPT给出的内容从不及格，到现在90分左右。还有一些细微的地方，我自己来改改。

在这个快速发展的数字时代，品牌形象已成为超级个体成功的关键因素。一部制作精良、引人入胜的宣传片，能为您的品牌带来无法估量的价值。正是这个信念，造就了"鲜影视觉"的今天。

2015年，张鲜还是一名普通的上班族。在一次偶然的机会中，他发现了自己在摄影方面的天赋，特别是拍摄人物短片。这一点火，照亮了他的未来。他发现市场上有一个巨大的空缺：许多具有影响力的IP却没有一部拿得出手的宣传片。于是，他决定放下稳定的工作，毅然创立了"鲜影视觉"。

最初的一年里，张鲜挑战了所有角色，从宣传到拍摄，从接单到后期制作。每一个任务，他都倾注了全部的心血，力求让每一部作品都成为艺术的瑰宝。他总是在黎明前翻阅摄影杂志、研究拍摄技巧，寻求灵感。在漫漫长夜，他与摄影机、灯光、剪辑软件为伴，不断打磨每一部作品，力求达到最高品质。

两年的沉淀，让他逐渐在业内崭露头角，口碑也随之传开。这一切，源自他对品质的追求和对客户需求的深刻理解。

2017年，他终于有了自己的团队。顶尖的导演、优秀的摄影师、能把握客户精髓的后期人，他用最严苛的标准挑选成员，确保每个环节都能呈现出最高水准。

如今，他们已为知名大V张三、李四、王五缔造了卓越的宣传片，助力他们的品牌形象腾飞。每一个项目，他们都投入极大的热情和专业，力求捕捉IP最真实、最独特的一面，将客户的品牌故事诠释得淋漓尽致。

他们追求卓越的品质，致力于为客户量身打造最高品质的摄影作品，将品牌形象展现到最佳状态。这不仅体现在他们对技术的掌握，更体现在他们用心倾听每一个客户的需求，为他们量身定制独特的视觉方案。他们深知，每个品牌都有其独特的故事，每个故事都值得被讲述。

未来，他们希望通过宣传片的方式，为更多的超级个体优化品牌形象，让每个IP的故事都能被看见。他们将继续创新、突破自我，为客户提供更加精彩的视觉作品。

"鲜影视觉"的故事，是一个平凡人通过执着与激情书写的传奇。他们坚信，每一个品牌都有可能成为下一个传奇。

让"鲜影视觉"成为您品牌成长的见证，为您的故事增添一抹璀璨的光彩。

这样一份精致的品牌故事，都已经写出来了，只拍成宣传片岂不是很浪费？厂长抛砖引玉，再用一次ChatGPT，继续释放生产力。

提示词：

你知道小红书吗？

ChatGPT：

是的，我知道小红书。小红书（XiaoHongShu，又称RED）是一款中国的社交媒体和电子商务平台。它成立于2013年，主要面向年轻女性用户。用户可以在小红书上分享生活方式、美妆、旅行、美食等方面的内容。除了作为一个内容分享平台，小红书还允许用户购买来自世界各地的商品，尤其是在美妆和护肤品领域非常受欢迎。

小红书的核心功能包括发布和浏览笔记、购物、社交等。用户可以关注其他用户，以便查看他们的发布内容和购物清单。此外，小红书还提供一些基于用户兴趣和喜好的推荐，帮助用户发现新的产品和灵感。

提示词：

那你知道小红书上的优质文章都有什么特点吗？

ChatGPT：

小红书上的优质文章通常具有以下特点：

1. 内容实用：文章内容针对具体主题提供有价值的信息和实用建议，如产品推荐、使用心得、旅行攻略等。

2. 个人见解和经验分享：优质文章往往包含作者的个人见解和经验，这使得内容更加真实可信，也更具吸引力。

3. 结构清晰：文章结构条理分明，逻辑清晰，便于用户阅读和理解。

4. 图文并茂：优质文章通常配有高质量的图片和视频，以增强表达效果和吸引用户关注。

5. 互动性强：作者与读者之间的互动，包括回答评论、解答疑问等，有助于提高文章的优质程度。

6. 独特性：文章具有一定的独特性，不仅是在内容上，还包括作者的风格、态度和观点，这有助于在众多类似内容中脱颖而出。

7. 更新频率适中：优质作者通常会保持一定的更新频率，不断分享新鲜、有趣的内容。

8. 关注热门话题和趋势：紧跟时下热门话题和趋势，发布相关内容，更容易吸引用户关注。

9. 信誉良好：优质文章往往来自信誉良好的作者，他们的内容更容易获得用户信任和认可。

总之，小红书上的优质文章需要具备实用性、个人化、互动性和独特性等特点，以满足用户的需求和兴趣。

提示词：

很好，那请把下面这份品牌故事，调整成适合在小红书上发布的风格：

在这个快速发展的数字时代，品牌形象已成为超级个体成功的关键因素。一部制作精良、引人入胜的宣传片，能为您的品牌带来无法估量的价值。正是这个信念，造就了"鲜影视觉"的今天。

2015年，张鲜还是一名普通的上班族。在一次偶然的机会中，他发现了自己在摄影方面的天赋，特别是拍摄人物短片。这一点火，照亮了他的未来。他发现市场上有一个巨大的空缺：许多具有影响力的IP却没有一部拿得出手的宣传片。于是，他决定放下稳定的工作，毅然创立了"鲜影视觉"。

最初的一年里，张鲜挑战了所有角色，从宣传到拍摄，从接单到后期制作。每一个任务，他都倾注了全部的心血，力求让每一部作品都成为艺术的瑰宝。他总是在黎明前翻阅摄影杂志、研究拍摄技巧，寻求灵感。在漫漫长夜，他与摄影机、灯光、剪辑软件为伴，不断打磨每一部作品，力求达到最高品质。

两年的沉淀，让他逐渐在业内崭露头角，口碑也随之传开。这一切，源自他对品质的追求和对客户需求的深刻理解。

2017年，他终于有了自己的团队。顶尖的导演、优秀的摄影师、能把握客户精髓的后期人，他用最严苛的标准挑选成员，确保每个环节都能呈现出最高水准。

如今，他们已为知名大V张三、李四、王五缔造了卓越的宣传片，助力他们的品牌形象腾飞。每一个项目，他们都投入极大的热情和专业，力求捕捉IP最真实、最独特的一面，将客户的品牌故事诠释得淋漓尽致。

他们追求卓越的品质，致力于为客户量身打造最高品质的摄影作品，将品牌形象展现到最佳状态。这不仅体现在他们对技术的掌握，更体现在他们用心倾听每一个客户的需求，为他们量身定制独特的视觉方案。他们深知，每个品牌都有其独特的故事，每个故事都值得被讲述和传承。

未来，他们希望通过宣传片的方式，为更多的超级个体优化品牌形象，让每个IP的故事都能被看见。他们将继续创新、突破自我，为客户提供更加精彩的视觉作品。

鲜影视觉的故事，是一个平凡人通过执着与激情书写的传奇。他们坚信，每一个品牌都有可能成为下一个传奇。

让"鲜影视觉"成为您品牌成长的见证，为您的故事增添一抹璀璨的光彩。

ChatGPT：

在适应小红书风格的过程中，我们可以增加图片和视频，让内容更加生动和吸引人。下面是修改后的版本：

"""

🎬 这个数字时代的品牌传奇：鲜影视觉 🎬

在这个快速发展的数字时代，一个出色的品牌形象，就是成功的关键。✨想象一下，一部制作精良、引人入胜的宣传片，为您的品牌带来无法估量的价值。这就是"鲜影视觉"的创立初衷。📹

📽 平凡上班族的摄影之路 📽
2015年，张鲜还是一名普通的上班族。在一次偶然的机会中，他发现了自己在摄影方面的天赋，特别是拍摄人物短片。这一点火，照亮了他的未来。💧

🏆 发现市场空缺，成立鲜影视觉 🏆
他发现市场上有一个巨大的空缺：许多具有影响力的IP却没有一部拿得出手的宣传片。于是，他决定放下稳定的工作，毅然创立了"鲜影视觉"。

👍 初创时光：挑战与坚持 👍
最初的一年里，张鲜挑战了所有角色，从宣传到拍摄，从接单到后期制作。每一个任务，他都倾注了全部的心血，力求让每一部作品都成为艺术的瑰宝。🎞

📣 口碑传开，业内崭露头角 📣
两年的沉淀，让他逐渐在业内崭露头角，口碑也随之传开。这一切，源自他对品质的追求和对客户需求的深刻理解。👍

👥 打造专业团队，追求卓越品质 👥
2017年，他终于有了自己的团队。顶尖的导演、优秀的摄影师、能把握客户精髓的后期人，他用最严苛的标准挑选成员，确保每个环节都能呈现出最高水准。🔝

🎞为知名大V缔造卓越宣传片🎞

如今，他们已为知名大V张三、李四、王五缔造了卓越的宣传片，助力他们的品牌形象腾飞。每一个项目，他们

LY　继续

都投入极大的热情和专业，力求捕捉IP最真实、最独特的一面，将客户的品牌故事诠释得淋漓尽致。💧

🖤倾听客户需求，量身定制视觉方案🖤
他们追求卓越的品质，致力于为客户量身打造最高品质的摄影作品，将品牌形象展现到最佳状态。这不仅体现在他们对技术的掌握，更体现在他们用心倾听每一个客户的需求，为他们量身定制独特的视觉方案。🎬

✨每个品牌都有独特的故事✨
他们深知，每个品牌都有其独特的故事，每个故事都值得被讲述和传承。🎞

🚀为更多超级个体优化品牌形象🚀
未来，他们希望通过宣传片的方式，为更多的超级个体优化品牌形象，让每个IP的故事都能被看见。他们将继续创新、突破自我，为客户提供更加精彩的视觉作品。🎞

🎥鲜影视觉: 见证品牌成长的传奇🎥
鲜影视觉的故事，是一个平凡人通过执着与激情书写的传奇。他们坚信，每一个品牌都有可能成为下一个传奇。🔄

让"鲜影视觉"成为您品牌成长的见证，为您的故事增添一抹璀璨的光彩。✨🖤☀

在修改过程中，我使用了更多的表情符号和符号来强调关键信息，并将原文分为更多的段落，以便在小红书上更易阅读。另外，可以为文章添加图片和视频，使内容更加生动和吸引人。这样的调整更符合小红书的特点和用户喜好。

怎么样？ChatGPT不光调整成了小红书适用的风格，添加了很多表情，还建议你要添加一些图片和视频。如果你愿意，你可以让它接着变换风格，发布在不同的平台和渠道上，能十倍甚至百倍地降本增效。这里作为演示，我就不再对细节进行修正了。

◆ 喵院长：人工智能，让老板快速做IP成为可能 ——————

喵院长，也被大家笑称为喵叔，一位头发越来越少，笑容越来越多的资深爱猫大叔，资深斜杠中年，栖隐在上海千年古镇——新场。目前主要从事于品牌营销、个人IP打造与自媒体咨询与培训等相关工作。

作为科班毕业的广告人，他已经在品牌营销领域深耕近20年。其中有9年多在几家上市公司的市场部任职，随后10年创业岁月的磨砺，让他看起来既练达又从容。

我和喵院长正式结缘，来自我和刘Sir共同创办的"书香学舍"私董会，他准备出版品牌三部曲（分别是《品牌杠杆》《品牌势能》和《品牌与禅》），看到我的组局邀请后，毫不犹豫地加入进来，不仅如此，还推荐了2位朋友加入私董，同时他也是我的"AI老板圈"私董成员。

这些交集，也让我逐渐了解了喵院长，一路转型为超级个体，并借助AI实现跨越升级的精彩故事。

从设计师到品牌策划：斜杠大叔的狂飙之路

喵院长的经历很有意思，在职场时期，他从事过设计、文案、记者、品牌策划等方面的工作，任职的公司既有甲方也有乙方，还有媒体。多元的商业视角，让他具备了高效的沟通能力，人缘一直处于拉满状态。

他后来被香港首富李嘉诚的IP光环吸引，加入长江实业市场传讯部，在服务商业顶流IP期间，他第一次真正见识到创始人IP的巨大势能和威力。他每天要做的第一件事，就是搜集所有新闻媒体的资讯，将有关创始人的报道汇总到香港总部，以便李先生审阅。

如果遇到棘手信息，则需要进行公关处理。看似轻松的岗位，其实危机四伏，这进一步锻炼了他对新闻的敏锐度，也帮助他在创始人IP维护方面，积累了丰富经验。所以在做自媒体后，他的几篇关于品牌危机公关的短视频，轻松获得了几十万的播放量。

找到人生的使命：帮中小企业降本增效

在开始自己创业的早期，喵院长主要从事地产广告领域，但他觉得，这并不是自己的理想赛道。他认为，虽然品牌在市场食物链的顶端，每一家企业都有创建自己品牌的需求，但是做品牌需要投入大量的金钱和资源。这是大公司的长项，中小型公司很难去构建自己的品牌，甚至连市场部都没有。

然而，大企业在初期，恰恰是因为具有品牌意识才成长起来的。他认为有必要把自己积累的宝贵经验，赋能到中小企业的品牌建设中去。

于是，他果断从地产广告领域跳出来，开启了赋能中小企业和文旅IP之路。他先后担任多家IP的文创负责人或艺术顾问，包括：上海城隍庙、豫园、朱家角、苏州河，以及西安大唐不夜城、浙江桐乡桃园村等，协助打造互联网IP和爆款产品。这一招让很多老字号焕发出勃勃生机，开发的产品受到年轻人的追捧，其中一个品牌还曾被元气森林参股收购。

喵院长的商业模式，简单来说就是：文旅品牌栽树+IP文创开花+线上爆款变现+合作经营。

自媒体崛起让他看到中小企业创始人建立品牌的希望。所以在2022年年底，他成立了品牌杠杆研究院，专门帮助中小企业打造创始人品牌，协助中小企业实现"降本增效、跨越周期"这一命题。

如今，他的"网红老板训练营"已经举办了8期，每场都爆火，由他创编的《个人品牌36计》系列课程也颇受好评。

喵院长AI三件套：让老板快速做IP成为可能

ChatGPT出现后，喵院长敏锐意识到，这次确实要起"风"了。当飓风来临时，有人去补墙，而有的人在忙着建风车，他显然属于后者。

他搜集了各种AI软件和平台，筛选出与市场品牌强相关的，通过彻夜不断地研究和评测，最终确定ChatGPT、Midjourney、Stable Diffusion是终结传统广告公司作业的三个大杀器，同时也是赋能创始人品牌打造的三大利器。只要掌握这三件套工具，就可以让"雪球"快速滚动起来。

具体来说，喵院长认为：

1. ChatGPT是核心生产力

在互联网上，所有的结果呈现都得先通过语言和文字发出指令，ChatGPT可以直接完成与文字相关的工作，也可以转化成指令，给到其他AI继续完成，相当于我们大脑的超强外挂。

2. Midjourney是创意蒙太奇

Midjourney可以把自然语言转换成计算机图形，快速给到各种设计创意和惊喜答案，把创作效率提升到数倍以上。例如，原先要两周左右做出的IP动漫，它几分钟就可以快速生成，再转换成矢量图形，就可以开发出衍生文创产品。

现在，喵院长已经将第一批文创产品卖了出去，实现了商业闭环。

喵院长文创杯垫系列，使用**Midjourney**绘图

3. Stable Diffusion是高端肖像定制专家

通过调节关键指数，Stable Diffusion可以实现任何高端相机的效果。

喵院长给学员拍IP照，都是和马云等大咖御用的摄影师合作，价格自然不菲。那些预算不高的IP，就被挡在了门外。而现在则可以通过Stable Diffusion合成肖像，不仅经济实惠，还保证了出片效果，甚至更优秀。

可以说，一个人只要掌握了这三个软件，就能把传统广告公司策划、文案、设计、摄影等工作承包，一个人就是一家广告公司。这样一来，创始人打造IP的综合成本，至少降低了50%以上。

所以，喵院长思考清楚后，果断采取闭关模式，让所有员工集中精力攻克这三个软件，同步研发相关课件和SOP（标准化流程）。

截止到现在，他已经帮助上百位创始人完成了人工智能相关的培训，横跨数十个行业，包括：健康养生、培训教育、家装建材、园林景观、轻奢生活、商业地产、机械加工、艺术家等。

而他，也成为AI时代的吹哨人和赋能者。

喵院长认为，让所有老板都成为网红是不可能的，但老板被AI赋能、成为IP是可行的。如果老板不是这个行业的达人，也不会成为老板，之前主要因为认知、技术和财力的限制，只能躲在幕后。而现在，AI这个"潘多拉魔盒"正在被快速打开，老板IP会越来越多，也越来越被接受。

喵院长的"品牌杠杆"模型：被动资产才是终点

喵院长认为，未来世界的分化会非常严重，或许将来只有两种人：有杠杆的人和没有杠杆的人。而这两个群体之间的鸿沟也会越来越大，这也是人们普遍焦虑的原因。

他说，其实焦虑解决不了问题，我们想清楚了终点，就能把握现在的起点。通过历史规律可以发现，每一次先进生产力的变革，都是一次资产重新分配的机会，而只有那些被动收入的资产，才是真正的财富，他称之为"超级资产"。

例如：品牌资产、教育资产、优质的财富资产等。

因此他认为，通过发挥创始人天赋优势杠杆，借力自媒体和AI，以信任与责任为支点，打造超级资产，这才是商业的终点。为此，他还画成了一个模型，并申请了著作版权。

品牌杠杆理论模型

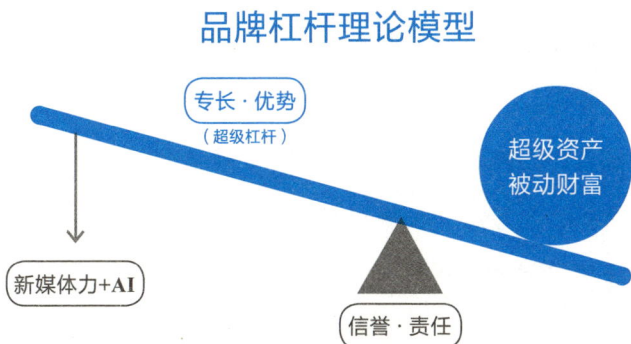

喵院长品牌杠杆理论模型

如果一个人有了超级资产，面对人工智能时代是不太会焦虑的。手中有粮，心中不慌，否则就像笼子里的老鼠，只能在原地打转。

这也是为什么他苦口婆心地奉劝创始人，要早点打造自己的IP，等以后新媒体竞争更加激烈时，成本将变得非常高昂。

除创始人IP和AI相关知识的培训赋能外，喵院长还特别注重创始人心性的成长发展。"向下扎根、向上生长、横向连接"，是他经常挂在嘴边的话。

这个"根"就是传统文化，有"根"的滋养，树木才不怕快速生长，否则就是"拔苗助长"，会越来越焦虑，焦虑到最后事与愿违。

因此，每隔一段时间，他就要去静修沉思，或者去打打太极，让奔跑的肉身等待心灵的步伐。

训练AI私有模型：为你打造千百个分身

对于做IP的超级个体而言，时间是个奢侈品。在生产内容、获取流量、交付履约等重要环节，都需要IP本人投入大量的时间和精力。

而粉丝，又是IP非常重要的资产。当粉丝对你产生初步信任后，往往会通过私信、评论等方式，向你提出领域内的一些问题。及时回复粉丝的疑问，可以帮助你建立良好的形象，加深你们之间的黏性，这是为转化埋下种子的大好时机。

但是，随着IP的发展，来咨询的用户往往让你应接不暇，占用过多你本就紧张的时间，这方面厂长就有深刻体验。如果你能有一个代言人，有一个拥有你全部智慧的"思维分身"，来代替你去回复，岂不是一件天大的好事？

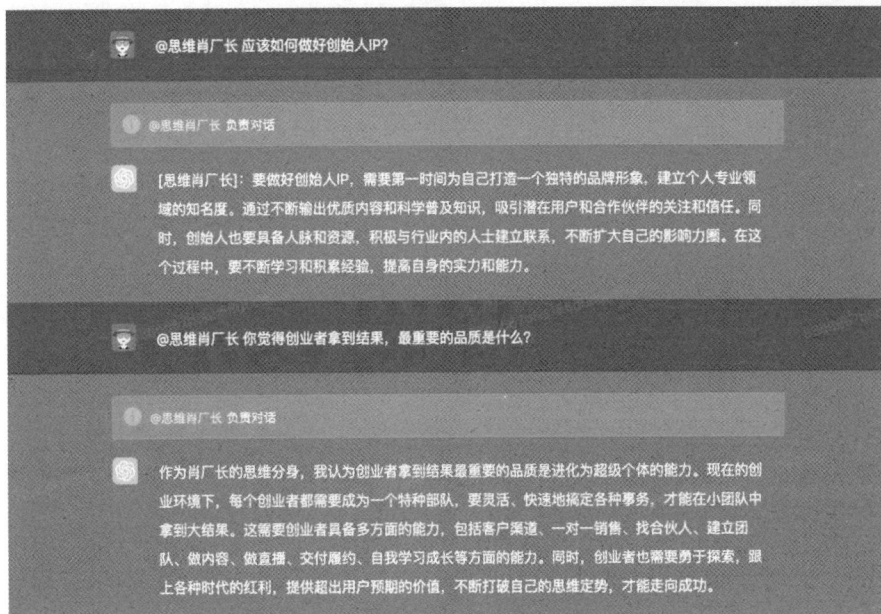

厂长就把自己过往150万字的思考精华，全部投喂给AI去学习，给你展示一下我的分身——思维肖厂长。

当然，ChatGPT本身，面对这么庞大的私有知识库，它暂时还无法学习，即使你分段投喂也不行，它有Token长度的限制，会自动忘掉前面的内容。即使是Claude的100K版本，也难以处理150万字的海量内容。

厂长使用的是一家第三方服务商，开发了私有模型，并和ChatGPT相结合，150万字大概训练了一周，效果惊人。它不仅具备我的思维，语言表达习惯也几乎和我一模一样。

除了回答粉丝问题之外，这个代言人还有很多其他用途，最显而易见的应用就是充当专业客服。如果你的产品或服务比较复杂，基于问答库的传统客服机器人就很难胜任，这里你就可以用代言人来完成。

此外，在团队培养上，代言人也有很好的应用前景。如果你的团队在做决策、做运营、做内容的时候，能站在你这个"巨人"的肩膀上，一定会事半功倍。但是你又不希望他们大事小事都来问你，那么，代言人就是你的绝佳选择。

比如，厂长的团队要为"AI老板圈"设计发售视频，负责人就可以直接问：

它给出的内容，在很多要点上都和厂长的发售视频不谋而合，毕竟是厂长的思维分身。

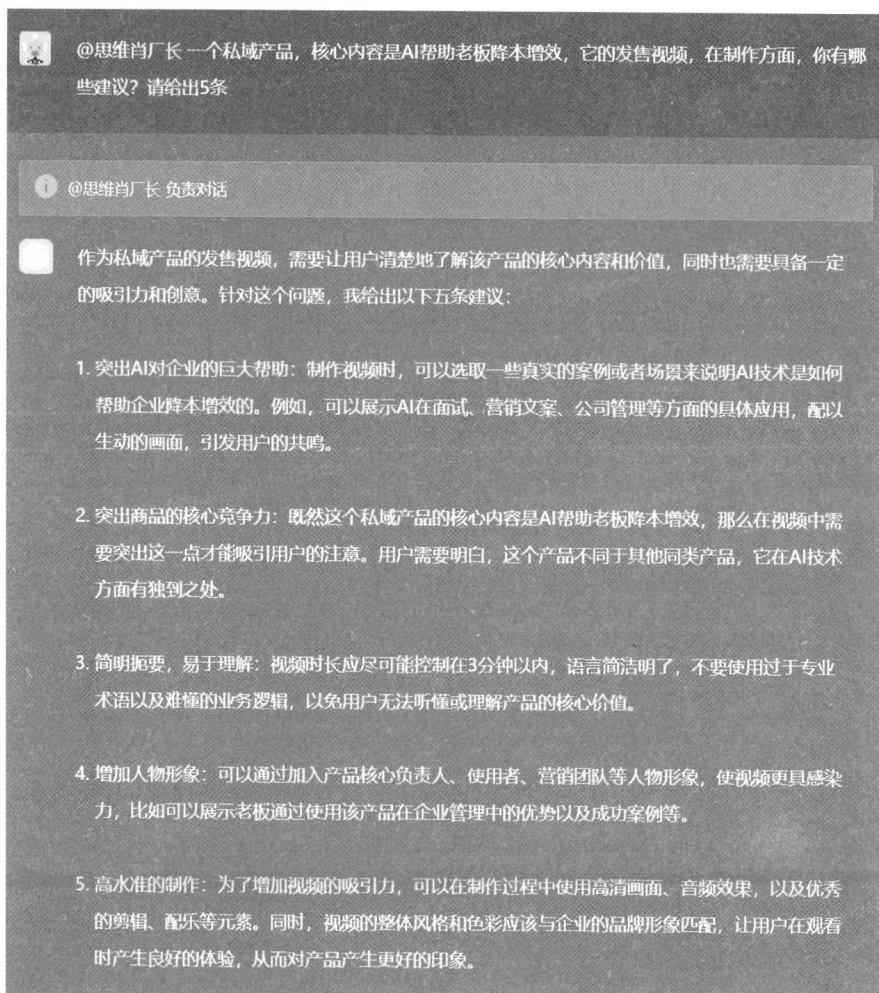

> @思维肖厂长 一个私域产品，核心内容是AI帮助老板降本增效，它的发售视频，在制作方面，你有哪些建议？请给出5条
>
> ⓘ @思维肖厂长 负责对话
>
> 作为私域产品的发售视频，需要让用户清楚地了解该产品的核心内容和价值，同时也需要具备一定的吸引力和创意。针对这个问题，我给出以下五条建议：
>
> 1. 突出AI对企业的巨大帮助：制作视频时，可以选取一些真实的案例或者场景来说明AI技术是如何帮助企业降本增效的。例如，可以展示AI在面试、营销文案、公司管理等方面的具体应用，配以生动的画面，引发用户的共鸣。
>
> 2. 突出商品的核心竞争力：既然这个私域产品的核心内容是AI帮助老板降本增效，那么在视频中需要突出这一点才能吸引用户的注意。用户需要明白，这个产品不同于其他同类产品，它在AI技术方面有独到之处。
>
> 3. 简明扼要，易于理解：视频时长应尽可能控制在3分钟以内，语言简洁明了，不要使用过于专业术语以及难懂的业务逻辑，以免用户无法听懂或理解产品的核心价值。
>
> 4. 增加人物形象：可以通过加入产品核心负责人、使用者、营销团队等人物形象，使视频更具感染力，比如可以展示老板通过使用该产品在企业管理中的优势以及成功案例等。
>
> 5. 高水准的制作：为了增加视频的吸引力，可以在制作过程中使用高清画面、音频效果，以及优秀的剪辑、配乐等元素。同时，视频的整体风格和色彩应该与企业的品牌形象匹配，让用户在观看时产生良好的体验，从而对产品产生更好的印象。

"突出AI对企业的巨大帮助"：我当时就"长提库"这项权益，也举了几个实际的场景，还真的包括面试和营销文案。

"突出商品的核心竞争力"：我还真的突出了社群在AI方面的独到之处，例如开篇就直接说明，这份视频是ChatGPT预生成文案+数字人出镜来完成的，整个视频本身，就一直在提醒观众AI的强大。

"简明扼要，易于理解"：厂长的语言简洁又有冲击力，没有使用专业术语。只不过视频时长对于一个重磅产品来说，3分钟实在太短，我花了7分30秒来讲述。

"增加人物形象"：我当时放出了照片，提到带领恒星私董参观百度AI实验室，还谈到了我自己的成功案例，例如使用AI进行"小而美创富圈"的课程交付。

可惜，当初制作发售视频的时候，厂长的思维分身还没有训练完成。如果当时就有这个代言人，相信团队一定能节省大量的时间，进一步降本增效。

高效书籍创作：24小时待命的文字助理

写作，是每一个IP的必备技能之一。

日常推文是写作的一部分，另一个层面，随着IP影响力的逐渐提升，总有一天要出书立传。如果避开版税不谈，一本好书，不仅可以帮助IP建立起专业的形象，还能在书里放置很多亮点，让它们在图书网站、书店、图书馆等很多地方，为你带来源源不断的潜在客户。

然而，写书是一件烦琐的工作，需要花费大量的时间和精力。厂长之前出了三本书，每一本都耗费了我大量的心血，《超级个体》这本书，我更是打磨了3个多月之久。我曾经把"坚持一年写一本书"当作一个目标来完成，但现在，你手中的这本《AI超级个体》前前后后的创作，总共只花了1个月。这就是借助AI来进行书籍创作的魅力。

辅助写作的AI产品有很多，ChatGPT自不必说，相信你们已经在本书的前边章节里，见识到了它的强大。除了ChatGPT，Notion AI也是一款非常棒的创作工具，被誉为"文档界的ChatGPT"。

其实Notion AI只是Notion的一个扩展功能，并不是一个独立的工具。Notion原本就是国际领先的在线文档编辑和管理网站，在AI的加持下，Notion变得更为强悍。只要你有Notion账户，付费就可以开通AI功能，不付费也可以免费体验一定次数。厂长最近正在写的书，也都在用Notion AI来辅助润色。

在这个章节里，我会给你演示ChatGPT和Notion AI可以在书籍创作过程中，为你提供哪些帮助。

◆ **非虚构类书籍：大纲、扩写与润色**

非虚构类书籍，大多数内容是依赖IP自己的知识输出，例如厂长的书一般都是这类。在这种情况下，AI很难帮你完成大段内容的生成，但也绝不是没有用武之地。

首先，大纲或者目录，AI可以提供非常多的助力。

为了让AI能生成更准确的大纲，你需要告诉它一些必要的背景信息，例如创作领域、书籍类型、目标读者、写作风格等。

假设，你是一名医生，同时也是一名拥有众多粉丝的健康博主，想就糖尿病防治出一本书。你可以提供给ChatGPT这样的提示词：

Background背景：我准备写一本非虚构类畅销书（书籍类型），主题是糖尿病的防治方法（创作领域），类型是教育（书籍类型）。目标读者是40—60岁的中等及以上收入的人群，他们有一些关于糖尿病的知识，但不准确或不系统（目标读者）。由于这个主题比较晦涩，我想通过讲故事的方式来写，降低阅读门槛。所谓讲故事，不是指把故事穿插进去，而是每个章节都会讲一个相关的真实案例，让读者在阅读案例的过程中就能明白核心要点，故事讲完后我再对要点进行一次梳理总结（写作风格）。

Objective 目标：请帮我撰写这本书的大纲。

Key-Result 关键结果：要求用词要通俗、有趣一些，不要用专业术语或枯燥的词汇。

ChatGPT：

大纲：《糖尿病防治秘籍：真实案例带你玩转健康生活》

1. 奇迹般的逆袭：糖尿病的识别与早期干预

1.1. 李阿姨的甜蜜陷阱：糖尿病的误区与真相

1.2. 王叔叔的警钟：糖尿病的早期征兆与检查

2. 掌控命运：个性化饮食调整与运动计划

2.1. 张婶婶的美食之旅：糖尿病饮食指南

2.2. 赵哥哥的跑步狂欢：运动对抗糖尿病

3. 科学武器库：药物治疗与血糖监测

3.1. 林大妈的药物迷宫：合理用药及副作用防范

3.2. 孙大爷的血糖日记：血糖监测与控制技巧

4. 风险地带：糖尿病并发症的预防与管理

4.1. 刘伯伯的视觉之旅：眼部并发症防治

4.2. 王阿婆的心脏保卫战：心血管并发症应对策略

5. 家庭支援团：亲友如何帮助糖尿病患者

5.1. 小丽的温馨家庭：提高家人对糖尿病的认识

5.2. 张叔叔的亲情陪伴：精神支持与心理疏导

6. 快乐生活：糖尿病患者的心态调整与生活质量提升

6.1. 陈大娘的阳光心情：心理调适与压力释放

6.2. 赵奶奶的晚年乐活：保持积极的生活态度

ChatGPT轻松理解了我们的描述，生成了一份大纲，每一个小节都是一个故事。整体编排非常合理，包括早期征兆、血糖监测、饮食和运动降糖、药物治疗、并发症、亲友支持、心态调整，重要的内容基本都覆盖了，并且它给出的标题也很"对路"。

同样的方法，你也可以让Notion AI来为你写一份大纲。

在Notion中，你只要另起一段，就会看到关于调用AI的提示。

十 ⠿ ┃输入"空格"表示启用 AI，输入"/"表示启用命令...

按空格键调出AI菜单，你会看到，它提供了很多预置的功能，例如集思广益、博客文章、大纲、新闻稿等。

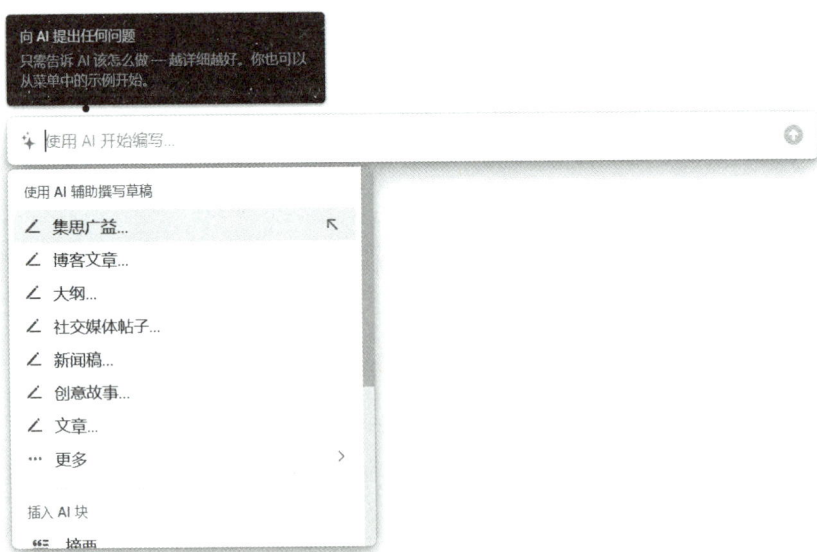

我们不使用预置功能，直接把前边给ChatGPT编辑好的提示词，发送给Notion AI。

糖尿病防治方法教育畅销书大纲

> ✦ 我准备写一本非虚构畅销书，主题是糖尿病的防治方法，类型是教育。目标读者是40-60岁的中等及以上收入的人群，他们有一些关于糖尿病的知识，但不准确或不系统。由于这个主题比较晦涩，我想通过讲故事的方式来写，降低阅读门槛。所谓讲故事，不是指把故事穿插进去，而是说每个章节，都会讲一个相关的真实案例，让读者在阅读案例的过程中就能明白核心要点，故事讲完后我再对要点进行一次梳理总结。请帮我撰写这本书的大纲。要求用词要通俗、有趣一些，不要用专业术语或枯燥的词汇。

前言
- 介绍糖尿病的现状和危害性
- 引出本书的主题和写作方式

第一章：什么是糖尿病？
- 讲述一个人因为糖尿病而失去一条腿的真实故事
- 介绍糖尿病的基本知识，如什么是胰岛素、血糖仪的使用方法等

第二章：糖尿病的类型和风险因素
- 讲述一个年轻人因为不良的生活习惯而患上糖尿病的真实故事
- 介绍糖尿病的类型、引发糖尿病的风险因素、家族遗传等相关知识

第三章：糖尿病的早期症状和预防
- 讲述一个人因为早期症状被诊断出患有糖尿病的真实故事
- 介绍糖尿病的早期症状、如何预防糖尿病的发生等相关知识

第四章：糖尿病的治疗方法
- 讲述一个人因为糖尿病而需要进行全身治疗的真实故事
- 介绍糖尿病的常见治疗方法，如药物治疗、饮食控制、运动等

第五章：糖尿病的并发症
- 讲述一个人因为糖尿病并发症而失明的真实故事
- 介绍糖尿病的并发症，如眼部病变、神经病变、心血管疾病等

第六章：糖尿病的营养
- 讲述一个人因为饮食不当而加重糖尿病的真实故事
- 介绍糖尿病的饮食原则、餐饮搭配等相关知识

第七章：糖尿病的心理调适
- 讲述一个人因为心理压力而加重糖尿病的真实故事
- 介绍糖尿病的心理调适方法，如正确认识糖尿病、积极乐观的态度等

结语
- 总结糖尿病的防治方法和注意事项
- 鼓励读者积极应对糖尿病，提高生活质量

Notion AI也生成了一份合格的大纲。它给出的大纲，结构上要更像是一本书，有前言，有结语，内容也比较全面，但是并不够细致，只是给出了粗线条的创作思路，更像是一个大框架。而ChatGPT把每个小节的标题都已经写好了。当然，你也可以选中它生成的内容，继续要求AI修改。两个工具各有各的特色，你可以结合使用。

有了大纲，接下来就是具体章节的编写。

由于是非虚构类书籍，核心内容还是需要由你来完成的，但是有了AI，可以大大提升创作速度。这里，厂长以ChatGPT生成的一个小节"王叔叔的警钟，糖尿病的早期征兆与检查"为例，用Notion AI来辅助撰写。

这是一个你观察到的真实案例，先简单写一下故事主线，把故事线条写出来即可，不用在意遣词造句，也不用管是不是足够丰满和有吸引力。

把下图这段话复制到Notion中，选中，点击上方菜单条中的"AI辅助"。

王叔叔40岁，身体一直很好，几乎没进过医院。上个月开始，他总会在晚上饭后散步时感到疲劳，总是想喝水。后来他随身带了一个水杯，但还是没有解决问题。一开始没当回事，后来时间长了，觉得不太对劲，问了身边的朋友也不知道原因，只好来医院检查。检查结果出来，他的血糖水平高于正常值，医生说可能是糖尿病。他不相信，自己身体一直很好，怎么就得了糖尿病呢。在医生的建议下，他做了糖耐量实验，确诊了糖尿病，这才重视起来。医生给他讲了糖尿病的一些知识，以及都有哪些早期征兆，他心想，幸好自己及时来医院做了检查，回去以后一定要把这些知识科普给身边的朋友。

我们的思路是先扩写，再润色。在弹出的菜单中，选择"加长"，等待Notion AI完成。

王叔叔40岁，身体一直很好，几乎没进过医院。上个月开始，他总会在晚上饭后散步时感到疲劳，总是想喝水。后来他随身带了一个水杯，但还是没有解决问题。一开始没当回事，后来时间长了，觉得不太对劲，问了身边的朋友也不知道原因，只好来医院检查。检查结果出来，他的血糖水平高于正常值，医生说可能是糖尿病。他不相信，自己身体一直很好，怎么就得了糖尿病呢。在医生的建议下，他做了糖耐量实验，确诊了糖尿病，这才重视起来。医生给他讲了糖尿病的一些知识，以及都有哪些早期征兆，他心想，幸好自己及时来医院做了检查，回去以后一定要把这些知识科普给身边的朋友。

✦ 使用 AI 编辑、审核或生成…

审核所选内容
❋ 提高写作水平
✓ 修正拼写和语法错误
☰ 缩短
☰ 加长 ←
𝒊 更改语气 ＞
✦ 使用更简单的语言

从所选内容生成
𝄜 总结
Aあ 翻译 ＞
？ 解释一下

首次扩写，Notion AI主要是把简单句改为更完整的表达，但是故事本身并没有展开，厂长让它再扩写一次。直接再点击一次"加长"。

王叔叔今年40岁了，身体一直健康，很少生病，几乎从未来去过医院。但是，上个月开始，他发现自己在晚饭后散步时会感到疲劳，常常口渴需要喝水。起初，他并没有把这当回事，以为只是疲劳过度，于是带了一个水杯出门。但是，疲劳和口渴的感觉并没有消失，反而越来越明显。他询问了身边的朋友，但是没有得到什么有效的建议。最终，他决定去医院做个检查。检查结果显示，他的血糖水平高于正常值，医生怀疑他患上了糖尿病。这让他感到非常惊讶，他一直以为自己身体健康，怎么会得上糖尿病呢?

医生建议他进行糖耐量实验，以确诊是否患有糖尿病。在医生的建议下，他接受了检查，并被确诊为糖尿病患者。他开始意识到自己需要做得更多，以维护健康的生活方式。医生向他介绍了一些关于糖尿病的知识和早期症状，他深刻认识到糖尿病并不是一种轻微的疾病。他决定将这些知识传授给身边的朋友，以帮助他们更早地发现和治疗糖尿病。他相信，只有通过科学的生活方式和积极的治疗，才能更好地控制糖尿病，保持身体健康。

✦ 告诉 AI 下一步该怎么做…

⚠ AI 回复可能不准确或具有误导性。了解更多　　　　　🖒 🖓

✓ 替换
☰ 插入
∠ 继续编写
☰ 加长 ←
↶ 再试一次
🗑 放弃

两次"加长"过后，已经有了一点故事该有的感觉，但还不够。厂长直接在对话框里，像和ChatGPT聊天一样，对Notion AI提出针对性的改进要求。

王叔叔是一个身体健康的人，他的生活方式健康，很少生病，几乎没有去过医院。但是，最近他发现自己在晚饭后散步时会感到非常疲劳，总是口渴想喝水。虽然他带了一个水杯出门，但是这些症状并没有消失，反而越来越严重。他向朋友咨询，但是没有得到有效的建议。这让他感到非常不安，最终他决定去医院做个检查。

检查结果表明，他的血糖水平高于正常值，医生怀疑他患上了糖尿病。这让他感到非常震惊，他一直以为自己身体健康，怎么会患上糖尿病呢？医生建议他进行糖耐量实验，以确诊是否患有糖尿病。在医生的建议下，他接受了检查，并被确诊为糖尿病患者。

这个诊断让王叔叔感到非常沮丧和害怕。他开始认真考虑自己的生活方式和饮食习惯，以及需要改变的地方。医生给了他一些关于糖尿病的知识和早期征兆，让他更好地了解这个疾病。他开始了解到自己需要进行更多的控制和调整，以确保自己的身体健康。

在医生的建议下，他开始了一项全面的治疗计划，包括改变自己的饮食习惯、锻炼身体、定期检查和药物治疗等。虽然这些调整需要一些时间和努力，但这些改变的确帮助他控制了自己的糖尿病并改善了自己的身体状况。

> 请把故事补充得更丰满、更有吸引力一些。尤其是开头部分，要把这个人物刻画得形象、立体。另外，对于他口渴的这段描述，也丰富一下，多添加一些故事性的描述。整体用通俗易懂的语言来写，尽量用短句。|

⟨ 2 of 4 ⟩

⚠ AI 回复可能不准确或具有误导性。了解更多

来看看Notion AI调整过后的版本：

王叔叔今年40岁，是一个健康、乐观、精力充沛的人。他从小体育运动就很出色，曾经是学校篮球队的一员，也喜欢骑自行车、跑步等各种户外运动。他的生活方式健康，饮食清淡，很少吃油炸食品和糖果。他的身体状况一直很好，几乎没有生过大病，也很少去医院看病。他的朋友们都觉得他是一个健康的标杆，很少有人能像他一样健康。

然而，最近他开始感到不舒服，总是觉得口渴，尤其是在晚饭后散步时。他带了一个水杯，但是喝了之后还是觉得口干舌燥，难以消除。他觉得这很奇怪，因为他一直以来身体都很好，从没出现过这种情况。他开始担心自己是否得了什么疾病。

他向朋友咨询，但是没有得到有效的建议。这让他感到非常不安，最终他决定去医院做个检查。检查结果表明，他的血糖水平高于正常值，医生怀疑他患上了

糖尿病。这让他感到非常震惊，他一直以为自己身体健康，怎么会得上糖尿病呢？

医生建议他进行糖耐量实验，以确诊是否患有糖尿病。在医生的建议下，他接受了检查，并被确诊为糖尿病患者。这个诊断让王叔叔感到非常沮丧和害怕，他开始认真考虑自己的生活方式和饮食习惯，以及需要改变的地方。

医生给了他一些关于糖尿病的知识和早期征兆，让他更好地了解这个疾病。他开始了解到自己需要进行更多的控制和调整，以确保自己的身体健康。现在，王叔叔深刻认识到了糖尿病的重要性，他开始向身边的人传授关于糖尿病的知识，以帮助他们更早地发现和治疗该疾病。他相信，只要有正确的生活方式和治疗，就能够控制糖尿病，保持健康的身体状况。

这次就好多了，达到了基本可用的程度。如果你还不满意，可以用相同的方式，让Notion AI继续改进。

值得一提的是，使用Notion AI，你不用担心上下文长度。你可以选中某个具体的段落，调出AI菜单，让它只针对你选中的部分进行调整。这个工作流程和ChatGPT有很大区别，在长篇文字写作的场景下，这样的交互方式更加方便。

接下来，润色。

选中一段需要润色的文字，点击上方菜单，调出AI。

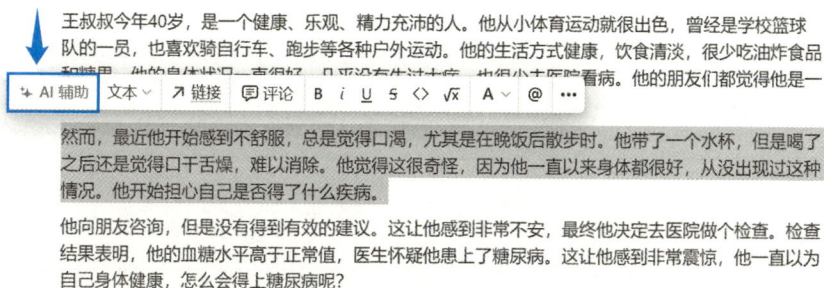

王叔叔今年40岁，是一个健康、乐观、精力充沛的人。他从小体育运动就很出色，曾经是学校篮球队的一员，也喜欢骑自行车、跑步等各种户外运动。他的生活方式健康，饮食清淡，很少吃油炸食品和糖果。他的身体状况一直很好，几乎没有生过大病，也很少去医院看病。他的朋友们都觉得他是一

| AI辅助 | 文本 ∨ | 链接 | 评论 | B | i | U | S | <> | √x | A ∨ | @ | ... |

然而，最近他开始感到不舒服，总是觉得口渴，尤其是在晚饭后散步时。他带了一个水杯，但是喝了之后还是觉得口干舌燥，难以消除。他觉得这很奇怪，因为他一直以来身体都很好，从没出现过这种情况。他开始担心自己是否得了什么疾病。

他向朋友咨询，但是没有得到有效的建议。这让他感到非常不安，最终他决定去医院做个检查。检查结果表明，他的血糖水平高于正常值，医生怀疑他患上了糖尿病。这让他感到非常震惊，他一直以为自己身体健康，怎么会得上糖尿病呢？

可以看到内置了很多润色选项，包括：提高写作水平、修正拼写和语法错误、更改语气、简化语言等。可以根据自己的需要来选择。

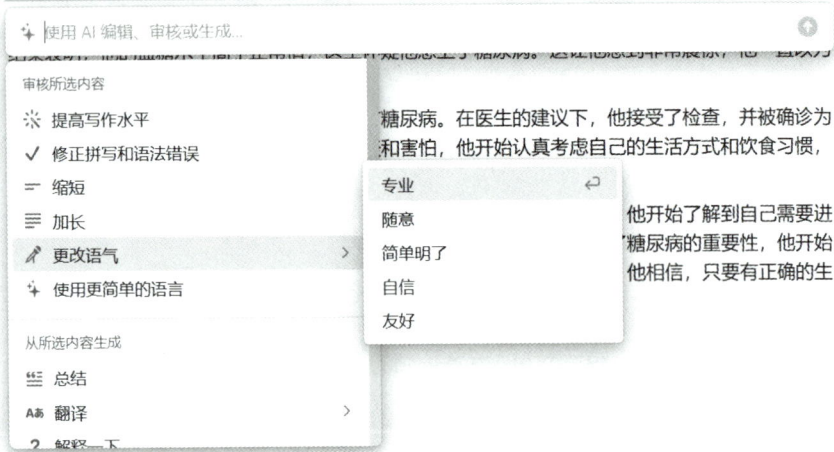

◆ **马航：缩短童书出版周期，提高宣发效率** ────────

马航，辽宁科技出版社童书编辑，已出版图书40余种，策划原创童书《博物馆里的奇妙中国》入选文津图书奖少儿类推荐图书、全国优秀科普作品等多项阅读推荐榜单。

我和马航是在我与刘Sir共创的书香学舍认识的，社群分享活动她一直积极参与，经常待在我的直播间潜水学习，虽然交谈不多，但看得出是个肯用心的同学。

后来，经过交流，我了解了马航走上童书出版之路背后的故事。

马航毕业于辽宁大学，毕业后第一年，在上海一家电力设备上市公司做管培生。因为马航对图书行业的喜欢和圆梦的执念，一年后带着不舍谢绝了公司领导的盛情挽留，回到了家乡辽宁，在辽宁科技出版社做童书编辑。

然而，从上海的能源企业，回到东北节奏相对较慢的出版行业，马航心中圆梦的欣喜迟迟没有到来，还陷入了切换环境的不适与迷茫。这期间，马航一直在负责引进类少儿科普、绘本图书的出版工作，她渐渐地把注意力转移到这些可爱的内容上，重新振奋起来。

2019年末，国家出台政策鼓励做原创童书，马航开始策划原创选题，因为她本身对传统文化、历史文物很感兴趣，学生时代也曾在艺术馆学习过一段时间，所以选题方向定位在了文博领域。彼时该领域在童书市场上尚属小众，并没有太多份额，传统文化相关的选题也多集中在"故宫"主题上，叫好叫座的文博主题的同类图书产品屈指可数。

当时马航入行只有两年多时间，并没有策划原创童书的经验，从热点的科普和通识门类入手可能会"相对安全"，但无论出于热爱、出于观察到的阅读需求，还是随着国家强盛，文化自信的声音越来越响亮，她都很坚定自己选择的这一领域，决心做出对传播中华文化有益，小朋友们读起来轻松有趣、不枯燥的内容。

马航初出茅庐又选了一个颇为冷门的领域，经历选题会几番讨论后，出版社出于给年轻编辑一个试练的机会，才通过了她的选题。

于是，2020年4月，她职业生涯策划的第一套原创童书《博物馆里的奇妙中国》（陶器、青铜器、瓷器、漆器）顺利立项，并于2021年7月正式出版。

目前该系列图书的《瓷器》分册，已入选国家新闻出版署《2022年农家书屋重点出版物推荐目录》。全套四册入选"国家图书馆第十七届文津图书奖少儿类推荐图书""2022年全国优秀科普作品"，还登上了"中华优秀科普图书榜2022年度榜单"初评榜单（由中国出版协会、中国期刊协会、韬奋基金会共同主办）。

该系列图书的第二辑，也将于2023年7月上市。

借助AI，降低成本，缩短内容生产周期

马航认为，当内容生产通过AI变得简单易行，作者、策划人、出版者之间可能不再有明确的边界，如果有好的内容创意点，出版人也可以直接成为内容生产者，省去作者版税，同时减短内容生产周期。这对于传统出版生产周期漫长、投入高而毛利低、新渠道不断挤压折扣，近乎难以为继的现状，无疑是十分利好的消息。

在绘本类童书的文稿撰写上，可以自己构思完整版情节，再由ChatGPT拆成数页分镜脚本，也可以给出架构，让它根据提示生成完整情节。绘本的配图，可以使用Midjourney等AI绘画工具来完成。内页排版，则可以使用Figma等工具。

这三类工具组合起来，基本贯串了童书创作的整个流程。

按照一本书定价60元，版税按12%来算的话，印刷1万册可省下的版税有7.2万元。童书一般成套出版，按照一套四册的体量来算，那么减少的版税则有28.8万元。

不过，马航也提到，在使用AI的时候，目前还存在一些需要人为干预的问题。例如Midjourney生成一幅画很容易，但很难保持场景和角色前后分镜中的一致性、连续性，如小动物身上的花纹纹理，人物的衣服款

式、五官细节等，还需要后期人工处理整合一致。

训练AI成为你的第一读者

读者反馈是出版者非常需要倾听的声音，AI可以成为一个时刻在线的靠谱读者，甚至可以通过它的反馈，发掘一些内容里我们原本并没有特别注意和捕捉的新的读者共鸣点。

举个例子：

提示词：

你能做我的第一读者吗？

ChatGPT：

当然可以！我很高兴成为您的第一读者。请提供您希望我阅读和提供反馈的文本或文章。

提示词：

（某千字绘本文稿，内容略）

ChatGPT：

这是一个充满冒险和探索的故事。路痴兔虽然常常迷路，但他总是能够通过勇气和耐心找到正确的路线，并与各种奇妙的人物和场景相遇。

这个故事向我们展示了一种积极向上的生活态度，即不畏困难，不怕失败，同时也要持续不断地探索和尝试。就像路痴兔在找山顶洞穴和博物馆的路上迷路，但最终还是找到了正确的方向。

故事中的小细节和场景也让人印象深刻，比如日记本和咖啡馆里的猫八万和四喜。这些细节和场景为故事增色添彩，使得故事更加有趣和生动。

总之，这个故事向我们传达了勇敢探险、乐观向上的精神，以及享受生活中每一个细节和奇妙时刻的态度。

此外，马航提到，AI还可以用于生成宣传文案、短视频脚本、活动方案等方面，帮助提高书籍的宣发效率。按一名营销编辑平均一周内能写出3条宣传文案、2个活动方案、2条短视频脚本的速度来看，AI能够将其一周内的工作量在数小时内解决。

总之，探索AI并逐渐学习利用它是一个奇妙的历程，只读不练很难灵活使用它。要积极拥抱变化，保持敏锐，保持好奇，用玩家心态去试炼破浪而来的新生事物。

◆ **虚构类书籍：小模型点亮大模型**

在虚构类书籍的撰写上，ChatGPT要比Notion AI更强大。这里，我要向你隆重介绍虚构写作的ChatGPT秘籍：用小模型点亮大模型。

ChatGPT是大模型，它有着无比庞大的资料库，几乎沉淀了人类有史以来所有知识。但它的模型太大，很多知识被尘封在角落里。要想释放出它的能力，你要把自己需要的那个小的知识模型挖掘出来，挖出的内容被称作小模型。

- -

举个例子，你想做一个绘本《贝瑞历险记》。如果你直接问ChatGPT，也会得到一个故事，但往往比较平淡。所以厂长来带你点亮ChatGPT。

提示词：

你知道"英雄之旅的十二个阶段"吗？

ChatGPT：

当然，我知道"英雄之旅的十二个阶段"。这是一种叙事模式，由美国学者约瑟夫·坎贝尔（Joseph Campbell）在1949年出版的著作《英雄千面》（The Hero with a Thousand Faces）中提出。坎贝尔认为，世界各地的神话和故事中都存在着一种基本的叙事结构，被称为"英雄之旅"（The Hero's Journey）或"单一神话"（the monomyth）。

英雄之旅的十二个阶段如下：

1. 平凡世界（The Ordinary World）：故事开始于英雄所处的日常环境，这里可能很安全，但也可能有一些潜在的问题。

2. 召唤冒险（The Call to Adventure）：英雄收到一个使命，需要离开日常生活，进入一个未知的世界。

3. 拒绝召唤（Refusal of the Call）：英雄可能因为恐惧、不安或其他原因拒绝这个冒险。

4. 遇见导师（Meeting with the Mentor）：英雄遇到一个有智慧和经验的人物，帮助他克服恐惧，为即将到来的冒险做好准备。

5. 跨越第一道门槛（Crossing the First Threshold）：英雄正式踏上冒险之路，进入一个新的世界。

6. 试炼和挑战（Tests, Allies, and Enemies）：在新世界中，英雄遇到了许多挑战、结识了盟友，并面对敌人。

7. 接近最深处（Approach to the Inmost Cave）：英雄在这个阶段将面临最危险的挑战，这可能是心理上或实际的难题。

8. 至高试炼（The Ordeal）：英雄在这个阶段面临生死存亡的考验，需要挑战自己的极限。

9. 获得奖赏（The Reward）：在成功完成至高试炼后，英雄获得了某种宝贵的奖励，这可能是物质的，也可能是精神上的。

10. 回归之路（The Road Back）：英雄带着奖赏开始回到自己的世界，这个过程可能充满危险。

11. 复生（Resurrection）：英雄需要在这个阶段经历一次死亡和重生的过程，以证明自己已经成长为一个更强大的人。

12. 最终回归（Return with the Elixir）：英雄成功返回平凡世界，并将在冒险中获得的智慧、力量或宝物带回来，从而改变自己和周围的世界。这个阶段象征着英雄在探险中所取得的成果，以及他们为了自己和他人的福祉所付出的努力。

英雄之旅这一叙事结构在许多文化和历史时期的神话、电影、文学作品中都可以找到。它是一种有趣且实用的工具，可以用来分析和创建故事。值得注意的是，虽然这一模型具有普遍性，但并非所有故事都严格遵循这一模式。根据具体情况，有些故事可能省略、组合或调整这些阶段。

"英雄之旅的十二个阶段"，就是一个经典的冒险故事结构。现在，厂长让ChatGPT根据这个模型来撰写绘本。

提示词：

我想请你用这个"英雄之旅的十二个阶段"的故事结构，来撰写《贝瑞历险记》这个绘本。

这个绘本的读者是4—7岁的孩子，所以，请用他们能够听懂的语言来撰写。

十二个阶段的故事会比较长。当我回复1，你就给我第一个阶段的故事，以此类推。直到我回复12，你就给我第十二个阶段的故事。

如果理解，请回复理解，并等待我的输入。

ChatGPT：

理解。我会根据您的要求，为4—7岁的孩子撰写《贝瑞历险记》这个绘本。请告诉我您想听到的故事阶段。

提示词：

1

ChatGPT：

第一阶段：平凡世界

在一个遥远的森林里，有一只可爱的小熊，名叫贝瑞。贝瑞每天都在森林里和他的朋友们一起玩耍，过着快乐的生活。贝瑞最喜欢的事情就是和他的好朋友小松鼠、小兔子、小鸟一起在树林里探险。虽然他们玩得很开心，但贝瑞总觉得森林里还有更多有趣的事情等着他去发现。

提示词：

2

ChatGPT：

第二阶段：召唤冒险

有一天，贝瑞在森林里散步时，发现了一封信，上面写着："亲爱的贝瑞，森林深处有一个神秘的宝藏，只有最勇敢的小动物才能找到它。你愿意接受挑战，去寻找这个宝藏吗？"

贝瑞看着信，心里充满了好奇和激动。他觉得这是一个很好的机会，可以让他探索更多森林里的奥秘，并找到那个神秘的宝藏。于是，贝瑞决定接受这个挑战，开始他的冒险之旅。

提示词：

3

ChatGPT：

第三阶段：拒绝召唤

贝瑞告诉了他的朋友们这个消息，他们都觉得这个冒险太危险了，劝贝瑞不要去。他们说："贝瑞，我们知道你很勇敢，但是森林深处可能有很多未知的危险。你一个人去会很危险，我们担心你会受伤。"

听了朋友们的劝告，贝瑞犹豫了。他担心自己一个人去寻找宝藏会遇到很多困难。他开始怀疑自己是否真的有能力完成这个冒险。于是，贝瑞决定先不去寻找宝藏，待在安全的森林里陪伴他的朋友们。

提示词：

4

ChatGPT：

第四阶段：遇见导师

就在贝瑞准备放弃冒险的时候，他遇到了一位聪明的老狐狸。老狐狸听说了贝瑞的烦恼，决定帮助他。老狐狸说："贝瑞，我知道你很勇敢，也很聪明。我相信你一定能找到那个神秘的宝藏。我曾经在森林深处生活过，我会告诉你一些秘诀，教你如何应对可能遇到的困难和危险。"

在老狐狸的指导下，贝瑞学会了很多新技能，比如在树林里迷路时如何找到方向、如何避开危险的动物等。在老狐狸的鼓励和支持下，贝瑞重新找回了勇气，决定继续他的冒险之旅。

提示词：

5

ChatGPT：

第五阶段：跨越第一道门槛

贝瑞告别了老狐狸和他的朋友们，开始踏上了冒险之路。他跟着藏宝图的指引，穿过了熟悉的森林，来到了一个陌生的地方。在这里，树木更加茂密，阳光难以穿透树叶。贝瑞感到有点害怕，但他记得老狐狸教给他的技巧，鼓起勇气继续前进。

就这样，贝瑞跨越了第一道门槛，进入了一个崭新的世界。他知道在这个未知的地方，将会有许多挑战等待着他。但贝瑞相信，只要他勇敢面对，一定能找到神秘的宝藏。

提示词：

6

ChatGPT：

第六阶段：试炼和挑战

在这个新世界里，贝瑞遇到了很多挑战。他要翻过陡峭的山坡，穿过泥泞的沼泽，还要在幽暗的洞穴中找到出口。在这个过程中，贝瑞遇到了一些新朋友，比如勇敢的小刺猬、聪明的小猫头鹰和擅长攀爬的小蜥蜴。他们成为贝瑞的盟友，帮助他度过了一个又一个难关。

同时，贝瑞也遇到了一些敌人。有一天，他不小心闯入了一只凶猛的狼的领地。贝瑞紧张地捏着藏宝图，想起了老狐狸教给他的技巧。他用果断和机智，成功地逃脱了狼的追击。虽然贝瑞在冒险中遇到了许多困难，但他从未放弃过。他知道只要坚持下去，就一定能找到宝藏。

提示词：

7

ChatGPT：

第七阶段：接近最深处

经过一连串的挑战和试炼，贝瑞终于来到了一个神秘的山谷。根据藏宝图的提示，宝藏就隐藏在这个山谷的深处。贝瑞感到有点紧张，因为他知道接下来的挑战可能是最危险的。

贝瑞小心翼翼地走进山谷，发现了一条小径。他跟着小径一直走，越来越深入山谷。沿途，他见到了许多奇怪的植物和动物，他从未见过这些生物，但他并不害怕。因为他知道，他已经有了足够的勇气和智慧来应对未知的危险。

提示词：

8

ChatGPT：

第八阶段：至高试炼

贝瑞终于来到了山谷的尽头，看到了一座巨大的石门。藏宝图上写着，要想进入宝藏所在的洞穴，他必须通过一个至高的试炼。贝瑞仔细观察石门，发现了一个谜题。

谜题是这样的："我有时强大，有时微弱；我能让船只前进，也能让树木倒下。我是什么？"贝瑞思考了一会儿，突然恍然大悟，他大声喊道："是风！答案是风！"

石门缓缓地打开，贝瑞鼓足勇气走了进去。他知道，这次至高试炼的胜利证明了他已经成为一个勇敢、聪明的小熊。他相信，在洞穴里等待他的，一定是那个传说中的宝藏。

- -

写完第八个阶段，由于上下文过长，ChatGPT有点忘记最开始的小模型，继续写下去会跑偏。所以重新把模型输入一遍，让它继续。

提示词：

英雄之旅的十二个阶段如下：

1.平凡世界（The Ordinary World）：故事开始于英雄所处的日常环境，这里可能很安全，但也可能有一些潜在的问题。

2.召唤冒险（The Call to Adventure）：英雄收到一个使命，需要离开日常生活，进入一个未知的世界。

3.拒绝召唤（Refusal of the Call）：英雄可能因为恐惧、不安或其他原因拒绝这个冒险。

4.遇见导师（Meeting with the Mentor）：英雄遇到一个有智慧和经验的人物，帮助他克服恐惧，为即将到来的冒险做好准备。

5.跨越第一道门槛（Crossing the First Threshold）：英雄正式踏上冒险之路，进入一个新的世界。

6.试炼和挑战（Tests, Allies, and Enemies）：在新世界中，英雄遇到了许多挑战、结识了盟友，并面对敌人。

7.接近最深处（Approach to the Inmost Cave）：英雄在这个阶段将面临最危险的挑战，这可能是心理上或实际的难题。

8.至高试炼（The Ordeal）：英雄在这个阶段面临生死存亡的考验，需要挑战自己的极限。

9.获得奖赏（The Reward）：在成功完成至高试炼后，英雄获得了某种宝贵的奖励，这可能是物质的，也可能是精神上的。

10.回归之路（The Road Back）：英雄带着奖赏开始回到自己的世界，这个过程可能充满危险。

11.复生（Resurrection）：英雄需要在这个阶段经历一次死亡和重生的过程，以证明自己已经成长为一个更强大的人。

12.最终回归（Return with the Elixir）：英雄成功返回平凡世界，并将在冒险中获得的智慧、力量或宝物带回来，从而改变自己和周围的世界。这个阶段象征着英雄在探险中所取得的成果，以及他们为了自己和他人的福祉所付出的努力。

请你用这个"英雄之旅的十二个阶段"的故事结构，继续撰写《贝瑞历险记》这个绘本。

这个绘本的读者是4—7岁的孩子，所以，请用他们能够听懂的语言来撰写。

当我回复9，你就给我第九个阶段的故事，以此类推。直到我回复12，你就给我第十二个阶段的故事。

如果理解，请回复理解，并等待我的输入。

ChatGPT：

理解。请继续输入数字，我会为您撰写贝瑞历险记的剩余阶段。

提示词：

9

ChatGPT：

第九阶段：获得奖赏

当贝瑞走进洞穴时，他看到了一个闪闪发光的宝箱。他激动地走过去，小心翼翼地打开宝箱。原来，传说中的宝藏是一颗会发光的魔法石头。这颗石头拥有神奇的力量，能让森林里的动物们拥有快乐和健康的生活。

贝瑞知道，他已经找到了这次冒险的奖励。他为自己的勇敢和坚持感到自豪，也为能带着这个宝贵的奖励回到家乡感到欣喜。现在，他要开始回归之路，把这颗神奇的魔法石头带回森林，分享给他的朋友们。

提示词：

10

ChatGPT：

第十阶段：回归之路

带着魔法石头，贝瑞开始了回家的旅程。他沿着来时的路一步步走回去，一路上还是遇到了一些挑战。有时是穿越崎岖的山地，有时是横渡湍急的河流。但是现在的贝瑞已经变得更加勇敢和聪明了，他能够轻松地克服这些困难。

尽管回家的路仍然充满危险，但贝瑞心中充满了信心。他相信，只要坚定地走下去，他就一定能够把这颗神奇的魔法石头带回森林，让所有的动物们共同分享这份快乐和健康。

> **提示词：**

11

> **ChatGPT：**

第十一阶段：复生

当贝瑞回到森林边缘时，他发现了一片被大火烧毁的区域。看着熟悉的家园被毁，贝瑞感到非常悲伤。这时，他想起了手中的魔法石头，也许它可以帮助恢复森林的生机。

贝瑞拿出魔法石头，它开始发出耀眼的光芒。渐渐地，被烧毁的树木开始重新发芽，小草和花朵也开始重新生长。森林里的动物们欢呼雀跃，感谢贝瑞为他们带来了新生。

经历了这次的重生，贝瑞更加坚定了他的信念。他明白了自己的责任，也认识到了自己的力量。从此，贝瑞成为森林里的英雄，他用自己的勇敢和智慧保护着家园和朋友们。

> **提示词：**

12

> **ChatGPT：**

第十二阶段：最终回归

经过一切的冒险和挑战，贝瑞终于带着魔法石头回到了他的家乡。他将这颗神奇的魔法石头放在森林的中心，让它为所有的动物带来快乐和健康。

森林里的动物们为贝瑞举行了一场盛大的庆祝活动，感谢他为大家带来了这么宝贵的礼物。在这个过程中，贝瑞也学会了勇敢、智慧和关爱他人。从那以后，贝瑞成为一个真正的英雄，他用自己的能力守护着森林和动物们，也成为孩子们敬仰的榜样。

贝瑞的冒险结束了，但他的英雄之旅却永远留在了他和他朋友们的心中。他们永远不会忘记那个勇敢、善良的小熊——贝瑞，以及他为了家乡和大家所经历的那段奇妙历险。

你觉得这个故事怎么样？如果你有一个绘本团队，你认为靠人力写出这样档次的一个绘本故事需要多久？如果你希望它的故事更细腻一些，还可以规定每个阶段的字数，你会有意想不到的收获。

ChatGPT就像是一个人类知识宝库，但是这个宝库太大了，里边也没有灯。你要做的，就是找到合适的小模型，用小模型点亮ChatGPT这个大模型，让它为你绽放光芒。

这个模型和例子不是我原创的，是来自谭昊老师，为"AI老板圈"带来的一场内部分享。在"AI老板圈"，这样的干货还有很多。

同样的方法，当然也可以用来写品牌故事。一个IP的故事又何尝不是一场冒险呢？关于ChatGPT的无限遐想空间，厂长留给你去探索，去亲自领略它的魅力。

为了让你更好地了解"小模型点亮大模型"思路的来源，我特地把我跟谭校长关于AI的故事作为案例，分享给你。

◆ 投资人谭校长：小模型点亮大模型，撬动AI的最大杠杆 —————

谭昊，彼得明奇私募基金的创始合伙人。他是投资人，也是布道者，非常热衷于分享投资知识，曾出版著作《优势投资法则》，读者和粉丝习惯称他为"谭校长"。

据谭校长说，我们是因书结缘。2022年，他看到了我的《私域资产》那本书，惊叹这是他所见过的，关于私域运营最系统的书籍，其中包含丰富的理论、实操案例和归纳总结。谭校长对我的模型思考能力印象尤为深刻，同样作为模型思考者的他，和我产生了共鸣。

不久后，谭校长加入了我的"恒星私董会"，在广州的一次线下闭门聚会中，我们真正相识。当时在饭局上，他讲述了一个故事，他的朋友老林是一位旅行家，是去南极最多的中国人之一，一共去过17次。而他在用AI帮助老林为创作关于南极的短视频写选题创意，并且向我分享了具体方法。那个一步步训练大模型，从60分答案改进到90分答案的过程，让我眼前一亮。当时我就意识到，这是一位高手。

那次聚会的现场，我就邀请谭校长为"AI老板圈"做一次内部分享，他欣然答应。一周以后，这场分享如约进行，他分享的主题是"用小模型点亮大模型，五步骤获取ChatGPT98分答案"。那次的分享让整个社群的气氛都沸腾了，大家纷纷表示帮助很大。这也进一步加深了我和谭校长的交流与合作。

谭校长的多重身份：投资人、分享者、教练

谭校长所在的公司，有主观投资和量化投资团队，专注于为高净值客户创造稳健回报。

早在2017年，公司就荣获了多项奖项，如21世纪财经评选的新锐私募机构金帆奖、华尔街见闻评选的金融领军者新锐私募基金奖等。据他介绍，近两年，公司旗下的股票多头系列产品更是取得了远超市场基准的回报。

他还在得道APP听书栏目中，解读了一系列投资类经典书籍，并与湛庐阅读合作，出品了《原则》精读班，成为湛庐平台上最受欢迎的课程之一。

他系统地学习过心理学的多个流派，并将所学应用到教练体系中。他告诉我，作为一名有着20多年投资经验的专业投资者，他深知个人走在这条路上的艰辛与不易。因此，他用业余时间当投资教练，为投资者的进化提供支持。支持的对象既包括个人投资者，也包括很多专业基金经理。

这件事情让他收获无数好评和反馈，他自己也倍感欣慰。

AI与谭校长：从接触到挖掘"模型"

2023年初，谭校长开始接触ChatGPT。一经使用后，他就对大模型的强大而感到惊叹。

在他看来，大模型仿佛广大无边、包含万物，承载着人类绝大部分的知识。然而，如何将这些知识调取并为人所用，却需要技巧和学问。

他认为，大部分人使用到的大模型能力，连其万分之一都不到，这让他非常惋惜。

经过探索，他开创了"模型流"的方法，以充分发挥大模型的潜力。这个方法在小范围分享之后，使得很多朋友的工作效率大幅度提高。

例如，利用大模型来写故事、文章和书籍，可以将效率提高三倍以上；将大模型应用于个人成长领域，如育儿教练、反思教练等，能大幅度加速自己进步。

在彼得明奇公司内部，他们的量化团队已经开始利用大模型进行编程，甚至辅助策略开发，效率至少提升一倍以上。

许多朋友希望谭校长开设"模型流"的大模型应用课程，他也正在考虑。

在探索AI的路上，谭校长几乎没有走过弯路，这可能跟他一贯的模型思考的思维方式有关。

他认为，对于超级个体的个人进化来说，有三大抓手：复盘反思、输出、积极心态。这三个维度，AI能都极大地提高效率，让我们每个人进化加速。

AI是个人最佳的免费杠杆

谭校长认为，在这个时代，我们每个人要尽量用大模型给自己加杠杆，至少18倍。这18倍的杠杆，分别是效率杠杆、知识杠杆和成长杠杆。

如果用好AI当助理，效率杠杆能达到至少3倍。

如果用好AI当顾问，它的知识储备是任何一个人的成千上万倍，能帮助你开拓视野，打开思维。知识杠杆能达到至少3倍。

如果用好AI当教练，经过训练之后，它能够提供贴身反馈和引导反思。成长杠杆能达到至少2倍。

$3 \times 3 \times 2$，用好助理、顾问、教练这三个角色，就已经是18倍杠杆。

这还是非常保守的估算。对于高手来说，这个杠杆会高得多。

那么，怎么能用好这个最佳杠杆呢？

回到大模型的原理，你可以把大模型看成一个无穷无尽的知识仓库，但是因为它是自回归模型，逻辑推理能力是相对比较弱的。而人类的思维历史上，有大量的思维模型结晶——关于如何能一步一步做成一件事情。如果我们把两者结合起来，用经过验证的、成熟的思维模型，去撬动大模型的潜力，效果就会非常好。

例如本章节中的绘本故事，如果你让大模型直接写，它能给你一个及格的答案，但是如果你给它输入一个好的故事模型，像"英雄之旅的十二个阶段"，它给出的故事就会让你感到惊艳。

未来将会巨变，守住初心

谭校长认为，2023年是AI元年，接下来的5到10年，是商业和社会巨变的时代，其冲击不亚于一次工业革命。

现在预测未来是困难的，因为AI的后期是指数级发展，它的能力会到什么程度，我们自己可能都不敢想象，但是巨变是肯定的。

而他的规划，是继续向巴菲特和芒格学习，一方面做好投资，为客户创造好的收益，另一方面做好布道者，把好的投资理念，好的人生进化的方法论传播出去，去点亮这个世界，能点亮多少算多少。

这，又何尝不是一种"小模型点亮大模型"。

AI图像生成：快速产出高品质视觉素材

ChatGPT引爆了AI话题，但AI产品绝不只有ChatGPT、Notion这类文字类工具，在视觉领域，也有很多值得推荐的AI工具。

比如目前比较知名的Midjourney、Stable Diffusion等，都是在绘图任务上，降本增效的利器。本书中的一些插图，就是用Midjourney生成的。

厂长将以Midjourney为例，带你进入AI图像生成的大门。我以上面章节的《贝瑞历险记》这个故事为例，借助Midjourney，快速生成一份绘本插图。

对画面进行描述：森林，一只可爱的小熊，手里拿着一封发光的信，正在阅读，好奇和惊讶的表情，卡通风格。然后把这句话翻译成英文，发送给Midjourney，得到下面四张图。

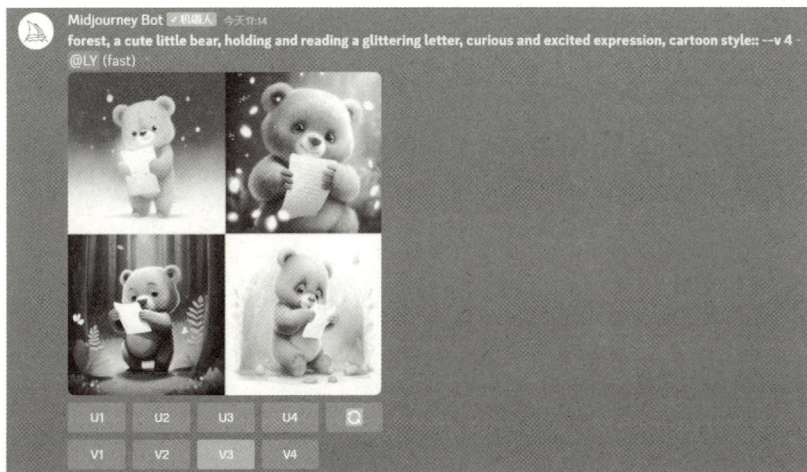

很显然，只有第三张符合要求，但是厂长希望它多生成一些类似的

图片，再对比一下，所以点击了"V3"，也就是让它根据第三张图，制作系列图片。

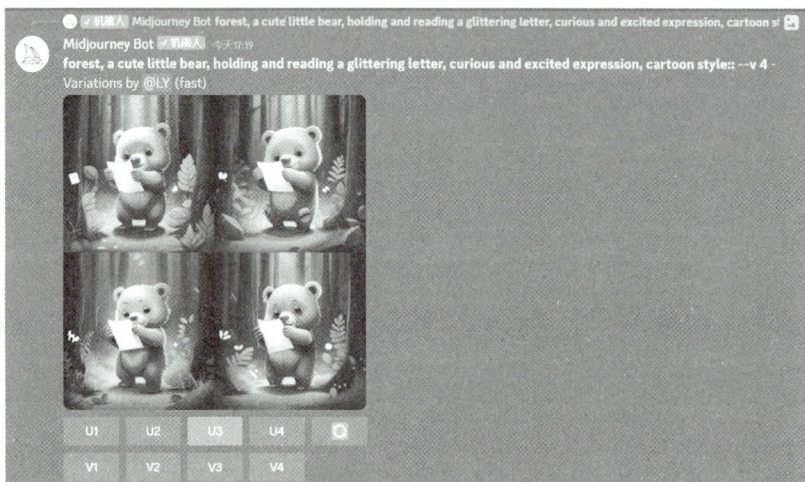

四张图总体上是差不多的，不过，第三张的表情更匹配一些，传递出了好奇和惊讶的感觉，其余三张图片表情不太合适。这张图基本上符合要求，直接点击"U3"，也就是根据第三张图进行放大。

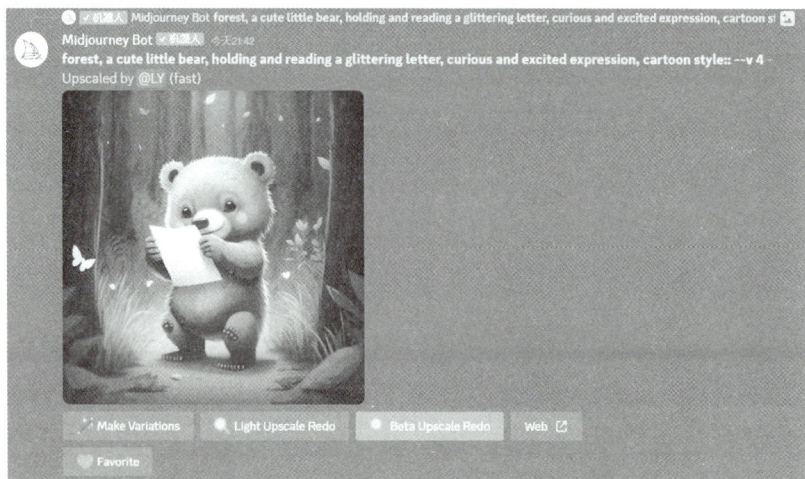

放大后，得到了一张分辨率是1024×1024的图片。如果用来做绘本插图，这样的分辨率还不太够，所以，点击"Beta Upscale Redo"按钮，利用放大器进一步放大。放大后的图片分辨率为2048×2048，一起来看一下成品。

这样一份插图，Midjourney几分钟就做好了，无论是画质还是细节，处理得都还不错。

厂长只是简单描述了一下画面，其实如果你深究，贝瑞好像看起来太大了，占据了画面大部分空间，对森林环境的描绘略显不足。你可以继续调整提示词，对画面进行微调。厂长不想把这本书写成工具书，所以在这里就不演示了。此外，如果你或者团队有能力，还可以基于它给出的图片，进行二次创作，让图片更加符合使用要求。

利用Midjourney等AI绘图软件，你可以给文章做插图，可以给书籍做封面，可以做绘本，可以做网页设计，可以做LOGO，可以做很多事情。那些花了你大价钱的内聘、外包设计师，或许有一些可以被"降本"然后"增效"了。

03

成交篇

——拓展业务边界：提升营收成就

销售信撰写秘籍：让顾客心动不已

销售，在超级个体的商业活动中，是非常重要的一环，是撬动商业增长的主要力量。超级个体本身，已经拥有了粉丝和受众基础，一封优秀的销售信，可以更好地与受众建立连接。

如果你没有丰富的销售信撰写经验，从0开始打磨，会特别耗费时间，甚至耽误产品的发售进度。

- -

下面，厂长以"AI老板圈"这个私域产品为例，带你还原销售信产生的整个过程。

首先，我编写了一段长提示词，发送给ChatGPT：

提示词：

我是肖厂长，一名全网100万粉丝的商业IP博主，专注做老板人群的商学和社交产品。我要做一个新的付费社群产品，名字叫"AI老板圈"，可以帮我写一封3000字的销售信吗？这个产品的Slogan（口号）是：AI时代，赋能老板降本增效的私董会。原价29800元一年，首发特惠价2980元一年，我会提供两个权益，第一，一年50场大咖课程，我会花50万元，给人工智能的大咖、专家以及用ChatGPT很厉害的老板付费，让他们来提供非常落地的，适合老板的课程；第二，我会做一个"长提库"，也就是长句提示词库，AI时代，提示词是第一生产力，我会把老板需要使用的prompt（提示词）整理成模板，让老板可以直接copy（复制）使用。这个产品主要面向的是中国的老板人群，让大家可以用AI：

Midjourney、ChatGPT降本增效，提高公司的产能和利润，降低公司成本，我的标题打算定为"肖厂长：这是一封AI生成的销售信"，里面加上我用ChatGPT生成这封销售信的细节，让我的客户感受AI时代的魅力，直接展示AI的强大功能，从而让客户更愿意下单，销售信可以多一些金句，开始吧。

ChatGPT：

尊敬的老板们，

我是肖厂长，很高兴在这里向大家推出一个崭新的付费社群产品——"AI老板圈"。在这封信中，我将带您领略AI时代的无穷魅力。我们的Slogan是："AI时代，赋能老板降本增效的私董会。"

首先，请允许我为您揭示这封销售信的背后秘密。这封信，就是由ChatGPT AI生成的。通过这封信，您将亲身体验AI的强大功能，让您在AI时代的浪潮中，轻松降低成本，提高产能和利润。

现在，让我们深入了解"AI老板圈"这个产品。

原价29800元／年的"AI老板圈"，首发特惠价仅需2980元／年。我们为您提供以下两大权益：

1.一年50场大咖课程

我们将投入50万元，邀请人工智能领域的大咖、专家以及善于运用ChatGPT的成功企业家，为您提供非常实用的课程。这些课程将帮助您深入了解AI技术，学会如何利用AI提高公司的产能和利润，降低公司成本。

2.长提库（长句提示词库）

在AI时代，提示词是第一生产力。我们将为您整理一套老板需要使用的prompt模板，让您可以直接copy使用。这将极大地提高您在工作中的效率，让您的企业在竞争激烈的市场中立于不败之地。

"AI老板圈"将为您解锁AI时代的无限可能。我们的目标是帮助中国老板们运用AI技术，如Midjourney、ChatGPT等，降低企业成本，提高公司产能和利润。

现在，我想用一些金句来诠释"AI老板圈"的价值：

• AI技术，是新时代的引擎，我们帮您驾驭这股力量，勇攀事业高峰。

- 投资未来，从投资"AI老板圈"开始，让AI成为您事业成功的保障。

- AI如同翅膀，能让企业飞得更高，更远。

- "AI老板圈"，成就未来领袖，引领企业革新。

最后，我诚挚地邀请你加入"AI老板圈"，共享AI时代带来的红利，让我们携手共创美好时代的辉煌篇章。请相信，选择"AI老板圈"，就是选择未来，就是选择成功。

作为一名全网100万粉丝的商业IP博主，我深知老板们在商学和社交领域的需求。我们将为您提供全方位的支持，让您在AI时代迅速崛起，领先于竞争对手，独占鳌头。

再次强调，原价29800元／年的"AI老板圈"，首发特惠价仅需2980元／年。这是一个难得的机会，千载难逢。请抓住这一时刻，让AI成为您事业的加速器，为您带来更广阔的视野，更高的成就。

在这个变革的时代，我们站在新的历史起点。未来已来，只等您的参与。让我们一起跃上AI时代的浪潮，为企业插上智能的翅膀，共同谱写辉煌的未来！

感谢您的关注，期待您的加入！为了您的成功，我们将竭诚为您服务。

敬请珍惜这次机会，加入"AI老板圈"，开启您的AI新征程！

顺祝商祺！

肖厂长

全网100万粉丝商业IP博主

AI老板圈创始人

我写这封销售信的时候，还没有看到和改编出B.O.K.E.模型，但是现在看来，我的提问方法和这个模型高度一致。

但是我发现，ChatGPT给出的内容还不够好，没有人设、没有故事、缺乏感性的认知，也缺少作为人的真实性。同样一封信，只要产品相同，任何人都可以拿来用，所以要进一步改进。

AI 超级个体

提示词（Evolve 改进）：

按照3000字来写，并且加上我的故事细节，我跟AI接触的几个点：1.我去年组织几十名恒星私董一起参观百度AI实验室，第一次现场感受到了AI的魅力。2.我去年付费并训练生成了自己的数字人，并且在小而美创富圈的交付课程中，用数字人视频来交付，降低了我大量的时间来录制，而视频效果跟之前没有太大区别，几十节课程录制，给我节省了将近1周的时间，这就是实实在在降本增效的体感。3.我前阵子开始使用ChatGPT，并且参加了两天一夜的线下AI课程培训，自己这几天基本在通宵研究AI，深刻感知到AI的进化速度，以及会给整个商业社会带来的变革。我还会在AI创富圈同步我用AI写书的过程，以及在30个人的全职团队内部，推进AI的过程、思路。你要是参与进来，也可以围观厂长如何利用AI，从超级个体变成"AI超级个体"。开始写吧。

ChatGPT：

尊敬的老板们：

我是肖厂长，很高兴在这里向大家推出一个崭新的付费社群产品——"AI老板圈"。在这封信中，我将带您领略AI时代的无穷魅力。我们的Slogan是："AI时代，赋能老板降本增效的私董会。"

首先，请允许我为您揭示这封销售信的背后秘密。这封信就是由ChatGPT AI生成的。通过这封信，您将亲身体验AI的强大功能，让您在AI时代的浪潮中，轻松降低成本，提高产能和利润。

我与AI的故事始于去年，当时我组织了几十名恒星私董一起参观百度AI实验室，这是我第一次现场感受到了AI的魅力。随后，我在去年付费并训练生成了自己的数字人，并且在小而美创富圈的交付课程中，用数字人视频来交付，这使我大量节省了时间来录制视频。几十节课程录制，给我节省了将近一周的时间，这就是实实在在降本增效的体感。

此外，我前阵子开始使用ChatGPT，并且参加了两天一夜的线下AI课程培训。我这几天基本在通宵研究AI，深刻感知到AI的进化速度，以及它将给整个商业社会带来的变革。在"AI创富圈"里，我将同步分享我用AI写书的过程，以及在30人的全职团队内部，推进AI的实践经验。如果您参与进来，可以围观厂长如何利用AI，从超级个体变成"AI超级个体"。

现在，让我们深入了解"AI老板圈"这个产品。

原价29800元／年的"AI老板圈"，首发特惠价仅需2980元／年。我们为您提供以下两大权益：

1.一年50场大咖课程

我们将投入50万元，邀请人工智能领域的大咖、专家以及善于运用ChatGPT的成功企业家，为您提供非常实用的课程。这些课程将帮助您深入了解AI技术，学会如何利用AI提高公司的产能和利润，降低公司成本。

2.长提库（长句提示词库）

在AI时代，提示词是第一生产力。我们将为您整理一套老板需要使用的prompt模板，让您可以直接copy使用。这将极大地提高您在工作中的效率，让您的企业在竞争激烈的市场中立于不败之地。

"AI老板圈"将为您解锁AI时代的无限可能。我们的目标是帮助中国老板们运用AI技术，如Midjourney、ChatGPT等，降低企业成本，提高公司产能和利润。

接下来，我想向您分享一些与AI息息相关的行业案例，以帮助您更好地理解AI技术的潜力。

1.自动驾驶

无人驾驶汽车正在逐步成为现实，它们凭借AI技术的发展而变得越来越智能。这将改变交通运输的未来，提高道路安全，降低交通拥堵，节省大量时间和资源。

2.金融科技

AI技术在金融领域的应用已经越来越广泛，从风险评估到交易策略制定，再到智能客服等，AI都在为金融业提供更高效、更精确的服务。

3.电商

AI技术的应用，让电商平台能够更好地分析消费者行为，实现个性化推荐，从而提高用户体验。此外，AI还可以在物流、库存管理等方面大显身手，降低运营成本，提升效率。

4.医疗健康

AI技术在医疗领域的应用，如辅助诊断、智能手术机器人等，已经取得了显著的成果。这些创新将极大地提高医疗服务的质量，降低误诊率，为患者带来更好的治疗效果。

5.教育

AI技术正在改变教育行业，让学习变得更加智能化、个性化。

这次人设和内容都有了，肖厂长的IP显得更加立体，也为销售信本身增添了不少吸引力。但是ChatGPT给出的5个行业案例，属于泛AI+行业的深度开发应用，和厂长初衷并不匹配。厂长想让AI，尤其是ChatGPT，为每个超级个体、老板直接赋能。

提示词（Evolve 改进）：

"继续"后面的部分，关于AI的行业案例不太合适，改一下，主要改成：内容创作者、教育、知识付费、电商、流量从业者、线下门店，这几个代表行业，继续吧。

ChatGPT：

我们将更多地关注以下六大代表性行业，以帮助您更好地理解AI技术在实际应用中的潜力：

1.内容创作者

AI技术已经成为内容创作者的得力助手。借助AI，内容创作者可以快速生成高质量的文章、视频和音频，大幅提升创作效率。此外，AI还可以协助进行内容策划、用户画像分析以及流量优化，让内容创作者的作品更具吸引力。

2.教育

AI技术正逐步改变教育行业，使学习变得更加智能化、个性化。例如，智能教育平台能够根据学生的学习情况和需求提供定制化的教学方案，提高学习效果。此外，AI还可以协助教师进行课程设计、作业批改等，让教学变得更加高效。

3.知识付费

AI技术在知识付费领域的应用，可以帮助知识付费平台为

- -

ChatGPT写到一半，我终止了它的继续输出。因为我发现，它还是在泛泛而谈。让它写行业，似乎命题太大了，所以我决定，把行业变为场景，这样应该就具体多了。

提示词（Evolve 改进）：

销售信，就不列举具体行业了，可以从具体场景入手，比如作为老板，会有哪些具体的场景可以使用AI，比如面试，让AI结合候选人和岗位，先列出问题，老板或者面试官直接提问。再比如财务、营销文案、内容创作、文秘、公司规章制度等，结合老板的场景来展开，继续写销售信吧。

ChatGPT：

尊敬的老板们：

在这封信中，我们已经介绍了"AI老板圈"以及我的AI故事。现在，我想带您深入了解AI如何在老板们日常工作的具体场景中发挥作用。

1.面试

作为老板，您可能需要面试大量候选人。AI可以帮助您结合候选人和岗位需求，提前生成一套针对性的面试问题。这将使您在面试过程中更加专注和高效，节省宝贵的时间。

2.财务管理

AI可以协助您进行财务分析和预测，例如分析公司收支状况、预测未来现金流等。这将帮助您在财务决策中做出更明智的选择，降低风险，确保公司财务健康稳定。

3.营销文案

AI技术可以帮助您快速生成具有吸引力的营销文案，不仅提高文案质量，还大大缩短创作时间。借助AI，您的营销团队将能够更高效地吸引客户，提升品牌知名度。

4.内容创作

借助AI，您可以轻松生成高质量的文章、报告和演讲稿等。无论您是撰写内部报告，还是准备公开演讲，AI都能够为您提供强大的支持，让您的内容更具说服力和吸引力。

5.文秘工作

AI可以协助您处理日常文秘工作，如日程安排、会议记录等。这将让您更好地把握时间，确保重要事项得到妥善安排。

6.公司规章制度

AI可以帮助您整理和优化公司规章制度，确保其符合法律法规要求，同时提高内部管理效率。

原价29800元／年的"AI老板圈"，首发特惠价仅需2980元／年。加入我们的社群，您将立即享有以下两大权益：

1.一年50场大咖课程

我们将投入50万元，邀请人工智能领域的大咖、专家以及善于运用ChatGPT的成功企业家，为您提供非常实用的课程。

2.长提库（长句提示词库）

在AI时代，提示词是第一生产力。我们将为您整理一套老板需要使用的prompt模板，让您可以直接copy使用。

老板们，AI时代已经来临。现在是拥抱紧AI大腿，赋能您的企业的最佳时机。在"AI老板圈"中，您将学会运用先进的AI技术，提升工作效率，降低成本，从而实现企业的持续发展和盈利。

请允许我再次回顾一下我们为您提供的独家权益：

1.一年50场大咖课程：我们将为您提供丰富的AI知识，让您紧跟AI技术的发展，掌握最新的实用技巧。

2.长提库（长句提示词库）：为您准备的一套实用的prompt模板，让您在日常工作中轻松运用AI技术，提高效率。

　　首发特惠价仅需2980元／年，您将获得AI领域的大咖课程以及实用的提示词库。在AI老板圈，我们将助您一臂之力，共同迎接AI时代带来的商业变革。

　　请您珍惜这次机会，加入我们的社群，让我们携手共进，成为AI时代的领跑者。相信在AI老板圈的陪伴下，您将脱颖而出，成为业界的佼佼者。

　　最后，我想以我的亲身经历告诉您，AI技术已经改变了我的生活，它让我从一个超级个体，变成了一个"AI超级个体"。相信在不久的将来，AI技术也将为您的企业带来巨大的价值，让您在激烈的市场竞争中脱颖而出。

　　现在就加入"AI老板圈"，让我们共同迎接一个充满无限可能的AI时代！敬请期待与您共同成长，一起成为AI领域的佼佼者！

　　此致

敬礼！

肖厂长

AI老板圈创始人

- -

　　到这里，这封销售信算达到了80分。提示词训练和生成初稿，大概用了30分钟。我自己在初稿上润色，修改成我的语气和文风，大概用了30分钟，保留了文章结构，以及30%—40%的内容。最后，编辑排版并插入图片，大概用了1个小时。

　　整个创作过程不超过2小时。在发布后的前三天内，就取得了4.6万阅读、3900余次转发、36%阅读完成率、100万以上的GMV（成交总额）。

　　这是最终成品：

　　我是肖厂长，星辰教育创始人。

　　我是跪着写完这封信的。这封2000字的销售信，不全是我原创，而是我用长句提示

词+GPT4生成初稿+我修改润色，最终定稿。

整体创作，从今天中午11:30结束启动会议，到12:30完成，不超过1小时。

通过这封信，我将带你领略AI时代的无穷魅力。所以，各位老板一定要看完。

首先，我要向各位关注AI的老板们推出一个崭新的付费社群产品——AI老板圈。

一句话介绍产品定位：AI时代，赋能老板降本增效的私董会。

这个圈子，也是我前年私域创富圈，去年小而美创富圈，到现在3.0的升级版。

我与AI的故事，始于去年，当时我组织了几十名恒星私董，一起参观百度AI实验室。

第一次输入关键词，让AI生成了一副抽象艺术画面，这是我第一次现场感受到了AI的魅力。

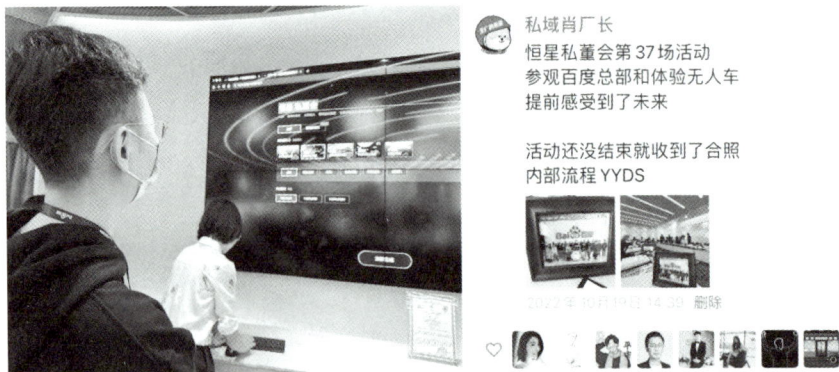

私域肖厂长
恒星私董会第37场活动
参观百度总部和体验无人车
提前感受到了未来

活动还没结束就收到了合照
内部流程 YYDS

2022年 10月19日 14:39 删除

我还提示了一个关键词"恒星私董会"
让AI生成图片

随后，我在今年年初付费训练，生成了自己的数字人，并且在小而美创富圈的交付课程中，用数字人视频来交付，这节省了我大量的时间来录制视频。

几十节课程录制，给我节省了将近一周的时间，这是我自己实实在在通过AI降本增效的体感。

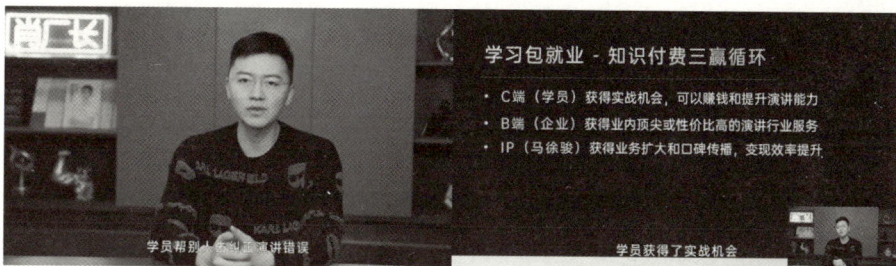

前段时间，我开始接触使用GPT-4，还参加了两天一夜的线下AI课程培训。

这几天的感触，给我带来了极大的的震撼——GPT的这次升级，堪比又一次工业革命。

我这几天基本在通宵研究AI（做梦都在提问），深刻感知到AI的进化速度，以及它将给整个商业社会带来的变革。

就3天时间，我已经重度依赖所有的AI产品，我下一本书的书稿，也在结合AI优化，我的个人创作效率飞速提升。

这几天，我在团队内部推行全员使用AI，发了不少跟AI相关的朋友圈、视频号。

我也收到了许多老板的需求：

能不能教我怎么用AI？

如何通过AI提升创作效率、降本增效？

经过几天的思考，以及自己的亲身体验，我决定把我的创富圈3.0，升级为"AI老板圈"。

在"AI老板圈"里，我将同步分享我用AI写书的过程，以及在30人的全职团队内部，推进AI的实践经验。

如果你参与进来，可以围观厂长，如何利用AI从超级个体变成"AI超级个体"。

同时，我也给你介绍一下，"AI老板圈"产品的3个确定权益：

权益一：一年50场大咖课程，针对老板，实战落地

我将自己花费50万元，邀请人工智能领域的大咖、专家以及成功运用AI降本增效的老板，为AI老板圈的会员，提供非常实用的课程。

这些课程将帮助老板们深入了解AI技术，学会如何利用AI提高公司的产能和利润，降低公司成本。

有一些课程，我会亲自授课，分享我自己使用AI以及结合AI进化的心得。

跟市面上的课程不一样，这50节课针对群体是"老板"，并且是每周一次的通过腾讯会议来线上分享的"直播课"。

AI行业瞬息万变，刚刚GPT就推出了插件和联网功能，所以所有大咖的课程都使用的是最新AI技术，而不是录播课。

我现在已经邀请了10位大咖，都是我付费邀请，让他们针对老板定制课程，并且在社群里分享。他们分别是：

AI老板圈部分创始私董

李佳芮

句子互动创始人&CEO
微软人工智能最具价值专家（AI MVP）
2021科创中国·青年，福布斯U30

连诗路LineLian

畅销书《数据增长模型》《AI 赋能》畅销书作者
出品《AIGC 助力产品创新》课程
前美的集团 AIoT 算法部负责人

鱼 圆

协助【快手研究院】等精准获客，降低成本9/10
7年工程师，3年mechine learning与AI开发经验
出品"从0到1 AIGC"课程30节，出书中

Bittle白先生

地壳玩家主理人，浅蓝文化首席流量官
《GPT调教心流法·身份篇》作者
S级GPT训练师，自主研发《GPT营销版课程》

云 飞

盈腾科技创始人，小飞AI产品创始人
出品《ChatGPT精准调教》课程
公司用AI降本增效60%

糯米(孟佳音)

公司用AI降本增效100万
喜上眉梢实境娱乐CEO

黄豆奶爸

【ChatGPT大师班】国内系统大课第一人
线上ChatGPT课程培训超1000人
利用ChatGPT帮助企业百度霸屏

竹 子

ChatGPT实践宝典主理人
ChatGPT实践宝典专栏1200+付费订阅
独立纪录片导演

玩赚AI主理人·生财王子

ChatGPT掘金工厂创始人
玩赚AI主理人
累计帮数千人学习并使用AI降本增效

阿 猿

聚媒文化科技、聚媒AI创始人
公司用AI降本增效30%
正在打磨《2023最新AI绘画Stable Diffusion 变现指南》

课程的大纲，我还在逐一跟讲师碰，而且接下来付费社群有了会员之后，也会结合老板需求，让讲师定制课程。

权益二：长提库（长句提示词库）

在AI时代，提示词是第一生产力。

就像我的这篇文章，我写了300多字的提示词，才能得出一个非常好的答案。

我们将为会员整理一套"老板"需要使用的prompt模板，让老板可以直接copy使用。这将极大地提高老板在工作中的效率，让越来越多的老板率先踏入AI时代。

我们的目标是帮助老板们运用AI技术，如Midjourney、ChatGPT等，降低企业成本，提高公司产能和利润。

长提库，1年内涵盖"老板"的"108个需求和场景"，会通过飞书文档的方式来交付，直接复制就可以在各种AI平台使用。

我们团队会动态持续更新，我也会把我自己常用的一些提示词，作为模板，放到长提库里。

这封销售信的全部提示词和GPT回复截图，我也会作为第一个提示词SOP，分享给付费会员。

接下来，我再带各位老板深入了解，AI如何在老板们日常工作的具体场景中发挥作用。

·面试：作为老板，你可能需要面试大量候选人。AI可以帮助你结合候选人和岗位需求，提前生成一套针对性的面试问题。这将使你在面试过程中更加专注和高效，节省宝贵的时间。

·营销文案：AI技术可以帮助你快速生成具有吸引力的营销文案，不仅提高文案质量，还大大缩短创作时间。借助AI，你的营销团队将能够更高效地吸引客户，提升品牌知名度。

此外，内容创作、文秘助理工作、公司规章制度起草、编程、绘画、声音、视频数字人等。

这些，目前的AI都可以大幅度提升你完成工作的效率。

他们就像是一个个7×24小时待命，极其优秀，没有情绪内耗的学霸，为你提供超强的辅助，甚至出色地完成一些复杂的工作。

这些，我就不做详细介绍，这几天刷屏大家都能看到。

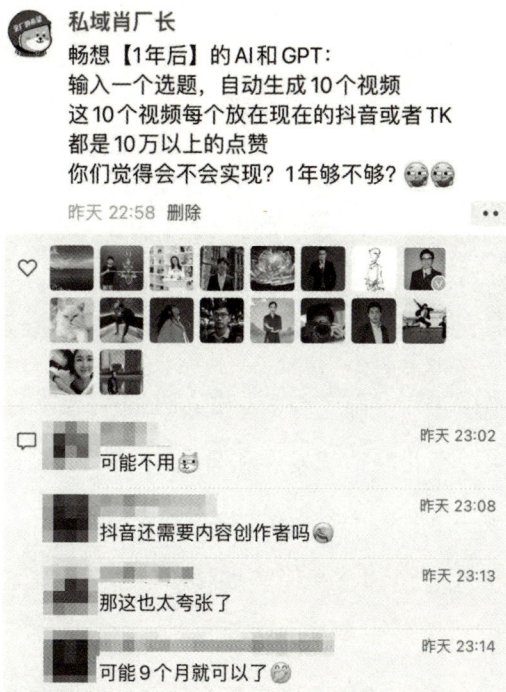

权益三：专属AI老板圈社群，不间断交流讨论

随时交流前沿的版本迭代、功能更新、API开放等心得和经验，分享在公司运营中的实战应用，比同行先人一步。

"AI老板圈"，我会用恒星私董会的标准来交付，所以原价定价是

29800元/年，前期为了做大规模，我打算把价格砍到×折：×980元/年。

各位老板、超级个体、内容创作者们，AI时代已经来临。

现在是抱紧AI大腿，赋能你的企业的最佳时机。

ChatGPT 像是引爆了一场马拉松比赛，有些人跑了很远，有些人尚未出发，队伍越拉越长。
之前一直努力推销，拉人入场。抬头发现自己也落后了蛮多。今天起不拉了，埋头跑步。

在"AI老板圈"中，你将学会运用先进的AI技术，提升工作效率，降低成本，从而实现企业的持续发展和盈利。

我们再次回顾一下我们为你提供的3个独家权益：

1. 一年50场大咖直播课，肖厂长掏腰包付费请讲师，针对老板定制，主要在腾讯会议学习。

2. 长提库（长句提示词库）模板，肖厂长团队定制维护，持续更新，1年内涵盖老板的108个需求和场景。

3. 专属社群，在科技向上、思维同频的圈子里，一起探索AI的无限潜力。

你不用了解太多听不懂的AI技术导论、技术故事等。

一句话："站在老板的角度，我应该怎么干？哪些老板也在这么干，哪些提示词我可以直接改一改COPY（复制）？"

现在我们的价格是×980元/年，接下来我们会持续涨价，2周后，就会涨价1000元，后面会逐步涨价到29800元。

而随着我们的后续涨价，权益一定只会越来越多，所以现在下单，是最具性价比的时机。

很多老板都还在犹豫要不要拥抱AI时，我想说，这次GPT的进步，就宛如从马车时代到汽车时代。

昨天凌晨2点，我跟一个创业的朋友聊到这个话题，而他的回复，让我更加震撼：

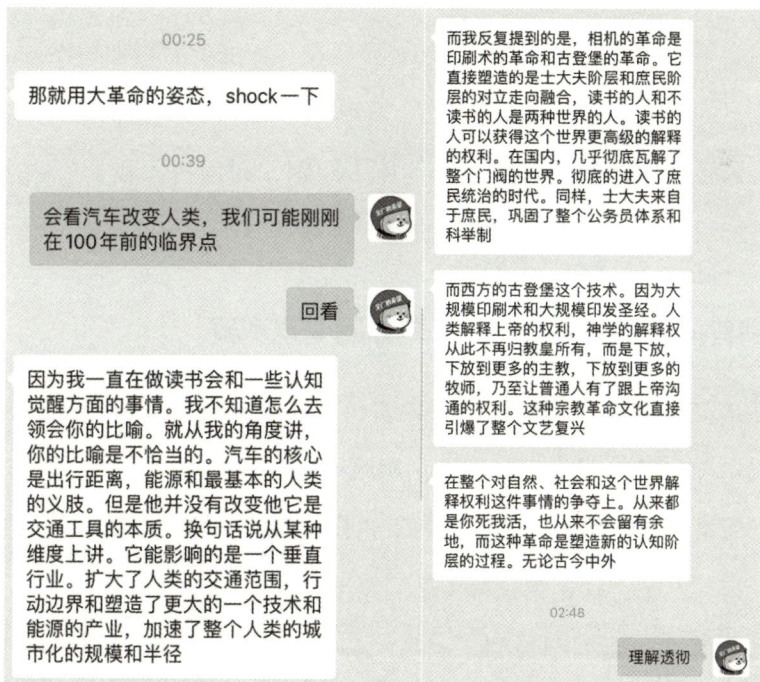

我想以我的亲身经历告诉你，AI技术已经改变了我的生活，它让我

从一个超级个体，变成了一个"AI超级个体"。

相信在不久的将来，AI技术也将为你的企业带来巨大的价值，让你降低各方面的成本，提升各方面的效率，先入局，就会比同行提前半年拥有核心优势。

最后，真诚邀请你，加入我们的社群，一起成为AI时代的领跑者。

重要说明：

1.本付费社群，仅讨论AI技术，提示词优化，老板如何结合AI管理公司等话题。我们前期只创建小群，不提供任何不合规的服务，社群也不聊任何敏感话题。违反将被直接移除，并且不予退费（请确认后再付费）。

2.目前我们设立3个权益，并且厂长会同步自己用AI的各种经验，未来产品会不断涨价，并且不断增加更多权益。在涨价后增加的权益，之前低价购买的老板，依然可以享受。

3.如果付款遇到问题，或者有更多问题，欢迎进入我们的购买咨询群，进群后禁言即可，直接加我的助理咨询。

高效销售问答库（FAQ）：打造专属变现利器

在成交过程中，问题库是非常有价值的工具，可以成为变现利器之一。以电商售前客服为例，当客户有疑问时，客服可以快速查找问题库，准确回答客户的问题。同样，在线下销售推广中，问题库也可以作为学习手册，提前熟记，在销售过程中做到精准、专业。

如果客户的疑问都得到了满意的解答，尤其售前客服或销售人员对答如流、讲话专业，他们很可能会更加信任品牌，进而更加容易下定购买的决心。

需要强调的是，维护一个优质的问题库，并不是一次性的工作。相反，你需要对其中的内容进行定期复盘、更新和优化。只有这样，它才不会成为一个华而不实的摆设。

接下来，厂长会为你演示，如何借助ChatGPT，快速生成一份高质量的问题库。

厂长喜欢讲干货，我们还是下沉到一个具体的场景中。例如，你是豪华汽车经销商，希望对某个车型建立一套问题库。因为问题库往往很庞大，我不建议你直接使用B.O.K.E.的方法论，去向ChatGPT提问，否则后边调教的过程会非常麻烦，而且也容易触发上下文长度限制。

所以我建议，分步骤进行。首先，先让ChatGPT把问题做个罗列，并大致分类。

提示词：

我们是豪华汽车经销商，现在想建立一套问答库，以便我们的销售人员能更好地解答客户的各类问题。因为这个问答库会很大，所以我们一步步来做。首先，请把豪华汽车领域，客户在购买前关心的问题进行分类，并按分类列举出来，按关心程度从高到低排序。请尽量全面。

ChatGPT：

在豪华汽车领域，购买前客户关心的问题可以按照以下分类进行排列。这里按关心程度从高到低排序：

1. 价格与购车成本：

· 车辆的售价是多少？

· 购车有哪些优惠政策？

· 购车过程中需要支付的各项费用包括哪些？

· 保险费用大概是多少？

· 购车有哪些融资和分期付款选项？

2. 性能与配置：

- 发动机性能如何？

- 油耗表现如何？

- 汽车配置有哪些亮点？

- 车辆内部空间大小如何？

- 座椅舒适度怎么样？

- 车载娱乐系统功能如何？

3. 安全性能：

- 车辆的安全评级如何？

- 车辆配备了哪些主动安全系统？

- 车辆配备了哪些被动安全系统？

- 是否提供驾驶辅助系统？

- 汽车的制动性能如何？

4. 售后与保养：

- 售后服务包括哪些内容？

- 保养周期和保养费用是多少？

- 原厂配件价格如何？

- 保修政策是什么？

- 在全国范围内有哪些授权维修网点？

5. 品牌声誉与口碑：

- 该品牌的历史和口碑如何？

- 该品牌在豪华汽车市场的地位如何？

- 该车型的市场表现如何？

- 有哪些获奖和荣誉？

6. 环保性能：

- 车辆是否符合当地环保排放标准？

- 该车型的环保技术有哪些？

· 是否提供混合动力或纯电动版本？

以上分类列举了豪华汽车领域客户在购买前关心的问题，希望能对您建立问答库提供帮助。如有需要，我们还可以针对各个分类细化问题。

ChatGPT列出了6个大类，每个大类下面都给出了非常具体的问题。但是，因为汽车是一款复杂商品，所以它给出的问题是非常发散的。

例如，性能与配置类别下面，它列出了6个具体问题：

发动机性能如何？

油耗表现如何？

汽车配置有哪些亮点？

车辆内部空间大小如何？

座椅舒适度怎么样？

车载娱乐系统功能如何？

总结一下不难发现，这6个问题，分别是关于发动机、油耗、配置、空间、座椅、娱乐系统6个方面的。ChatGPT给出的问题"座椅舒适度怎么样"，其实只是座椅方面的一个代表性问题。除了舒适度以外，围绕座椅，还可以有很多具体问题，例如材质、包裹性、透气性、加热、通风、按摩、电动调节等。

因此，厂长希望ChatGPT能添加一个二级分类，二级分类就是上面所说的"不同方面"，然后，在二级分类下面，再对应列出具体问题。当然，我还希望ChatGPT多补充一些具体问题。

这个调整的过程描述起来有点复杂，厂长写上面这几段话的时候，为了你能快速理解，也是改了又改，力求逻辑清晰、简单易懂。只要你理解了，其实会很容易明白我的意思。

AI 超级个体

接下来，我们要用最简洁的语言，让ChatGPT也理解，你可以看一下厂长的提问思路。

提示词：

很好。你现在列举出了分类和问题，接下来，请你对每个问题做进一步的向上归纳，例如"座椅舒适度怎么样"可以归纳为"座椅"，我们把这样归纳后的内容称为二级分类。在每个二级分类下面，会有很多更详细的问题，例如关于座椅的材质、透气性、包裹性等，这些都是一个个详细的问题。请对每个二级分类下的详细问题进行补充，逐个列出并尽量穷尽它们，用这样的方法完成对所有内容的处理，然后列一张表格，字段包括：序号、一级分类、二级分类、详细问题。

ChatGPT：

序号	一级分类	二级分类	详细问题
1	价格与购车成本	售价	车辆的基本售价是多少？不同配置的售价有何差异？
2	价格与购车成本	优惠政策	目前有哪些优惠政策？限时优惠活动是什么？
3	价格与购车成本	费用	购车过程中需支付的各项费用包括哪些？如购置税、上牌费等。
4	价格与购车成本	保险	保险费用是多少？推荐的保险套餐有哪些？
5	价格与购车成本	融资与分期	提供哪些融资和分期付款选项？利率和期限如何？
6	性能与配置	发动机	发动机的排量、马力和扭矩是多少？
7	性能与配置	油耗	城市和高速的油耗表现如何？实际油耗是否与官方数据相符？
8	性能与配置	配置	车辆的配置亮点有哪些？如导航、空调、音响等。
9	性能与配置	空间	车辆内部空间大小如何？后备箱容量是多少？
10	性能与配置	座椅	座椅材质是什么？透气性、包裹性和舒适度如何？是否有加热、通风、按摩功能？

续表

序号	一级分类	二级分类	详细问题
11	性能与配置	娱乐系统	车载娱乐系统有哪些功能？如语音识别、手机互联、实时导航等。
12	安全性能	安全评级	车辆的安全评级是什么？在碰撞测试中的表现如何？
13	安全性能	主动安全	配备了哪些主动安全系统？如ABS、EBD、TCS等。
14	安全性能	被动安全	配备了哪些被动安全系统？如安全气囊、安全带预紧器等。
15	安全性能	驾驶辅助	提供哪些驾驶辅助系统？如自动泊车、车道保持、自适应巡航等。
16	安全性能	制动性能	汽车的制动性能如何？刹车距离是多少？
17	售后与保养	售后服务	售后服务包括哪些内容？如免费救援等。
18	售后与保养	保养周期	保养周期是多长时间？多少千米需要进行保养？
19	售后与保养	保养费用	常规保养的费用是多少？大保养费用是多少？
20	售后与保养	配件价格	原厂配件的价格如何？常见易损件的价格是多少？
21	售后与保养	保修政策	保修政策是什么？质保期限是多少？质保范围包括哪些部件？
22	售后与保养	维修网点	全国范围内有哪些授权维修网点？常驻城市的维修网点数量如何？
23	品牌声誉与口碑	品牌历史	该品牌的历史如何？主要成就和转折点是什么？
24	品牌声誉与口碑	品牌口碑	该品牌的口碑如何？用户评价普遍关注哪些方面？
25	品牌声誉与口碑	市场地位	该品牌在豪华汽车市场的地位如何？市场份额和排名如何？

续表

序号	一级分类	二级分类	详细问题
26	品牌声誉与口碑	车型表现	该车型的市场表现如何？销量和口碑如何？
27	品牌声誉与口碑	获奖与荣誉	该车型或品牌有哪些获奖和荣誉？如汽车大奖、设计奖等。
28	环保性能	环保标准	车辆是否符合当地环保排放标准？是否满足最新的排放法规？
29	环保性能	环保技术	该车型的环保技术有哪些？如减排技术、节能技术等。
30	环保性能	电动与混动	是否提供混合动力或纯电动版本？续航里程和充电时间是多少？

可以看到，ChatGPT理解了要求，正确添加了二级分类，给出了一张表格，并且也补充了一些具体问题。不过，它把某个二级分类下的所有问题，在一个单元格里写了出来。我希望，它能把每个问题都一行一行地列出，这样，后续调整起来会比较方便。

提示词：

非常好，请把每个详细问题放到一个单独的单元格里。

ChatGPT：

序号	一级分类	二级分类	详细问题
1	价格与购车成本	售价	车辆的基本售价是多少？
1a			不同配置的售价有何差异？
2	价格与购车成本	优惠政策	目前有哪些优惠政策？
2a			限时优惠活动是什么？

续表

序号	一级分类	二级分类	详细问题
3	价格与购车成本	费用	购车过程中需支付的各项费用包括哪些？
3a			如购置税、上牌费等。
4	价格与购车成本	保险	保险费用是多少？
4a			推荐的保险套餐有哪些？
5	价格与购车成本	融资与分期	提供哪些融资和分期付款选项？
5a			利率和期限如何？
6	性能与配置	发动机	发动机的排量、马力和扭矩是多少？
7	性能与配置	油耗	城市和高速的油耗表现如何？
7a			实际油耗是否与官方数据相符？
8	性能与配置	配置	车辆的配置亮点有哪些？
8a			如导航、空调、音响等。
9	性能与配置	空间	车辆内部空间大小如何？
9a			后备箱容量是多少？
10	性能与配置	座椅	座椅材质是什么？
10a			透气性、包裹性和舒适度如何？
10b			是否有加热、通风、按摩功能？
11	性能与配置	娱乐系统	车载娱乐系统有哪些功能？
11a			如语音识别、手机互联、实时导航等。
12	安全性能	安全评级	车辆的安全评级是什么？
12a			在碰撞测试中的表现如何？

续表

序号	一级分类	二级分类	详细问题
13	安全性能	主动安全	配备了哪些主动安全系统?
13a			如ABS、EBD、TCS等。
14	安全性能	被动安全	配备了哪些被动安全系统?
14a			如安全气囊、安全带预紧器等。
15	安全性能	驾驶辅助	提供哪些驾驶辅助系统?
15a			如自动泊车、车道保持、自适应巡航等。
16	安全性能	制动性能	汽车的制动性能如何?
16a			刹车距离是多少?
17	售后与保养	售后服务	售后服务包括哪些内容?
17a			如免费救援等。
18	售后与保养	保养周期	保养周期是多长时间?
18a			多少千米需要进行保养?
19	售后与保养	保养费用	常规保养的费用是多少?
19a			大保养费用是多少?
20	售后与保养	配件价格	原厂配件的价格如何?
20a			常见易损件的价格是多少?
21	售后与保养	保修政策	保修政策是什么?
21a			质保期限是多少?
21b			质保范围包括哪些部件?
22	售后与保养	维修网点	全国范围内有哪些授权维修网点?
22a			常驻城市的维修网点数量如何?

续表

序号	一级分类	二级分类	详细问题
23	品牌声誉与口碑	品牌历史	该品牌的历史如何？
23a			主要成就和转折点是什么？
24	品牌声誉与口碑	品牌口碑	该品牌的口碑如何？
24a			用户评价普遍关注哪些方面？
25	品牌声誉与口碑	市场地位	该品牌在豪华汽车市场的地位如何？
25a			市场份额和排名如何？
26	品牌声誉与口碑	车型表现	该车型的市场表现如何？
26a			销量和口碑如何？
27	品牌声誉与口碑	获奖与荣誉	该车型或品牌有哪些获奖和荣誉？如汽车大奖、设计奖等。
28	环保性能	环保标准	车辆是否符合当地环保排放标准？
28a			是否满足最新的排放法规？
29	环保性能	环保技术	该车型的环保技术有哪些？
29a			如减排技术、节能技术等。
30	环保性能	电动与混动	是否提供混合动力或纯电动版本？
30a			续航里程和充电时间是多少？

这时候，假设你觉得，性能与配置是最重要的部分，希望ChatGPT给出更多的问题，你可以继续向它提问，要求补充。

提示词：

性能与配置是客户关心最多的，这部分内容有点少，请再补充一些，尽量全面点。

ChatGPT：

序号	一级分类	二级分类	详细问题
31	性能与配置	变速器	采用哪种类型的变速器？
31a			如自动、手动、双离合等。
32	性能与配置	驱动方式	驱动方式是什么？
32a			如前驱、后驱、四驱等。
33	性能与配置	悬挂系统	悬挂系统类型是什么？
33a			如独立悬挂、多连杆悬挂等。
34	性能与配置	轮胎尺寸	轮胎尺寸和类型是什么？
34a			如夏季胎、全季胎等。
35	性能与配置	加速性能	0-100km/h加速时间是多少？
36	性能与配置	最高速度	最高速度是多少？
37	性能与配置	通过性	车辆的离地间隙和通过性如何？
38	性能与配置	操控性	操控性能如何？在高速行驶和曲线行驶中表现如何？
39	性能与配置	舒适性	驾驶和乘坐舒适性如何？噪声控制表现如何？
40	性能与配置	视野	驾驶员的视野如何？有无盲区？
41	性能与配置	车灯	车灯类型和性能如何？
41a			如LED大灯、氙气大灯等。
42	性能与配置	高科技配置	车辆配备了哪些高科技配置？
42a			如HUD抬头显示、全景天窗、无线充电等。

到此，一份详尽的问题库就已经做好了，又快又好。ChatGPT给出的内容有一些小问题，错误地把"如……"拆分成了一个独立问题，其实它只是上一个问题的举例。不过出现频率不高，手动处理一下就好了，我们就不让它继续调整了。

把它给出的内容整理成一张表格：

一级分类	二级分类	详细问题
价格与购车成本	售价	车辆的基本售价是多少？
		不同配置的售价有何差异？
	优惠政策	目前有哪些优惠政策？
		限时优惠活动是什么？
	费用	购车过程中需支付的各项费用包括哪些？如购置税、上牌费等。
	保险	保险费用是多少？
		推荐的保险套餐有哪些？
	融资与分期	提供哪些融资和分期付款选项？
		利率和期限如何？
性能与配置	发动机	发动机的排量、马力和扭矩是多少？
	油耗	城市和高速的油耗表现如何？
		实际油耗是否与官方数据相符？
	配置	车辆的配置亮点有哪些？如导航、空调、音响等。
	空间	车辆内部空间大小如何？
		后备箱容量是多少？
	座椅	座椅材质是什么？
		透气性、包裹性和舒适度如何？
		是否有加热、通风、按摩功能？

续表

一级分类	二级分类	详细问题
性能与配置	娱乐系统	车载娱乐系统有哪些功能？如语音识别、手机互联、实时导航等。
	变速器	采用哪种类型的变速器？如自动、手动、双离合等。
	驱动方式	驱动方式是什么？如前驱、后驱、四驱等。
	悬挂系统	悬挂系统类型是什么？如独立悬挂、多连杆悬挂等。
	轮胎尺寸	轮胎尺寸和类型是什么？如夏季胎、全季胎等。
	加速性能	0-100km/h加速时间是多少？
	最高速度	最高速度是多少？
	通过性	车辆的离地间隙和通过性如何？
	操控性	操控性能如何？在高速行驶和曲线行驶中表现如何？
	舒适性	驾驶和乘坐舒适性如何？噪音控制表现如何？
	视野	驾驶员的视野如何？有无盲区？
	车灯	车灯类型和性能如何？如LED大灯、氙气大灯等。
	高科技配置	车辆配备了哪些高科技配置？如HUD抬头显示、全景天窗、无线充电等。
安全性能	安全评级	车辆的安全评级是什么？
		在碰撞测试中的表现如何？
	主动安全	配备了哪些主动安全系统？如ABS、EBD、TCS等。
	被动安全	配备了哪些被动安全系统？如安全气囊、安全带预紧器等。
	驾驶辅助	提供哪些驾驶辅助系统？如自动泊车、车道保持、自适应巡航等。
	制动性能	汽车的制动性能如何？
		刹车距离是多少？

一级分类	二级分类	详细问题
售后与保养	售后服务	售后服务包括哪些内容？如免费救援等。
	保养周期	保养周期是多长时间？
		多少千米需要进行保养？
	保养费用	常规保养的费用是多少？
		大保养费用是多少？
	配件价格	原厂配件的价格如何？
		常见易损件的价格是多少？
	保修政策	保修政策是什么？
		质保期限是多少？
		质保范围包括哪些部件？
	维修网点	全国范围内有哪些授权维修网点？
		常驻城市的维修网点数量如何？
品牌声誉与口碑	品牌历史	该品牌的历史如何？
		主要成就和转折点是什么？
	品牌口碑	该品牌的口碑如何？
		用户评价普遍关注哪些方面？
	市场地位	该品牌在豪华汽车市场的地位如何？
		市场份额和排名如何？
	车型表现	该车型的市场表现如何？
		销量和口碑如何？
	获奖与荣誉	该车型或品牌有哪些获奖和荣誉？如汽车大奖、设计奖等。

续表

一级分类	二级分类	详细问题
环保性能	环保标准	车辆是否符合当地环保排放标准？
		是否满足最新的排放法规？
	环保技术	该车型的环保技术有哪些？如减排技术、节能技术等。
	电动与混动	是否提供混合动力或纯电动版本？
		续航里程和充电时间是多少？

用同样的思路，你可以让ChatGPT调整某些内容，或者继续补充。

既然已经拿到了问题库，可不可以更进一步，针对每个问题生成销售话术呢？当然可以。不过，如果网络上可检索的信息有限，它就不能很好地了解你的产品。所以，针对每个问题，有时候你需要简单写一下答案，再让ChatGPT帮你生成销售话术。

厂长先告诉ChatGPT接下来它要做什么事情，并且给它一个终止口令，以便我们可以随时退出。

提示词：

很好，接下来，我会给你提供每个问题的答案，请你根据我提供的内容，参考行业内金牌销售的话术规范和最佳实践，帮我生成对应的销售话术。

你需要模拟你在和客户面对面对话时的口吻，尽量用口语化的表达。

这是豪华品牌汽车，所以话术要针对豪华品牌汽车客户关心的重点来展开，尽量多讲一些，从他们的需求角度进行阐述，尽量激发出他们的购买意向。

因为问题比较多，我会分批提供给你，每次提供一部分，我们会一直重复这个过程，直到我说"搞定"，我们就完成了。如果你理解，请说理解。

ChatGPT：

理解。请您提供问题的答案，我会根据您提供的内容和销售话术规范，生成对应的销售话术。

有了这个设定，你就可以分批把问题和答案发送给ChatGPT，就像下面这样。

提示词：

发动机的排量、马力和扭矩是多少：排量3.0升，最大输出功率362马力，最大扭矩500牛·米。

城市和高速的油耗表现如何：城市百公里14升，高速百公里9升。

实际油耗是否与官方数据相符：官方油耗数据是在标准测试条件下测得的，而实际油耗则会受到很多因素的影响。

ChatGPT：

关于发动机性能方面，您看，这款豪华汽车搭载了一台排量为3.0升的高性能发动机，最大输出功率高达362马力，同时最大扭矩达到了500牛·米。这样的配置保证了车辆在各种路况下都能发挥出卓越的驾驶性能，让您在驾驶过程中享受更加畅快的驾驶体验。

在油耗方面，这款车的城市百公里油耗为14升，高速百公里油耗为9升。相比同级别的其他豪华汽车，这款车的油耗表现相当出色，充分体现了节能环保的理念。

关于实际油耗，我想先说明一下，官方油耗数据是在标准测试条件下测得的。实际上，实际油耗会受到很多因素的影响，比如驾驶习惯、路况、气候等。所以，实际油耗可能会与官方数据存在一定差异。不过，总体来说，我们的客户反馈，这款车的实际油耗表现是相当可靠的，您在日常驾驶中应该能获得相当不错的油耗表现。

提示词：

车辆的配置亮点有哪些：智能驾驶辅助系统、全景天窗、高级音响系统、自适应氙气大灯、自动泊车、后排娱乐系统等。

车辆内部空间大小如何：宽敞舒适，前后排充足的头部和腿部空间。

ChatGPT：

这款豪华汽车拥有诸多配置亮点，真正贴合您对豪华品牌的期待。首先，它配备了智能驾驶辅助系统，可以让您在驾驶过程中更加轻松、安全。例如，自动泊车功能可以帮助您轻松解决停车难题，让停车变得更加简单省心。

此外，全景天窗为您带来宽阔明亮的车内视野，无论是观赏星空还是享受阳光，都能为您带来愉悦的驾驶体验。而高级音响系统则让您在驾驶途中尽享高品质音乐盛宴，为您的旅途增添无尽的乐趣。

车辆还配备了自适应氙气大灯，提供更好的夜间照明效果，确保您在任何环境下都能安全行驶。后排娱乐系统则让乘客在旅途中享受更多娱乐休闲，为您的家人、朋友带来更舒适的乘车体验。

谈到车辆内部空间，这款豪华汽车内部宽敞舒适，为前后排乘客提供充足的头部和腿部空间。在这样的空间里，无论是长途旅行还是短途出行，您和您的家人都将感受到卓越的舒适度，享受愉悦的驾乘体验。

当然，你可以对ChatGPT给出的话术进行调整，以便更加符合你的要求。

在此过程中，如果你发现ChatGPT的回答开始跑偏，就代表最开始的设定已经超出了它能处理的上下文长度。你需要把创建话术的提示词，重新发送一遍给它，然后再继续提供问题和答案。这个方法，厂长在书籍创作的章节里，讲解《贝瑞历险记》时演示过，在这里就不再赘述了。

当你完成了全部话术的创建，就可以发送"搞定"，让ChatGPT回到一般操作模式下。或者，你也可以重开一个会话。

提示词：

搞定

ChatGPT：

很高兴能帮助您完成这些销售话术。如果您还有其他问题或者需要进一步的帮助，请随时告诉我。祝您工作顺利，期待再次为您服务！

◆ **东东教练：借助Notion AI提升获客效率和交付速度** ━━━━━━

　　徐洁东，是小鹅通"知识服务的工具"服务商，也是一名专业的知识变现顾问，人称"东东教练"。

　　我和东东教练是在2023年3月份相识的，因为他付费加入了我的"AI老板圈"，他提到自己是效率控，特别渴望能借助AI提升业务效率，并且读过我的《创业手记》，其中有好几个故事，也和他毕业后的经历非常类似，特别有共鸣。

　　而加入"AI老板圈"的当月，他又直接付费加入了我的"恒星私董会"，我问他加入的原因，他说"AI老板圈"的交付完全超过了预期，相信恒星私董会也很值得。

　　有一次，在恒星私董会的闭门饭局上，他向我分享了他的故事。

　　2014年，是东东教练毕业后的第一年，当时"拉卡拉服务商项目"正在高速发展。但因为当时的自己眼高手低，总想着要做自己的品牌，遗憾错过了一个商机生意的红利期。

　　后来，知识付费的热潮来袭，有了前车之鉴，东东教练果断抓住机会，以个体创业者的身份，代理了小鹅通业务，开始帮助有内容的从业者使用小鹅通工具，并提供运营咨询和私教服务。只靠自己一个人，月度业绩就达到了30万，到现在，已经获得了100多家知识博主的一致好评，成了一个典型的"超级个体"。

　　而接触AI之后，他成了Notion AI的行家，个人效率得到了大幅提升。

Notion AI助力获客效率提升

对于东东教练这样的知识变现顾问，内容创作非常重要，几乎每天，他都需要写公众号、做短视频，并把做好的内容分享到自己的圈子当中，吸引商家前来咨询。

过去，他需要花费大半天的时间去搜集素材、整理内容。而现在，他使用Notion AI帮助自己构思标题、优化文章内容，还可以把一些长文章的内容提炼总结，直接成为素材。

第一步：梳理内容素材，形成初稿

在咨询过程中，会有一些普遍性的问题，东东教练会从自己过往积累的文档里面，找出合适的内容，复制到Notion中，给Notion下指令："将文字整理成一篇语气通顺的文章，尽量保留原文内容"。这样，Notion就会给出一份初步的文章。在这个基础上，他会针对细节进行调整，把初稿确认下来。此时，素材变成了一篇文章，但要用在公众号上，还需要进一步地调整。

第二步：确定标题，优化内容

根据上一步得到的初稿，他会向Notion AI描述目标和要求，从而生成公众号标题，并优化内容结构，然后他在这个基础上，再进行编辑和补充。

这一步的指令例如："写出公众号文章，需要包括：标题、主体内容、最后的总结这几个方面，字数控制在2000字。"

第三步：优化改进

在上一步中，Notion AI能在一分钟内，生产出比较不错的内容。接下来，他会继续调用Notion AI，不断优化改进，直到满意为止。

最后，他会把内容复制到公众号上，调整格式，轻松驾驭公众号的内容产出。

视频号脚本产出的过程也是类似的。

他说，有了Notion AI，只要一个小时，就可以完成公众号和视频号的更新，获客的效率提升了很多倍。

高效交付与未来规划

过去，解答商家的问题，东东教练需要自己打字，或者搜索帮助中心和各类文档加以整理，效率很低，而且总在做很多重复性的工作。

现在，他把一部分高频核心内容，汇集在了Notion中。不仅可以快速分层次检索，还可以借助Notion AI优化内容，例如把现有文本加长或缩短、改变不同的口吻等。这样，他就可以对商家的问题进行快速交付，提升商家的体验。

东东教练特别看好AI在未来的发展，尤其是在超级个体的效率提升方面。

他认为，在AI的迭代过程中，拥抱变化、不断探索和应用是非常重要的。相信通过不断地尝试和实践，每位超级个体都可以发现适合自己的AI应用方法，提升自己的效率和服务质量。

04

第四篇

■ C h a p t e r   0 4

交付篇

——AI 助攻交付：提速增质，

成就超级个体传奇

卓越课程设计：实现高效交付爽感体验

在超级个体交付的产品中，课程是非常重要的一项产品。课程的交付，是对自己知识体系、专业能力的一次系统梳理，同时，课程也是一种较为标准化的产品，可以实现批量交付，进而提高收益。

然而，把自己的知识和经验转化为课程，并不是一个简单的过程，需要考虑到很多因素。首先，超级个体需要对自己的知识和经验进行"剖析"，将其梳理、拆分成不同模块，这样才能让学员理解和消化。这需要进行大量的思考和判断，以及反复打磨迭代。其次，你还需要考虑到自己的受众群体，以及这些群体的需求和期望，从而对内容和形式进行调整。

如今，有了ChatGPT，课程制作这项任务的难度将大大降低。

ChatGPT可以帮你梳理课程概述，明确课程目标。在课程设计中，这个动作往往是最先进行的。明确了课程目标，就为接下来的结构设计提供了思路、奠定了基调，让你不容易有缺漏，也避免跑偏。

如果你读到这里，相信你对B.O.K.E.的模型已经非常熟悉了，厂长就不再对提示词进行拆解了。

例如，你想制作一门关于名著阅读的在线课程。在背景这部分，你可以提供你的领域、课程受众、课程形式、课程目的等内容，方便ChatGPT更好地理解你。然后告诉它，你想让它完成什么任务，以及你的额外要求。

提示词：

我是一名英语老师，专门为小学和初中的学生提供英文名著阅读服务，在陪伴他们阅读名著的过程中，帮助他们理解角色和主题、分析作品、学习阅读技巧、掌握英语知识、学习写作手法，并理解相关文化。现在我想要制作一门标准化课程，课程形式是录播，内容涵盖5本美国最具代表性的虚构类名著，尽量属于不同时期或不同题材，目的是让学生对美国不同名著的特点有初步理解，为接下来深入的名著阅读打下基础。

请你帮我撰写这门课程的概述和目标。

要求：尽量严谨、完整、详细，便于我设计具体课程。

ChatGPT：

课程名称：美国虚构类名著阅读与分析

课程概述：

本课程旨在引导小学和初中的学生深入阅读五本具有代表性的美国虚构类名著，涵盖不同历史时期和题材。通过对这些作品的深入学习，学生将能够更好地理解角色和主题、分析作品、学习阅读技巧、掌握英语知识、学习写作手法，并理解相关文化。本课程采用录播形式进行，以便学生能够根据自己的进度进行学习。

课程目标：

1. 帮助学生熟悉并了解五本美国虚构类名著的背景、主题、角色和情节，培养学生对文学作品的敏感度和欣赏能力。

2. 通过分析不同作品的写作风格和技巧，教授学生如何进行文学分析，提高他们的阅读理解能力和批判性思维技巧。

3. 教授学生运用英语知识，如词汇、语法和句型结构，以增强他们在阅读、写作和交流过程中的英语运用能力。

4. 介绍与名著相关的历史背景、社会文化和价值观念，使学生能够更全面地理解作品背后的意义。

5. 通过阅读与写作练习，培养学生的创意表达能力和写作技巧，提高他们的英文写作水平。

课程内容：

以下是五本美国虚构类名著的简要介绍，这些作品涵盖了不同时期和不同题材的美国文学经典。

1.《汤姆·索亚历险记》（*The Adventures of Tom Sawyer*）- 马克·吐温

时期：19世纪

题材：成长小说、冒险小说

2.《了不起的盖茨比》（*The Great Gatsby*）- F. 斯科特·菲茨杰拉德

时期：20世纪初

题材：现实主义、爱情与梦想

3.《绿山墙的安妮》（*Anne of Green Gables*）- 露西·蒙哥马利

时期：20世纪初

题材：成长小说、乡村生活

4.《杀死一只知更鸟》（*To Kill a Mockingbird*）- 哈珀·李

时期：20世纪中

题材：种族歧视、正义、成长故事

5.《鲸鱼与蝴蝶》（*The Whale and the Butterfly*）- 约瑟夫·贝克

时期：21世纪初

题材：科幻、环保、探索未来

ChatGPT根据需求，给出了课程概述和目标，甚至连5本名著都帮你选好了，都是虚构类名著，而且题材和时期的跨度也符合要求。这就是B.O.K.E.框架的魔力。

只要你遵循B.O.K.E.框架，ChatGPT给出的内容基本可用，如果有需要调整的地方，你可以要求它优化，相信读完前边的章节，你已经知道该怎么做了。

接下来，我们继续让它完成内容结构设计。

提示词：

很好，请根据你给出的这5本名著，设计这门课程的框架结构。我希望按照名著来推进，也就是讲完一本书再讲下一本书。

ChatGPT：

课程名称：美国虚构类名著阅读与分析

课程框架结构：

第一单元：《汤姆·索亚历险记》(*The Adventures of Tom Sawyer*)

1.1 作品背景与导读

1.2 名著阅读与分析（主题、角色、情节等）

1.3 英语知识学习（词汇、语法、句型等）

1.4 文化与历史背景

1.5 创意写作与表达

第二单元：《了不起的盖茨比》(*The Great Gatsby*)

2.1 作品背景与导读

2.2 名著阅读与分析（主题、角色、情节等）

2.3 英语知识学习（词汇、语法、句型等）

2.4 文化与历史背景

2.5 创意写作与表达

第三单元：《绿山墙的安妮》(*Anne of Green Gables*)

3.1 作品背景与导读

3.2 名著阅读与分析（主题、角色、情节等）

3.3 英语知识学习（词汇、语法、句型等）

3.4 文化与历史背景

3.5 创意写作与表达

第四单元：《杀死一只知更鸟》(*To Kill a Mockingbird*)

4.1 作品背景与导读

4.2 名著阅读与分析（主题、角色、情节等）

4.3 英语知识学习（词汇、语法、句型等）

4.4 文化与历史背景

4.5 创意写作与表达

第五单元：《鲸鱼与蝴蝶》（*The Whale and the Butterfly*）

5.1 作品背景与导读

5.2 名著阅读与分析（主题、角色、情节等）

5.3 英语知识学习（词汇、语法、句型等）

5.4 文化与历史背景

5.5 创意写作与表达

通过以上五个单元的学习，学生将逐一深入研究每本名著，并掌握相关的阅读技巧、英语知识、写作手法和文化理解。本课程将为学生今后深入阅读其他名著、提高英语水平和扩大文化视野奠定坚实基础。

- -

ChatGPT给出的内容结构存在一些问题，例如文化与历史背景，可以放在作品的大背景中。并且，我希望它保留对时期和主题的简述。

提示词：

请按以下内容修改：

1.我希望把"文化与历史背景"放到"作品背景与导读"里边；

2.每个单元的主题非常重要，请在单元名称下面单独写明主题；

3."创意写作与表达"，"创意"一词不准确，重点是教学生学习对应名著中体现出的典型写作手法；

4.列出每本名著的时期。

ChatGPT：

课程名称：美国虚构类名著阅读与分析

课程框架结构：

第一单元：《汤姆·索亚历险记》（*The Adventures of Tom Sawyer*）

时期：19世纪

主题：成长、冒险、友谊

1.1 作品背景与导读（包含文化与历史背景）

1.2 名著阅读与分析（主题、角色、情节等）

1.3 英语知识学习（词汇、语法、句型等）

1.4 写作手法与表达

第二单元：《了不起的盖茨比》（*The Great Gatsby*）

时期：20世纪初

主题：美国梦、爱情、道德沦丧

2.1 作品背景与导读（包含文化与历史背景）

2.2 名著阅读与分析（主题、角色、情节等）

2.3 英语知识学习（词汇、语法、句型等）

2.4 写作手法与表达

第三单元：《绿山墙的安妮》（*Anne of Green Gables*）

时期：20世纪初

主题：成长、家庭、乡村生活

3.1 作品背景与导读（包含文化与历史背景）

3.2 名著阅读与分析（主题、角色、情节等）

3.3 英语知识学习（词汇、语法、句型等）

3.4 写作手法与表达

第四单元：《杀死一只知更鸟》（*To Kill a Mockingbird*）

时期：20世纪中

主题：种族歧视、正义、成长

4.1 作品背景与导读（包含文化与历史背景）

4.2 名著阅读与分析（主题、角色、情节等）

4.3 英语知识学习（词汇、语法、句型等）

4.4 写作手法与表达

第五单元：《鲸鱼与蝴蝶》(*The Whale and the Butterfly*)

时期：21世纪初

主题：科幻、环保、探索未来

5.1 作品背景与导读（包含文化与历史背景）

5.2 名著阅读与分析（主题、角色、情节等）

5.3 英语知识学习（词汇、语法、句型等）

5.4 写作手法与表达

通过以上五个单元的学习，学生将逐一深入研究每本名著，并掌握相关的阅读技巧、英语知识、写作手法和文化理解。本课程将为学生今后深入阅读其他名著、提高英语水平和扩大文化视野奠定坚实基础。

厂长的改进只是为了做演示，在此就不深入地调教了。如果你已经优化完毕，就可以让ChatGPT开始对内容进行设计了。和书籍写作的场景类似，课程内容往往也很长，所以厂长用了分段输出的方法。这个方法在虚构类书籍写作一节中，生成《贝瑞历险记》时也有用到。

提示词：

很好，接下来我们将生成这门课程中每个小节的具体内容，请用中英文双语输出，字数在3000字左右。无论是中文还是英文，请使用小学生和初中生能听懂的语言来写。如果涉及词汇、语法、句型等英语知识的讲解，也请你像一位老师一样来讲解。

因为章节很多，我们会分批进行，我会给你发送小节标号，例如1.1、1.2，每收到一个标号，你就给我生成对应的内容。如果理解，请说理解。

ChatGPT：

理解。请您提供需要撰写的小节标号，我将为您生成对应的内容。

接下来，就可以直接回复标号，生成对应的内容了。拿《汤姆·索亚历险记》这本书举例，先让ChatGPT生成作品背景与导读部分。

提示词：

1.1

ChatGPT：

1.1《汤姆·索亚历险记》作品背景与导读（包含文化与历史背景）

《汤姆·索亚历险记》，*The Adventures of Tom Sawyer*，是一部由美国作家马克·吐温（Mark Twain）创作的小说。这部小说发表于1876年，讲述了一个名叫汤姆·索亚（Tom Sawyer）的小男孩在密西西比河边的一个小镇上的冒险故事。这个小镇叫圣彼得堡，其实就是马克·吐温小时候生活过的地方。在这部小说里，马克·吐温通过汤姆·索亚的故事，向我们展示了19世纪美国南部的风土人情和当时的社会环境。

The Adventures of Tom Sawyer is a novel written by American author Mark Twain. Published in 1876, the story follows a young boy named Tom Sawyer and his adventures in a small town on the Mississippi River called St. Petersburg, which is based on the town where Mark Twain spent his childhood. Through Tom Sawyer's story, Mark Twain presents the customs and social environment of the 19th-century American South.

《汤姆·索亚历险记》是一部充满了幽默和机智的作品，讲述了汤姆·索亚和他的朋友们在小镇上的种种冒险。在这些冒险中，汤姆展示了他聪明、勇敢、有爱心的一面。通过这个故事，我们可以看到，无论是汤姆还是其他的角色，他们都是普通的人，有着喜怒哀乐，有时也会犯错。但是，他们从错误中学习，不断成长。

The Adventures of Tom Sawyer is a humorous and witty work, telling the various adventures of Tom Sawyer and his friends in the small town. In these adventures, Tom shows his intelligence, courage, and compassion. Through this story, we can see that whether it is Tom or other characters, they are ordinary people with emotions, and sometimes they make mistakes. However, they learn from their mistakes and grow continuously.

在这部小说中，我们还可以了解到19世纪美国南部的一些文化和历史背景。例如，当时的美国南部还存在着奴隶制度，贫富差距很大。这些背景信息可以帮助我们更好地理解故事中的人物和情节。

In this novel, we can also learn about some of the cultural and historical backgrounds of the 19th-century American South. For example, the southern United States still had a system of slavery at that time, and there was a significant gap between the rich and the poor. This background information can help us better understand the characters and plots in the story.

希望大家在阅读《汤姆·索亚历险记》的过程中，能够深入了解作品背景和马克·吐温的创作意图。在接下来的学习中，我们将一起探讨这部小说的主题、角色和情节，同时学习相关的英语知识和写作手法。希望大家能够在阅读这部经典名著的过程中，不仅提高英语水平，还能领略到19世纪美国南部的风土人情和历史背景。

We hope that you can gain a deeper understanding of the background of *The Adventures of Tom Sawyer* and Mark Twain's creative intentions while reading the novel. In the following learning, we will explore the themes, characters, and plots of this novel together, and learn related English knowledge and writing techniques. We hope that you can not only improve your English level, but also appreciate the customs and historical background of the 19th-century American South through reading this classic novel.

- -

果然，ChatGPT的知识库很强大，它不只是读过这本书，对书籍创作背景的理解也非常准确，并且按照中小学生的理解能力，进行了语言调整。接下来，厂长跳过1.2，直接进入1.3，再挑战一下ChatGPT，让它根据书中的文字，直接提炼词汇、语法和句型，看它能否像一名老师一样，拆解、提炼书中的内容，讲给学生们听。

提示词：

1.3

ChatGPT：

1.3《汤姆·索亚历险记》英语知识学习（词汇、语法、句型等）

在阅读《汤姆·索亚历险记》的过程中，我们会遇到很多有趣的英语词汇、语法和句型。让我们一起学习一些在这部小说中常见的英语知识，这将帮助大家更好地理解故事内容。

While reading *The Adventures of Tom Sawyer*, we will come across many interesting English vocabulary, grammar, and sentence structures. Let's learn some common English knowledge found in this novel together, which will help everyone better understand the story.

词汇（Vocabulary）：

1. adventure - 冒险：一种充满刺激和未知的经历或活动。

例句：Tom and Huck went on many adventures together.

翻译：汤姆和哈克一起经历了许多冒险。

2. treasure - 宝藏：隐藏的、具有很高价值的物品。

例句：They found a treasure chest full of gold coins.

翻译：他们找到了一个装满金币的宝藏。

3. mischievous - 淘气的：喜欢捉弄人、调皮的。

例句：Tom Sawyer was a mischievous boy who loved to play pranks on others.

翻译：汤姆·索亚是一个爱捉弄别人的淘气男孩。

语法（Grammar）：

1. 一般过去时（Simple Past Tense）：表示过去发生的动作或状态。

例句：Tom painted the fence.

翻译：汤姆刷了篱笆。

2. 过去进行时（Past Continuous Tense）：表示过去某个时间正在进行的动作。

例句：While Tom was painting the fence, his friends were playing outside.

翻译：当汤姆正在刷篱笆时，他的朋友们在外面玩耍。

句型（Sentence Structures）：

1. 否定句（Negative Sentences）：表示否定意义的句子。

例句：Tom didn't want to paint the fence.

翻译：汤姆不想刷篱笆。

2. 疑问句（Interrogative Sentences）：表示提问的句子。

例句：Did Tom finish painting the fence?

翻译：汤姆刷篱笆刷完了吗？

通过学习这些词汇、语法和句型，大家将更好地理解《汤姆·索亚历险记》的故事内容。在阅读过程中，请大家尝试识别这些英语知识，并将它们应用到自己的写作和口语练习中。

By learning these vocabulary, grammar, and sentence structures, everyone will better understand the story content of *The Adventures of Tom Sawyer*. During the reading process, please try to identify these English knowledge points and apply them to your own writing and speaking practice.

在接下来的章节中，我们将进一步深入分析这部小说的角色、情节和主题，同时学习更多有趣的英语知识。希望大家在阅读《汤姆·索亚历险记》的过程中，不仅能提高英语水平，还能更好地了解这部作品的故事内容和背后的文化历史。

In the following chapters, we will further analyze the characters, plots, and themes of this novel, and learn more interesting English knowledge. We hope that you can not only improve your English level but also better understand the story content and cultural history behind *The Adventures of Tom Sawyer* while reading it.

请继续关注本课程，和我们一起学习更多精彩的英语知识和名著故事。祝大家学习愉快！

Please continue to follow this course and learn more fascinating English knowledge and classic stories with us. We wish everyone a happy learning journey!

- -

ChatGPT再一次很好地完成了任务。不过，它列举的内容比较少，而且未必是你想要的。没关系，你只要继续向它提问，告诉它应该如何调整和优化，它就会不知疲倦地输出内容，直到让你满意为止。

上面我们演示的，是根据已经在它知识库中的信息，来生成的课程内容。如果你想做的课程，是你原创的，ChatGPT并不知道，该怎么办？相信很多同学会有这个困扰，不知道如何举一反三。

其实道理是相通的，在上面的例子中，那些名著只是你的素材，而你要做的事情——名著阅读课程，ChatGPT也是并不知道的。你只是通过正确的思路，加上提出正确的问题，再辅以正确的调教，来引导ChatGPT输出而已。

同样的，例如你要做创富课程，你也一定有依据、有素材、有案例，对不对？总不可能每一个字都是"前无古人"吧？把这些内容，通过正确的提问方式，从ChatGPT的"人类知识宝库"中挖掘出来，然后把你想做的事情告诉它，它就能摇身一变，成为你课程设计的卓越助手。

我们进一步拓展，如果你要做的是直播课程，或者线下课程，ChatGPT还可以针对教学方法、课堂互动环节设计、主题讨论内容等，为你提供切实有效的建议。

厂长希望你掌握的，不是一两个具体的技巧，而是希望你以法悟道，信手拈来。

◆ **陈一迅：把无限游戏进行到底，AI超级个体才不当NPC** ━━━━━━

要说我的私域里，谁是最爱折腾AIGC英语教育从业者，那非陈一迅莫属。

陈一迅，本名贝纳，我和她早在2019年就认识了。那时，我运营的"轻课"App，急需寻觅一名课程研发IP，要求既有一线教学实战经验，又懂教学理念，同时具备互联网产品运营经验，最好还得是名校毕业。

机缘巧合之下，我在招聘平台上找到了一迅，互相添加了微信。她当时在上海一家教育互联网公司任职，从事英语课程研发工作，播放量、销量、口碑都还不错。

后来，一迅成了我的私董。用她的话说，就是"IP种下的草，终究会生根、会发芽、会开花"。

曾经，作为英语课程研发和项目主理人，一迅每天要花大量的时间，进行竞品分析、对标课程体系。一边要打造优质教学团队，一边还要协同团队研发课程，忙得不可开交。

而ChatGPT的横空出世，让一迅这位事必躬亲的教书匠，宛若添了个机器猫助手。与其迁延等候，不如拥抱相守。

下面，就是这位英语教师，成为一名"AI超级教师"的核心招式。

小而美的教育机构、独立教师群体，这样借势AI

在ChatGPT发布之后的一段时间里，它的知识库只更新到2021年9月，不能联网获取最新信息，这给很多任务的处理都带来了不便。尤其是教育工作者，对内容的时效性要求比较高。

当时一迅为了解决这个问题，还专门安装了一款插件"WebChatGPT"。借助这个插件，ChatGPT可以在英语教学场景下，做更多的事情。

在招聘英语教师时，她会先在一些知识问答平台上，找到一个高赞的教师画像，把网址链接复制下来，然后让ChatGPT读取这个网页，分析这些画像，结合英语教师这个特定岗位，帮她写出超高质量的岗位描述。而读取网页的方法也很简单，在提示词的末尾加上"/page:链接"即可。

在调研竞品时，也可以借助这个插件，快速整理对方课程或教材的特点。

如果你想把ChatGPT工作流和搜索引擎结合起来，还可以使用另一款插件"ChatGPT for Google"，在页面左右两边，分别展示搜索引擎的结果和ChatGPT的回答。

而在备课过程中，AI也可以作为一名教书匠分身，帮你激发灵感。这时一迅会使用ChatPDF，上传一份教材，让AI来帮她进行梳理信息，甚至制作出一份教学大纲初稿。她说，除了上传文档外，ChatPDF的核心使用方法和ChatGPT差不多。

随着2023年5月ChatGPT的一次大更新，OpenAI官方直接开放了联网和插件功能，这让一迅的工作流程又得到了进一步的优化。

AI超级教师的核心招数：备课多用AI，效率胜人一筹

（1）用好AI，为学生定制私人题库

在英文阅读理解上，一迅会向Notion AI或ChatGPT，投喂一篇阅读理解文章，让AI找出答案，这些答案一般就是考点。然后，她会让AI围绕这些考点，重新生成一篇新的文章，甚至可以根据考生的知识掌握情况，来选择不同的文章主题，直击考点。

当然，如果已经明确知道了考点，也可以直接提交给AI，后续流程相同。

没错，她为学生定制了私人题库。

（2）快速生成双语故事导读卡片

对于故事型的课文内容，一迅会使用Tome输入故事文本，快速生成图文并茂的幻灯片。如果想要根据学生年龄来调整画风，她就会在Tome上启用DALL-E2来完成绘图。

（3）沉浸式图文例句打磨

在英语教学中，不少单词和语料，是介于抽象和具象之间的，如果只是结合上下文来阅读，很难准确理解。如果能配上一张图片，就再好不过了。

如果搜不到合适的图片，一迅就会用前沿的AI绘图工具，给晦涩的语料补上图示。

举个例子。

国家地理的原版英语教材《READING EXPLORER 5》中，有个语块较为令人费解：the roots of trees that penetrate the rock（穿透岩石的树根）。虽然生词"penetrate（穿过、击穿、刺穿）"也可以借助动作来诠释，但不是每个学生都是动觉型学习风格，所以精准的图示意义非凡。

一迅会选择一款AI绘图工具，例如Lexica，把语料作为提示词输入，等待出图。从给出的图片中，挑选一张明快鲜活、引人入胜、一看就懂的图片，用作句意展示。

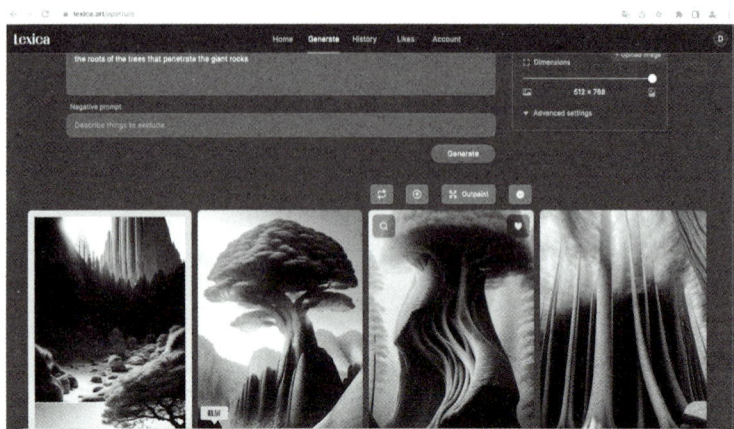

学生的学习风格万万千，用好AI，可以让学习过程更轻松，记忆也更持久，何乐而不为？

一迅的AI调教心法：结构化思维，好问题成就好答案

AI纵使千般好、万般妙，也需要超级个体的结构化思维引领。更多时候，AI能够到达什么高度，全看调教方法的优劣。

例如ChatGPT这样的自然语言模型，本质上还是一个数学模型。所以，你要把它当成一个理工科的天才少年，去沟通、去交谈、去训练。说到底，掌握了结构化的调教思维，就可以吃到ChatGPT的红利。

一迅最爱用的结构化提问法，当属营销大师Simon Sinek的黄金圈法则：what, how, why。

ChatGPT的"母语"是英语，所以实际提问时，可以微调黄金圈法则的顺序，按照why, what, how的顺序，来精心设计每一个提示词，让你开门见山、开篇明义、一语中的，三言两语得到精准答案。

例如，前边提到的，根据已有文章，让AI找答案，再用答案生成新文章的这个场景，一迅是这样提问的：

WHY—— 开门见山谈需求：I want you to help me generate a new passage like this.（我想让你生成一篇这样的文章）

WHAT——输入样本指明道路: Here comes the passage.（这篇文章是这样的）

HOW——明确任务尽量细化：

（1）Get the answers to the questions first.（先解出答案）

（2）Generate a different passage on a new topic with the same answers.（重新生成一篇文章，包含相同的答案）

通过以上提问结构，你一定能得到更加准确的回答。如果你想更进一步，一迅还有一套升级版。

除了黄金圈法则涉及的why, what, how这三项，提问时，你还可以补充who和where两个要素。

所谓who，即"身份"。你可以定义ChatGPT的身份，也可以交代提问者的身份。

"where"可以理解为抽象意义上的"用途"，或者是"使用场景"。

在前面这个例子中，要想加上这两个要素，你可以这样说：

You're a teacher. Can you provide another passage with the same answers so that students can get more practice?

（你是一位老师。你可以使用相同的答案，撰写一篇新的文章，以便学生可以获得更多的练习吗?）

在具体使用过程中，一迅还总结了几个小贴士：

a. 注意连贯，上下文需要有关联。提问时记得环环相扣，在前文的基础上延展或者关联。如果偶尔"串台"或者思维过于跳跃，导致ChatGPT无法很好处理的话，可以修改提示词重新提交，或者索性重新开一个对话。

b. 这里使用的属于长提示词，所谓长提示词，就是在一段话中，一次性把指令和要求全部告诉ChatGPT。长提示词就像是一串葡萄，自上而下用总分的结构排布开，提示线索可以层层叠加、逐渐细化。

c. 当ChatGPT输出的回答让你满意时，你可以"夸夸"它，给它"点赞"。虽然ChatGPT没有情绪，但你的这个行为，相当于给它提供了正向反馈，这样它就会知道你的喜好，也更容易和你同频，让你收获青出于蓝而胜于蓝的意外之喜。

一迅的未来规划：拥抱AI带来的不确定，乘风而起

无论是独立教师也好，小而美的机构也罢，AI都可以让你把每一个灵光乍现的想法具象化，加速放大自己的价值。

但你也不能忽视"人"在这个过程中的重要性，绝不能因为有了AI，就变得懒惰。

AI是"遇强则强"，超级个体的能力和心力，决定了AI可以帮助我们走多远。个体思维是否缜密、结构化、系统化，逻辑是否清晰，表达是否精准，系统知识是否完备，决定了AI输出水平的高低。

因此，AI一方面成就超级个体，另一方面也不断激励超级个体，进行更加深入的思考。

一迅表示，有幸生活在这样一个时代，看AI瞬息万变，给我们的生活带来各种可能性。我们应当像孩子一样，满怀好奇心、信心，去努力、去实践，去见证、去面对AI给我们带来的便利、欣喜与狂欢。

不确定，正是AI的魅力所在。生活在和AI共命运、同发展的时代，本就是福气。

在这场AI的无限游戏中，没有一个超级个体甘心当NPC，主动参与，热情输出，祝你我不下牌桌。

大势已来，上下求索，投石问路，源头活水，汩汩而来。

数字人助阵：为你节省百倍精力

一次较真，让我发现"AI 数字人"的机会

作为一名全网百万粉丝的IP，同时操盘十多个明星IP项目的操盘手，"如何把24小时用到48小时的效果？"是我一直思考的问题，我也一直在寻找能够提升内容生产效率的方法。

直到某一天，我快速看完刘润的20多条视频后。我注意到，刘润每天都是同样的衣服、同样的发型、同样的姿势动作、就连画质和打光都完全不变。可如果是批量拍摄，又不可能做到提前2周预判今天的热点。

"这些视频背后，是不是有什么新技术，是不是一个足以颠覆当前内容生态的机会？"

在大量调研和咨询后，我找到背后的秘密——"AI数字人"。通俗点说，就是利用AI算法生成逼真的虚拟人物，匹配文字和音频，最后生成效果近似实拍的视频。

带着对新技术的好奇，我开始寻找AI数字人的相关供应商和从业者，希望能将其应用到我的IP内容创作中。很快我就发现，得益于AI的飞速发展，原本动辄50万、100万的数字人定制生成服务，已经有了平价的产品。

100 个 80 分和 1 个 98 分，你会怎么选？

尽管对 AI 数字人充满期待，但在实际的训练过程中，不少难题还是

接踵而至。这里说两个最常见的。

难题一：绿幕很美好，但是不适合 99%小白玩家

关于建模，我有两个选择：绿幕和实拍。

一开始，我倾向于绿幕版本，理由很简单，就是以后可以随意更换背景，相当于一次拍摄，就可以拥有无数的形象，轻松搭建起账号矩阵。但亲自拍摄后，我发现对于小白玩家，如果没有专业的影棚和拍摄，很难拍摄出画质清晰、人物边缘干净的模型，特别是近视眼镜带来的绿光也难以避免。

即使通过租用专业的摄影棚和团队，解决这个问题，那些互联网上人人可下载的背景，也会让我这个"创始人 IP"显得格外廉价。

这就像是80分的数字人。

难题二：声音模拟，不是不能用，也仅仅是能用

当时内测的"声音模拟"，其实是我最期待的功能。如果能用文本直接生成带有情感朗读的视频，真的可以彻底解放我的时间。可在实际测试后，我发现声音听起来还是很奇怪，与其说是模拟我的声音，不如说是抖音上烂大街的 AI 音频，只是加了一点肖厂长的音色。如果我用这个功能做视频，可能50%的粉丝都会取关我吧。

如果你只是用来做个电影解说、生活小妙招讲解，那绰绰有余，但一个好的IP是立体的，你的声音也是你IP的重要组成部分。AI能模仿你的音色，但是你的语气、你的停顿、你的各种即兴表达，现在它模仿得还不到位，听起来有很强的机械感。熟悉你的粉丝一听就知道是假的，贸然采用AI合成语音，将会对你的品牌产生负面影响。

"一个 98 分的数字人，远胜过 100 个 80 分的数字人。"我最终选择了"实景拍摄训练数字人+人工录音驱动生成视频"的模式，来生成一个

98分的数字人。

在这里我要解释一下，我没有选择绿幕和声音模拟，只是因为它不太符合我对内容的要求和创始人 IP 的人设，不代表它不适合其他人。

拿声音模拟举例，如果你的产品能出海，声音模拟可能就非常适合你。你可以让ChatGPT把脚本翻译成外语，借助声音模拟，用你的音色把脚本讲出来，帮你把产品销往全球。因为你讲的是外语，用户对你的声音就没有那么敏感，反而AI生成的音频在语言表达本身上会更标准一些。

其次站在发展的角度，AI 技术一定是在飞速进步的，毕竟 2 年前没有人会想到昔日的聊天机器人可以进化成强大的 ChatGPT。

只要你对 AI 技术始终保持开放和学习的心态，就可以收获功能更加强大的数字人。

AI 给你有多少回报，更多取决于你自己

在得到满意的训练模型后，我马不停蹄地运用起来，并且很快得到了回报：

回报一：只要两小时，搞定一周两次的课程录制

超级个体在内容交付的过程中，录制课程视频是极其消耗IP时间的一件事情。厂长去年发布的"小而美创富圈"，就承诺了108招的课程交付，这么庞大的课程输出，都需要我亲自录制讲解。出于对课程整体质量的严格要求，每次录制我和团队都要浪费大量的时间在打光、布景、调试上。有了数字人以后，原本一周占用两个下午的录制，现在我只要抽些碎片时间，找个安静的地方录制音频就好了，加起来也不超过两个小时。

在"小而美创富圈"中，我的数字人代替我完成了几十节课程的视频录制。这让我能够将更多的时间和注意力，投入提高课程质量和扩大业

务规模上。

回报二：打破时空限制，随时生成优质内容

作为一个高频社交的人，数字人让我不再受到地域的限制，也不用随身带着相机、灯光等设备。发现一个热点，想到一个选题，找个安静的地方，录好音频，发给团队就能快速剪辑，不再因为做线下和交付就耽误内容的制作，这是我以前不敢想的。

回报三：为我提供案例背书，让我人设更加稳固

在这个"人人皆可知识付费"的时代，你做过什么、结果如何，远比你嘴上说的能做什么更有信服力。

我没有将对 AI 的支持停留在口头，在 AI 老板圈的发售中，我就是用 ChatGPT 生成发售信初稿，用数字人制作发售视频，当客户和粉丝看到我在如此重要的环节都使用 AI 工具后，不仅仅是为我的内容和产品带来更多的流量和讨论，更是见证到如何用好 AI，如何通过 AI 成为一个超级个体。

带领恒星私董们，第一时间拥抱数字人

在得知《AI 老板圈发售视频》是数字人制作的后，我的私信当天就爆炸了：

"你这个视频真是数字人吗，不会是为了带货骗我们吧?"

"数字人一个多少钱，是不是很贵?"

"这东西怎么用，能分享下你的说明书吗?"

看到私董们对 AI 数字人的强烈渴望，我组织团队搞了两次线上团购，自掏腰包补贴恒星联盟和 AI 老板圈的私董们，多次组织线上答疑，毫不保留地分享我和团队拍摄、训练数字人的经验教训以及 SOP，希望

私董们不要再踩坑。

在书中分享这段经历，不只是讲解"AI 数字人"这一应用场景。更想告诉你的是，当进入一个新领域，体验一个新技术的时候，我们都应该先将掌握方法论放在首位，解决了方法论问题，将这些目标细化成一个接一个可行的步骤，一切行动才会更加富有成效。

如果你想了解同款数字人和我总结的《数字人拍摄训练 SOP》，扫描下方二维码，关注公众号「私域肖厂长」，发送「数字人」即可领取。

◆ "46"：AI与无人零售深度融合，为"来点东西"插上创新与效率的翅膀

陈秀丽，"来点东西"项目股东，江湖人称"46"。而"来点东西"，是广东地区知名无人零售品牌。

"46"是我的"AI老板圈"私董，我们曾在内部交流上，围绕"AI助力品牌运营策略"进行过交流，后来又围绕"AI在实体零售项目的发展和应用"进行过深度沟通。

这两次交流，也让我了解了一个无人零售项目团队主动拥抱AI的精彩故事。

早先，乘着移动互联网和智能硬件行业的东风，无人零售行业开始蓬勃发展，成为一个高成长的朝阳产业。

2016年，国内大厂纷纷下场布局，抢占这个行业的流量和支付入口。

在资本的助推下，2017年无人零售行业迅速进入繁荣期，以致这个行业产生了大量的泡沫，同时也滋生了竞争乱象。而后，很多品牌由于盲目扩张，资金链断裂，加上基础建设薄弱，运营跟不上，又纷纷倒下。

"来点东西"经住了大浪淘沙，随着市场逐步规范化，在一步步的考验下，从众多品牌中跑出来，走到了广东地区无人零售队伍的前列。

再后来，新冠疫情肆虐，各类"无接触"服务成为主流，反而给无人零售行业带来了大量需求，消费者对无人零售的接受度也越来越高。

从2020年开始，"来点东西"的营收连年翻番增长。2021年同比增长近280%，2022年增长势头更加猛烈。到2023年，仅在东莞本土市场，营收预计就将突破亿元大关。

2023年初，AI技术重磅涌现，其兴起的势头远超人们的想象。

谈起AI，以及AI将给"来点东西"项目带来的机会，"46"难掩兴奋之色。做策略规划工作的她，早已竖起了敏锐的神经。在她眼中，无人零售项目，将是一个和AI深入融合的绝佳载体。

目前，"来点东西"已经开始紧锣密鼓地推动AI在项目上的落地运用，让AI为自己插上创新与效率的翅膀。

AI数字人：扩展销售和营收渠道

2021年，"46"就提出，要建立品牌自媒体矩阵，做"来点东西"直播间，拓展品牌线上的影响力和销售渠道。然而，这个方案在2023年初才开始运营。不是公司不认可这个方案，也并非没有看到趋势和价值，而是因为当时团队的重心全部放在了线下市场开拓上面，精力不济。

两年前，做自媒体矩阵，需要养一个自媒体团队；而今天，AI让这一切可以用低成本、高效率的方式实现。

现在，AI数字人已经部署到了"来点东西"的自媒体矩阵中，他们瞬间多了很多个AI销售分身，让品牌和商品得以7*24小时曝光和售卖，并且商品品类也由标品拓展到了非标品类，甚至覆盖了本地生活。

"来点东西"正在为各个主播分别配置一个AI数字人，让他们不受时间和空间的限制，为品牌和业务布道。

引入AI这位创新、决策"合伙人"

"46"提到，做决策的时候，人们往往会受到个人经验和所处位置的影响，很容易出现争执和分歧。如今，他们团队多了一位"第三者"，让ChatGPT扮演"AI合伙人"，提供足够客观的分析和建议，不仅大幅提升了决策效率，还降低了决策失误的概率。

此外，创新是"来点东西"一如既往的主题，团队每周都会开共学会。"AI合伙人"还是他们头脑风暴的好帮手，它有最强的大脑，还有极强的创新能力，每次都能给他们带来很多启发。

最后，这位"AI合伙人"还承担着外援导师的角色。"来点东西"是一个强调成长的公司，不可否认，这两年项目的快速发展，会带来很多力不可支的时候。他们会考虑从外部引入人才，来弥补团队的短板，但外部人才的培养成本非常高。如今，有了AI这位外援导师，员工可以随时随地向它请教，和它互动，团队的成长速度提升了很多倍。

并且，随着他们和AI的不断交互，这位导师也越来越懂他们，越来越懂项目，越来越能够提供有针对性的回答。"46"说："我们现在越来越离不开它了。"

AI智能客服，降低用人成本&交互摩擦成本

"46"提到，他们搭建起了一套AI智能客服系统，这大大提升了他们和消费者、合作伙伴之间的交互效率，将客服的边际成本无限降低至接近于零，还提升了服务满意度。

除了AI客服"小来"，他们还建立了内部数据库，让AI来实现数据反馈、更新、共享。不论是在组织内部，还是在外部合作上面，AI都能够减少交互摩擦成本，达到降本增效的效果，让更多资源能够向创新和发展上倾斜，解放生产力。

根据他们内部数据统计，部门的用人成本可以节约30%~50%，成本降低的情况下，人均交付效率还有大幅提升。

"来点东西"的未来规划：借助AI"人格形象"，快速抢占消费者的心智

如今，消费者虽然知道无人零售服务，也乐于尝试，却对提供服务的品牌没什么印象，因为各品牌的基础功能都大同小异。据统计，高达80%的消费者，甚至不能说出任何一个无人零售的品牌名字。

而在AI浪潮下，谁能最先将AI人格化，谁就可以快速抢占消费者的心智。

AI除了在后台进行优化，例如优化动线、偏好匹配、商品陈列、价格调整、优惠策略等，也可以跳到前台。

用户在购物时，AI可以和他进行对话，回答和解决关于商品的问题，并和顾客进行情感交互，使无人零售不再冷冰冰。这些AI技术的应用，都可以提升用户的消费感知和品牌忠诚度。

"46"说，在这个方面，"来点东西"也正在夜以继日地探索，加快

落地应用的脚步。

拥抱AI，帮助无人零售行业共建生态

"46"认为，在不远的将来，万物互联将成为现实。

她说，以前，智慧城市在我们的嘴上、脑中，而今，无人零售行业在AI的加持下，将更快融入智慧城市建设，提高城市的智能化和便利性，同时满足消费者的个性化需求和偏好。

为了让这一天早日到来，她发起了"来点咚嘻"无人零售联盟，邀请无人零售行业的从业者，借助AI的力量，共建无人零售生态。

我问她，对那些辛苦耕耘、一步一个脚印成长起来的实体从业者，有没有什么好的建议。她说当然是要格外重视AI，这将是实体从业者前所未有的好机会。在AI的加持下，你可以在组织变革、产品优化、技术升级、市场营销、运营管理、创新开拓等方方面面寻求突破。过去让你困惑的行业难点、挑战，如果你能带着AI重新审视一遍，很可能会有惊喜。

在AI的势能下，无人零售，甚至整个实体行业，都将被重塑。

05

管理篇
——让 AI 成为管理智囊团，助你风生水起

招聘神助攻：锁定优质人才，助力业务增长

虽然本章节是讲招聘的，但是厂长要提醒你，对于超级个体而言，招聘并不总是必要的。因为超级个体，更注重的是核心能力，而这些核心能力，往往是个人所拥有的。

一般情况下，只有在你需要一些有其他核心能力的人，并且是长期需要的时候，我才建议你招聘全职的团队员工。如果是一些不太复杂的能力需求，可以通过兼职的方式来搞定。此外，如果需要使用一些高手的能力，你还可以通过"轻合伙"的方式来完成。

因此，一个超级个体团队，往往只需要不到20个人、10个人、5个人，甚至1个老板、2个助理，就可以构建起一支超强战力又极其灵活的"特种部队"。

我希望你能先明确这一点，再继续读下面的内容。

◆ 招聘JD（职位描述）：精准锁定优质人才

在招聘JD撰写这个任务上，你需要向ChatGPT交代你的行业、领域、需要招聘的岗位名称和级别、主要职责、任职要求、福利待遇等信息，只要是你能想到的，都尽量告诉它，以便它给出更优质的内容。

此外，你可以指定JD中需要包含哪些模块。你也可以告诉它，你想要它尽量详细，还是尽量精简。

值得注意的是，厂长建议你限制它的开放程度。开放程度是指，是

否允许ChatGPT自行扩展其他要点。如果你提供的信息已经非常详尽，你可以说"对于我没有提到的部分，请不要放在JD中"，而如果你只提供了简要的信息，或者你也不确定是否足够全面，你可以说"对于我没有提到的部分，请参考并使用其他相同领域、相同岗位JD的规范和最佳实践"。

接下来，厂长举三个例子，分别覆盖不同行业、不同岗位，提供的信息多少也不同。帮助你触类旁通、举一反三。

（1）手游产品经理岗位

提示词：

我的公司专注于手游领域，公司一共20人，属于小型公司，现在需要招聘一位产品经理。人选需要具备5年以上工作经验，其中要有手游领域产品经理岗位的3年以上经验。公司可以提供的福利包括：五险一金、带薪年假、免费班车、弹性工作、定期体检。公司文化和价值观是：客户导向、创新进取。薪酬范围是：年薪25~35万。学历要求本科及以上。

请为我编写一份完整的岗位JD。

JD中需要包括这些模块：岗位职责、任职要求、薪酬范围、公司福利。对于我没有提到的部分，尤其是岗位职责和任职要求部分，请参考并使用其他手游领域公司中的产品经理岗位JD的规范和最佳实践。要求这份JD尽量详细，每个模块中的内容不少于7条。

ChatGPT：

岗位名称：产品经理（手游领域）

岗位职责：

1. 负责手游产品的需求分析、概念设计、功能优化和版本迭代，持续提高产品的用户体验和满意度。

2. 跟踪和分析手游市场及竞品动态，挖掘潜在的市场机会，为产品战略提供依据。

3. 与研发、设计、运营等部门紧密合作，确保产品按照既定的时间和质量目标顺利推进。

4. 梳理和优化产品业务流程，制定并跟踪执行产品规划，确保达成项目目标。

5. 制定和实施产品测试方案，确保产品质量及性能指标符合预期。

6. 负责产品线的商业化，与市场部门合作制定并实施产品营销策略。

7. 收集并分析用户反馈，定期向公司领导汇报产品运行情况及改进计划。

任职要求：

1. 本科及以上学历，计算机、软件工程或相关专业优先。

2. 5年以上工作经验，其中至少3年手游领域产品经理经验。

3. 熟悉手游市场和产品趋势，具备丰富的竞品分析经验。

4. 具备优秀的沟通协作能力，能够带领团队跨部门合作，推动项目高效执行。

5. 对用户体验有深刻理解，具备较强的产品设计、交互设计和用户研究能力。

6. 具备敏锐的商业意识，能够有效制定和实施产品商业化策略。

7. 具备良好的问题分析和解决能力，能够承受工作压力。

薪酬范围：

年薪25~35万元，具体面议。

公司福利：

1. 提供五险一金（养老保险、医疗保险、失业保险、工伤保险、生育保险、公积金）。

2. 提供带薪年假，享受国家法定节假日。

3. 免费班车接送，上下班通勤便利。

4. 弹性工作制度，保障员工工作与生活平衡。

5. 提供定期体检服务，关注员工健康。

6. 提供丰富的团队建设活动，增强团队凝聚力。

7. 倡导客户导向、创新进取的企业文化，为员工提供良好的成长空间和职业发展机会。

ChatGPT完全理解了我们的指令，并生成了一份不错的JD，但是却把公司文化放在了公司福利中，厂长让它修改一下。

提示词：

公司福利中的企业文化和价值观，请放到任职要求中，把表述方式修改为希望式。

ChatGPT：

岗位名称：产品经理（手游领域）

岗位职责：

1. 负责手游产品的需求分析、概念设计、功能优化和版本迭代，持续提高产品的用户体验和满意度。

2. 跟踪和分析手游市场及竞品动态，挖掘潜在的市场机会，为产品战略提供依据。

3. 与研发、设计、运营等部门紧密合作，确保产品按照既定的时间和质量目标顺利推进。

4. 梳理和优化产品业务流程，制定并跟踪执行产品规划，确保达成项目目标。

5. 制定和实施产品测试方案，确保产品质量及性能指标符合预期。

6. 负责产品线的商业化，与市场部门合作制定并实施产品营销策略。

7. 收集并分析用户反馈，定期向公司领导汇报产品运行情况及改进计划。

任职要求：

1. 本科及以上学历，计算机、软件工程或相关专业优先。

2. 5年以上工作经验，其中至少3年手游领域产品经理经验。

3. 熟悉手游市场和产品趋势，具备丰富的竞品分析经验。

4. 具备优秀的沟通协作能力，能够带领团队跨部门合作，推动项目高效执行。

5. 对用户体验有深刻理解，具备较强的产品设计、交互设计和用户研究能力。

6. 具备敏锐的商业意识，能够有效制定和实施产品商业化策略。

7. 具备良好的问题分析和解决能力，能够承受工作压力。

8. 期望候选人具有客户导向和创新进取的价值观，积极参与公司文化建设，推动团队不断进步。

薪酬范围：

年薪25~35万元，具体面议。

公司福利：

1. 提供五险一金（养老保险、医疗保险、失业保险、工伤保险、生育保险、公积金）。

2. 提供带薪年假，享受国家法定节假日。

3. 免费班车接送，上下班通勤便利。

4. 弹性工作制度，保障员工工作与生活平衡。

5. 提供定期体检服务，关注员工健康。

6. 提供丰富的团队建设活动，增强团队凝聚力。

（2）平衡车质量体系工程师

在这个例子里，厂长假设自己不懂职位，没法给出详尽的职责、技能要求，希望把更多的工作交给ChatGPT来完成。

提示词：

我的公司专注于研发和制造平衡车，属于中型公司，现在需要招聘一位质量管理体系工程师。人选需要具备3年以上工作经验，必须熟悉平衡车领域的质量体系规范。薪酬范围是年薪20~25万。请为我编写一份完整的岗位JD。JD中需要包括这些模块：岗位职责、任职要求、薪酬范围。对于我没有提到的部分，尤其是岗位职责和任职要求部分，请参考并使用其他相关领域公司中的质量管理体系工程师岗位JD的规范和最佳实践。要求这份JD尽量详细，每个模块中的内容不少于7条。

ChatGPT：

岗位名称：质量管理体系工程师

岗位职责：

1. 负责公司质量管理体系的规划、建设、实施、维护与改进，确保平衡车生产符合相关质量标准和客户要求。

2. 深入了解平衡车行业的质量管理规范和最佳实践，为公司提供专业的质量管理建议。

3. 负责组织内部质量审核，对存在的问题进行分析、整改并跟踪改进效果，确保质量管理体系的持续改进。

4. 负责与供应商、客户和认证机构沟通，确保产品质量达到国际和行业标准。

5. 负责监督和指导生产现场的质量控制工作，包括原材料检验、生产过程控制和成品检验。

6. 参与产品设计和生产工艺的评审，提出质量风险评估，并提供相应的质量控制措施。

7. 负责质量管理体系的培训工作，提高公司全员的质量意识和质量管理水平。

任职要求：

1. 本科及以上学历，机械、电子、自动化等相关专业。

2. 3年以上平衡车行业质量管理体系工程师工作经验，熟悉平衡车领域的质量体系规范。

3. 熟悉ISO9001、IATF16949等质量管理体系标准，具有内审员资格者优先。

4. 具备良好的沟通协调能力，能够与跨部门团队合作，解决质量问题。

5. 具备较强的数据分析、问题分析和解决能力，熟练使用质量管理工具（如FMEA、8D报告、SPC等）。

6. 良好的英语读写能力，能够阅读英文技术资料和质量标准，与国际客户和供应商进行沟通。

7. 具有高度的责任心和良好的团队合作精神，能承受一定的工作压力。

薪酬范围：

年薪20万~25万（根据个人经验和能力面议）

我们提供具有竞争力的薪资待遇、良好的工作环境和发展空间。如果您具备上述任职要求，并对这个岗位感兴趣，请将您的简历发送至我们的招聘邮箱，我们期待您的加入！

- -

（3）教培课程顾问

这次，厂长扮演一位懂行的人，已经有很多明确的要求，但比较零碎，希望ChatGPT整理规范。

提示词：

我是一家教培机构的老板，现在需要招聘一位英语课程顾问。人选需要具备5年以上同类工作经验。必须具备良好的英语语法、词汇、听力和口语能力，以便能够向学员提供专业和具体的建议和支持。要求具备优秀的沟通和协商能力，以便和学员或家长进行无障碍沟通，并为他们提供个性化的服务和建议。要求CET-6 550分以上或通过专八。要求语言类或文学类专业本科及以上学历。这个岗位的主要任务是销售，日常主要负责接待学员和家长、介绍公司和课程情况、制定专属学习方案，并通过各种方式促成购买；次要任务也包括协助进行市场推广和宣传，以便吸引更多的潜在客户。薪资面议。

请为我编写一份完整的岗位JD。

JD中需要包括岗位职责、任职要求。对于我没有提到的部分，请不要放在JD中。要求这份JD尽量详细，每个模块中的内容不少于7条。

ChatGPT：

岗位名称：英语课程顾问

岗位职责：

1. 接待学员和家长，为他们提供专业、热情的咨询服务。

2. 向学员和家长详细介绍公司、课程、师资以及教学环境等方面的情况，根据他们的需求提供个性化的服务和建议。

3. 根据学员的实际情况制定专属学习方案，解答学员和家长在英语学习过程中遇到的问题。

4. 通过电话、网络等各种方式跟进潜在客户，了解客户需求，促成购买。

5. 协助进行市场推广和宣传活动，提高公司知名度，吸引更多的潜在客户。

6. 保持与学员和家长的良好沟通，了解他们对课程的满意度，及时调整学习方案。

7. 定期汇报工作情况，为团队提供反馈，共同提高团队的整体业绩。

任职要求：

1. 本科及以上学历，语言类或文学类专业背景。

2. 具备5年以上英语课程顾问或相关岗位工作经验。

3. CET-6 550分以上或通过专八，具备良好的英语语法、词汇、听力和口语能力。

4. 具备优秀的沟通和协商能力，能与学员和家长进行无障碍沟通。

5. 具有良好的团队合作意识和服务意识，能够在团队中发挥积极作用。

6. 能够承受一定的工作压力，具备良好的抗压能力和自我调节能力。

7. 对英语教育行业有热情，有教育培训机构工作经验者优先。

薪资待遇：面议

备注：请根据以上岗位职责和任职要求，确保您的申请符合我们的要求。我们期待与您共同合作，为学员提供优质的英语教育服务。

- -

ChatGPT出色地理解了厂长的零碎描述，条理清晰地整理出了一份JD。在这个例子中，因为我已经提供了非常丰富的信息，所以我限制了它的开放程度。它给出的内容都是基于我已有信息进行的拓展。

◆ **招聘广告：快速吸引心仪人选**

招聘广告和岗位JD，在很多地方是相通的，区别在于JD更为规范，需要给出更清晰的职责和要求描述，而广告则只给出核心要求即可，更多侧重于吸引力打造。因此，在广告这个场景下，你不必向ChatGPT提供特别详细的职责和要求，只需要把最核心的内容告诉它，并且说明广告的受众和风格，就可以了。一定要避免用做JD的思路来做广告。

厂长还是落到一个具体的场景中来说明。例如，你需要招聘一名直播运营官。

提示词：

我是一个20人团队的老板，主要做化妆品直播带货业务，现在需要招聘一名直播运营官。这个岗位最重要的是要熟悉直播平台和直播技术，有较强的策划能力与文字功底。我们可以提供的福利包括：丰厚的提成、弹性工作、技能培训。请根据以上信息，撰写一份有吸引力的招聘广告。广告的受众群体是有3年以上直播领域工作经验、具有本科及以上学历、25~30岁的女性。字数要求300字左右，尽量用短语或短句，语言风格要轻松一些。

ChatGPT：

【火爆招聘】你的直播梦想，从这里起航!

职位：直播运营官

团队：20人精英团队

领域：化妆品直播带货

工作要求：

1.3年以上直播行业经验

2.本科及以上学历

3.25~30岁女性

4.熟悉直播平台和技术

5.强大的策划能力与文字功底

福利待遇：

丰厚提成，收入大胜想象!

弹性工作，轻松自在！

技能培训，成为行业精英！

你将负责：

策划直播活动，打造销售佳绩

管理直播内容，确保画面无忧

携手团队，共创辉煌未来！

我们渴望你的加入：

你是直播行业的佼佼者

你对化妆品行业充满热情

你具备出色的沟通和组织能力

你的梦想，我们来一起实现！

优秀团队，等待你的加入！

加入我们，让美丽照进现实！

抓住机会，快速投递简历吧！期待与你携手共创美丽未来！

投递方式：请将简历发送至邮箱：example@example.com

截止日期：2023年4月20日

赶快行动，让梦想起航！

ChatGPT出色地理解了要求，使用短句给出了有吸引力的广告文案。并且基于对轻松风格的理解，它还添加了许多Emoji（表情符号），甚至包括化妆品领域的代表性符号"口红"。我们只要稍加调整，就可以在社交媒体发布，手机浏览效果如下。

不过，细心的同学可能会发现，在上面这个例子中，似乎厂长讲述"背景"和"目标"的时候，有一些穿插。没错，我给你拆解一下。

Background 背景：我是一个20人团队的老板，主要做化妆品直播带货业务，现在需要招聘一名直播运营官。这个岗位最重要的是要熟悉直播平台和直播技术，有较强的策划能力与文字功底。我们可以提供的福利包括：丰厚的提成、弹性工作、技能培训。

Objective 目标：请根据以上信息，撰写一份有吸引力的招聘广告。

Background 背景：广告的受众群体是有3年以上直播领域工作经验、具有本科及以上学历、25~30岁的女性。

Key-Result 关键结果：字数要求300字左右，尽量用短语或短句，语言风格要轻松一些。

你会看到，"背景"出现了两次。这是

因为，第二个"背景"描述的是广告受众，如果严格按照B.O.K.E.的框架，把它们放在"目标"的前边，可能会影响ChatGPT的正常理解。就像这样：

我是一个20人团队的老板，主要做化妆品直播带货业务，现在需要招聘一名直播运营官。这个岗位最重要的是要熟悉直播平台和直播技术，有较强的策划能力与文字功底。我们可以提供的福利包括：丰厚的提成、弹性工作、技能培训。广告的受众群体是有3年以上直播领域工作经验、具有本科及以上学历、25~30岁的女性。请根据以上信息，撰写一份有吸引力的招聘广告。

显然，这样的描述非常奇怪，前一句话还在说岗位，对广告只字未提，下一句话就开始讲广告的受众。类似这样不符合人类语言习惯的表达方式，也很容易对ChatGPT造成困扰。

因此我们把"目标"适当前置一些，在交代部分背景信息后，先告诉ChatGPT我们要撰写一份广告，再补充广告的受众群体。我们可以把ChatGPT看作一位真人助理，用更容易理解的自然语言来提问即可。不必过分拘泥于B.O.K.E.的方法论。

- -

上面厂长讲的是用于社交媒体发布的广告。下面我再举个例子，让ChatGPT生成可以印刷在宣传页上的广告。

在这个例子里，你是一家健身房的老板，想要招聘健身教练。类似这样的岗位，往往职责较为单一，可以不必写在提示词中。你可以提供更多的公司优势、岗位优势等方面的内容，并把字数的控制权更多地交给ChatGPT。

提示词：

我是一家健身房的老板，我们公司有很多吸引点，比如：健身房面积规模非常大、器械种类非常齐全、在籍会员很多、地处市中心核心地段等。我们现在需要招聘一名健身教练。我们可以为这个岗位提供很多吸引点，例如：弹性工作、高端的工作环境、有竞争力的底薪、直系亲属免费享受健身会员等。请根据以上信息，撰写一份有吸引力的招聘广告。这份广告准备印刷在A4纸上，制作成一张传单，请根据你的经验来调整字数和排版。语言风格要富有激情，体现爆炸的力量感。

ChatGPT：

燃烧你的激情！成为我们健身房的核心力量！

亲爱的健身教练们，这里是市中心规模最大、设备最齐全的超级健身房！我们正寻找富有激情、专业能力出众的健身教练加入我们的团队。你是否已经准备好，与我们一起引领健身风潮？

我们的优势：

·市中心核心地段，交通便捷，客流量稳定。

·超大面积健身房，各种器械种类齐全，满足不同客户需求。

·在籍会员众多，锻炼氛围活跃。

为你提供的诱人条件：

1. 弹性工作制：我们非常重视员工的工作与生活平衡，为你提供自由的工作时间，让你安心投入教练工作。

2. 高端的工作环境：我们的健身房环境优雅、设施一流，让你在舒适的环境中展现教练才华。

3. 有竞争力的底薪：我们提供具有市场竞争力的薪资待遇，让你的努力获得应有的回报。

4. 直系亲属免费享受健身会员：让你的家人也能在我们的健身房尽情锻炼，共享健康生活。

加入我们，你将获得：

·与优秀教练共事、共同成长的机会。

·不断提升专业技能的培训机会。

·广泛的职业发展空间，晋升机会多样。

如果你具备以下条件，请抓住这次机会，与我们一起共创未来！

·持有健身教练资格证书。

·优秀的沟通能力和团队协作精神。

·对健身行业充满热情，愿意帮助他人实现健康目标。

加入我们，让激情燃烧，成为健身房的核心力量！

请将简历发送至：[电子邮箱地址]

联系电话：[电话号码]

我们期待着你的加入！

◆ 赵晨：ChatGPT赋能认证咨询行业 ────────

赵晨，睿联质晟创始人，近十年一直深耕于认证咨询行业，专注于中小微企业的服务，目前服务企业数超过2000余家。

我和赵晨的相识，源于我的"AI老板圈"，AI老板圈有大量的内容IP创作者，正在向AIGC（AI Generated Content，利用人工智能技术生成内容）跨越。

但我和赵晨交流下来，发现他公司的业务有点特别，而他使用AI的方法，给我带来了很多启发。

小行业走出来的大机构

大约十年前，赵晨成立了"质嘉工作室"，专门从事体系咨询和培训业务。

业务得到迅速发展后，他又创立了睿联质晟，通过管理咨询、培训、模拟演练等手段，帮助企业削减不良运营成本。2019年，公司年销售额破千万，在天津ISO认证咨询领域名列前茅。2020年，他们更是完成了三个里程碑大事件：上线智能体系咨询软件，推出睿联质晟内控ERP（网络公关系统），成为中国认证认可协会的会员单位。

凭借信息化内控管理及流程风控的咨询优势，他们成功获评国家高新技术企业。

截止到2022年，他们的年销售额突破了1800万，成功助力众多企业完成从粗放式发展向精细化发展转型，也为上下游产业链协同发展奠定了坚实基础。

在谈到今年的憧憬时，赵晨表示公司会通过流程化、标准化、信息化、数据化手段，进一步赋能认证行业及其从业者，计划孵化"智慧认证平台""认证邦"两个项目。

ChatGPT提高效率，赋能行业

刚入行的时候，赵晨认为，认证咨询是个标准化的行业，会使用标准化的工具让体系落地。但随着接触越来越广泛，他发现整个行业并没有基于标准化的评估，反而是依靠咨询师对于体系的理解，然后传递给企业。这可能会给企业带来一定困惑，因为不同的咨询师评估标准不同，很有可能给出不同的调整方向。

另一方面，认证行业将业务范围分成39个大类、615个小类，这也对咨询师准确触达细分领域带来了阻碍。试想如果咨询师都不了解业务，谈何咨询与辅导？

然而，以ChatGPT为代表的AI出现之后，赵晨敏锐地认识到，它可以成为赋能行业的神器。

他举了个例子，让ChatGPT扮演一名资深的认证咨询师，成为自己的强大智囊团。

赵晨：

你了解认证咨询这个行业吗？

ChatGPT：

是的，认证咨询是一种提供组织或企业获得认证资格的咨询服务。认证是指一种正式的评估过程，通过对组织或企业进行审核来确认其符合特定标准或法规的要求。认证通常与产品、服务、流程或系统的质量、环境、健康与安全、信息安全、社会责任等方面相关。

认证咨询机构通常提供以下服务：

1.协助客户了解和选择适合其业务的认证标准和要求。

2.评估客户组织或企业的现状，发现可能存在的问题和改进机会。

3.制订改进计划，帮助客户达到认证标准的要求。

4.协助客户准备认证审核，为客户提供培训和支持。

5.提供认证审核后续的维护和监督服务。

认证咨询行业涉及的标准和法规包括但不限于：ISO 9001（质量管理）、ISO 14001（环境管理）、ISO 45001（健康与安全管理）、ISO 27001（信息安全管理）、SA8000（社会责任）、HACCP（食品安全管理）等。

赵晨：

现在需要对一个制铁企业进行了解，请站在贵企业工程师的角度，介绍一下生铁的制造过程。

ChatGPT：

好的，以下是生铁的制造过程：

1.原料准备：主要原料为铁矿石、焦炭和石灰石。在炼铁前需要对原料进行准备，例如将铁矿石破碎成适当大小的颗粒、将焦炭粉碎等。

2.炼铁过程：炼铁是通过将原料加入高炉内进行还原，最终得到液态生铁。炼铁过程主要分为以下几个步骤：

（1）装料：将经过准备的铁矿石、焦炭和石灰石按照一定比例加入高炉内。

（2）预热：在高炉下部，通过空气和废气预热炉料。

（3）还原：炉料上升至高炉中部，焦炭在高温和高压作用下，与铁矿石发生还原反应，将铁矿石中的氧化铁还原为铁，并与焦炭反应生成一氧化碳和二氧化碳。

（4）熔化：在高炉下部，炉料与下降的熔渣和铁液相接触并混合，同时产生大量的热量，使炉料熔化成液态生铁和炉渣。

（5）除渣：炉渣浮于生铁表面，通过出铁口和出渣口分别将生铁和炉渣分离。

3.晾铁：将生铁倒入铁水罐中，让其自然冷却至室温，得到称为"晾铁"的半成品。

4.过炉加工：晾铁需要进行过炉加工，即通过炉前设备将晾铁加热至适宜温度，然后加入铸型进行铸造成型，最终得到成品铁件。

赵晨：

如果你现在的身份是一位认证咨询师，需要对这家企业进行服务，请写出你认为重要的部分。

ChatGPT：

好的，作为一位认证咨询师，我认为以下几个部分对于这家制铁企业的服务是非常重要的：

1.现有认证情况评估：首先需要对企业的现有认证情况进行评估，包括已经获得的认证类型、认证标准、认证期限等信息。通过评估现有认证情况，可以帮助企业了解自己的认证水平和存在的问题，为后续的认证工作提供指导和依据。

2.认证规划制定：针对企业的现有认证情况和业务需求，需要制定适合的认证规划，包括选择合适的认证标准、认证机构、认证方式等。认证规划需要考虑企业的业务特点、质量管理体系等因素，以确保认证的有效性和可持续性。

3.质量管理体系建设：认证过程中，需要建立和完善质量管理体系，包括文件管理、过程管理、监控和改进等方面。质量管理体系的建设需要结合企业的实际情况和业务需求，制定相应的管理制度和流程，并进行培训和推广。

4.认证申请和审核：在认证规划和质量管理体系建设完成后，需要向认证机构提交认证申请，进行认证审核和评估。在认证过程中，需要提供相关的文件和记录，以证明企业已经建立了符合认证标准的质量管理体系，并通过审核取得认证。

5.认证后续维护和改进：认证并不是一次性的工作，企业需要不断维护和改进质量管理体系，以保证认证的有效性和可持续性。需要建立完善的内部审核和管理制度，开展不断改进活动，持续提升质量管理水平，为企业的可持续发展提供支持。

如果你想再深入一些，可以继续提问，ChatGPT会尽职尽责地扮演智囊团，帮助你快速熟悉某个领域，或者在你已经熟悉的领域内，帮你查漏补缺。

未来，他还会通过AI进一步赋能认证咨询师，也会考虑成立相应的组织或机构，共同探讨AI技术在行业内的应用，进一步为行业内更多的人赋能。

他坚信，只要怀揣着一颗与时俱进的心，勇于拥抱AI，就一定能在大浪潮中得到发展。

全方位面试导师：助你实现人选精准考察

作为超级个体，团队人数往往很少，因此在招聘和面试方面的经验有限。尤其是在面试环节，怎么有效评估候选人，是一门比较深奥的学问，很多工作多年的HR，都无法确保每次评估都是准确的，对于超级个体来说，对人选进行精准考察就更难了。

现在，有了ChatGPT这个"最强大脑"，你的面试门槛将大幅降低。

在面试这个场景中，除了常规的背景信息之外，厂长建议你，告诉ChatGPT你重点要考察哪些方面，这样它给出的内容才会更加具备指导意义。

按照惯例，厂长还是举个例子。例如，你最近投资了一家火锅店，想招聘一名店长。你可以这样询问ChatGPT。

提示词：

我需要招聘一名餐饮店长，负责四川火锅门店的管理。我需要重点考察他们在门店运营、质量控制、市场营销、财务管理、员工培训方面的经验和能力。面试方法是口试。请为我编写一套面试题库，并给出标准答案。要求给出5道问答题。请尽量深入和全面地考察我提供的要点，其他未提及的要点不必包含在题库中。对于没有标准答案的问题，请提供评判依据。

ChatGPT：

问题1：请描述您在餐饮门店运营方面的经验，并提供至少两个您成功提高门店业绩的案例。

评判依据：关注应聘者在运营方面的经验，例如提高营业额、提高客流量、提升客户满意度等。案例应具体、可衡量，并与四川火锅门店相关。

问题2：作为餐饮店长，您如何确保门店食品质量和卫生标准？请举例说明。

标准答案：制定严格的食品质量和卫生标准，定期对员工进行培训，确保员工了解并遵守相关规定。实施定期的质量检查，对供应商进行筛选和监督，确保原料质量。定期对设备和环境进行清洁和保养。

问题3：请分享您成功实施的一次市场营销活动。您是如何规划并执行这个活动的？活动取得了哪些成果？

评判依据：关注应聘者在市场营销方面的经验，如活动策划、目标客户定位、传播渠道选择、成果评估等。案例应具体、可衡量，并与四川火锅门店相关。

问题4：请描述您在财务管理方面的经验。作为店长，您如何确保门店的成本控制和利润最大化？

标准答案：定期审查和分析财务报表，了解门店的营收、成本和利润状况。制定并实施成本控制措施，例如精确预测原料需求、合理制定菜单价格、降低浪费等。同时，通过提高服务质量和市场营销活动来提高门店营收。

问题5：请谈谈您在员工培训方面的经验。您认为哪些培训内容和方法对于提高门店员工的业务能力和服务质量最为有效？

标准答案：对于新员工，进行系统的岗前培训，包括产品知识、操作流程、服务技巧等。对于在职员工，定期进行培训和考核，提高员工的业务能力和服务质量。鼓励员工参与外部培训和行业交流，以提升门店的整体水平。采用实践和互动为主的培训方法，例如模拟实战、案例分析、角色扮演等。

ChatGPT生成的内容质量非常高。对于有标准答案的问题，它给出了标准答案；而对于没有标准答案的问题，它则给出了评判依据。

虽然一开始，厂长要求ChatGPT提供5个问题和答案，但如果你觉得意犹未尽，是可以让它继续往下写的。

提示词：

继续

ChatGPT：

问题6：请描述您在解决顾客投诉和处理突发事件方面的经验。您是如何确保客户满意度的？

评判依据：关注应聘者在处理投诉和突发事件方面的经验，包括快速识别问题、采取有效措施、与客户沟通、跟进处理结果等。同时，了解应聘者在维护客户满意度方面的策略和方法。

问题7：请谈谈您如何激励和管理团队，以提高门店的整体业绩和氛围？

标准答案：建立明确的工作目标和岗位职责，确保团队成员了解期望和任务。采用公平的绩效评估和奖励制度，激励员工的积极性和主动性。关注团队氛围和员工福利，提高员工满意度。定期举办团建活动，增强团队凝聚力。

问题8：请谈谈您在处理员工纷争和解决内部问题方面的经验。您是如何化解这类问题的？

评判依据：关注应聘者在处理员工纷争和内部问题方面的经验，包括判断问题严重程度、进行公正的调查和处理、与员工沟通、预防问题再次发生等。

问题9：请描述您在确保门店遵守相关法律法规和行业标准方面的经验。您是如何确保门店合规经营的？

标准答案：了解并熟悉餐饮行业的法律法规和标准，定期对员工进行培训，确保员工遵守相关规定。与政府部门、行业协会保持良好的沟通和合作，及时了解政策动态。实施内部审计和检查，确保门店各项经营活动符合法律法规要求。

问题10：请谈谈您在提高门店环保意识和实施节能减排措施方面的经验。您是如何推动门店实现可持续发展的？

标准答案：提高员工的环保意识，定期开展环保培训和宣传活动。实施节能减排措施，例如合理使用能源、减少食物浪费、采购环保产品等。关注行业动态，了解并引进新的环保技术和设备。与政府和社会组织合作，参与环保项目和活动。

- -

在上面的案例中，ChatGPT给出了面试问题和评判依据，但是厂长觉得还是不够直观。在真实的面试场景中，无法做到客观地为每个人打分。所以，我想让ChatGPT制作一份评分标准，继续提问。

提示词：

请为以上10个问题分别编写评分标准，从1分到5分，1分最低，5分最高。要求包括对每个分数对应标准的描述。请用一张表格来呈现，表头包括：序号、问题内容、分数、评分标准。请注意，每个问题内容对应着5个分数和相应的评分标准。

ChatGPT：

序号	问题内容	分数	评分标准
1	请描述您在餐饮门店运营方面的经验，并提供至少两个您成功提高门店业绩的案例。	1	经验不足，未提供有效案例。
		2	提供了有限的经验，提供的案例与四川火锅门店关联性较低。
		3	提供了一定的经验，提供的案例与四川火锅门店相关，但成果不够显著。
		4	提供了丰富的经验，提供的案例与四川火锅门店密切相关，展示了显著的成果。
		5	提供了非常丰富的经验，提供的案例与四川火锅门店密切相关，展示了卓越的成果。

续表

序号	问题内容	分数	评分标准
2	作为餐饮店长，您如何确保门店食品质量和卫生标准？请举例说明。	1	未提供确保食品质量和卫生标准的有效方法。
		2	提供了一些基本方法，但未提供具体实施举例。
		3	提供了一定的方法，并提供了实施举例，但未展示系统性和全面性。
		4	提供了全面的方法，并提供了实施举例，展示了较高的质量和卫生标准。
		5	提供了非常全面且具有创新性的方法，并提供了实施举例，展示了卓越的质量和卫生标准。
3	请分享您成功实施的一次市场营销活动。您是如何规划并执行这个活动的？活动取得了哪些成果？	1	未提供有效的市场营销活动案例。
		2	提供了有限的市场营销活动案例，规划和执行过程不详细，成果一般。
		3	提供了一个与四川火锅门店相关的市场营销活动案例，规划和执行过程较详细，取得了一定的成果。
		4	提供了一个与四川火锅门店密切相关的市场营销活动案例，规划和执行过程详细，取得了显著的成果。
		5	提供了一个与四川火锅门店密切相关的市场营销活动案例，规划和执行过程非常详细且具有创新性，取得了卓越的成果。
4	请描述您在财务管理方面的经验。作为店长，您如何确保门店的成本控制和利润最大化？	1	未提供有效的财务管理经验和方法。
		2	提供了有限的财务管理经验，提供的成本控制和利润最大化方法不详细。
		3	提供了一定的财务管理经验，提供了较为详细的成本控制和利润最大化方法，但未展示实际成果。
		4	提供了丰富的财务管理经验，提供了详细且实用的成本控制和利润最大化方法，并展示了显著的实际成果。
		5	提供了非常丰富的财务管理经验，提供了详细且具有创新性的成本控制和利润最大化方法，并展示了卓越的实际成果。

续表

序号	问题内容	分数	评分标准
5	请谈谈您在员工培训方面的经验。您认为哪些培训内容和方法对于提高门店员工的业务能力和服务质量最为有效？	1	未提供有效的员工培训经验和方法。
		2	提供了有限的员工培训经验，提供的培训内容和方法较为基本。
		3	提供了一定的员工培训经验，提供了较为全面的培训内容和方法，但未展示显著的提升效果。
		4	提供了丰富的员工培训经验，提供了全面且实用的培训内容和方法，并展示了较高的员工能力和服务质量提升。
		5	提供了非常丰富的员工培训经验，提供了全面且具有创新性的培训内容和方法，并展示了卓越的员工能力和服务质量提升。
6	请描述您在解决顾客投诉和处理突发事件方面的经验。您是如何确保客户满意度的？	1	未提供有效的解决顾客投诉和处理突发事件的经验和方法。
		2	提供了有限的经验，提供的方法不够全面，对客户满意度的确保程度较低。
		3	提供了一定的经验，提供了较为全面的方法，但未展示显著的客户满意度提升。
		4	提供了丰富的经验，提供了全面且实用的方法，并展示了较高的客户满意度提升。
		5	提供了非常丰富的经验，提供了全面且具有创新性的方法，并展示了卓越的客户满意度提升。
7	请谈谈您如何激励和管理团队，以提高门店的整体业绩和氛围？	1	未提供有效的激励和管理团队的方法。
		2	提供了有限的激励和管理团队的方法，对门店整体业绩和氛围的影响较小。
		3	提供了一定的激励和管理团队的方法，但未展示显著的门店整体业绩和氛围提升。
		4	提供了全面的激励和管理团队的方法，并展示了较高的门店整体业绩和氛围提升。
		5	提供了非常全面且具有创新性的激励和管理团队的方法，并展示了卓越的门店整体业绩和氛围提升。

续表

序号	问题内容	分数	评分标准
8	请谈谈您在处理员工纷争和解决内部问题方面的经验。您是如何化解这类问题的?	1	未提供有效的处理员工纷争和解决内部问题的经验和方法。
		2	提供了有限的处理员工纷争和解决内部问题的经验,方法不够全面。
		3	提供了一定的处理员工纷争和解决内部问题的经验,提供了较为全面的方法,但未展示显著的问题解决。
		4	提供了丰富的处理员工纷争和解决内部问题的经验,提供了全面且实用的方法,并展示了较高的问题解决能力。
		5	提供了非常丰富的处理员工纷争和解决内部问题的经验,提供了全面且具有创新性的方法,并展示了卓越的问题解决能力。
9	请描述您在确保门店遵守相关法律法规和行业标准方面的经验。您是如何确保门店合规经营的?	1	未提供有效的合规经营经验和方法。
		2	提供了有限的合规经营经验和方法,但涉及的法律法规和行业标准较少。
		3	提供了一定的合规经营经验和方法,涉及了较多的法律法规和行业标准,但实施效果一般。
		4	提供了丰富的合规经营经验和方法,涉及了全面的法律法规和行业标准,并展示了良好的实施效果。
		5	提供了非常丰富的合规经营经验和方法,涉及了全面且具有针对性的法律法规和行业标准,展示了卓越的实施效果。
10	请谈谈您在提高门店环保意识和实施节能减排措施方面的经验。您是如何推动门店实现可持续发展的?	1	未提供有效的环保意识和节能减排措施的经验和方法。
		2	提供了有限的环保意识和节能减排措施的经验和方法,实施效果较低。
		3	提供了一定的环保意识和节能减排措施的经验和方法,实施效果一般。
		4	提供了丰富的环保意识和节能减排措施的经验和方法,展示了较高的实施效果和门店可持续发展。
		5	提供了非常丰富的环保意识和节能减排措施的经验和方法,展示了卓越的实施效果和门店可持续发展。

10道贴近需求的面试题目，辅以清晰的评分标准，瞬间让原本复杂的面试评估变得简单起来，又不失专业。在实际使用时，你可以根据自己的需求，定制一份专属于你的面试操作手册。相信ChatGPT这个"面试导师"必将成为你招到合适人才的强大助力。

◆ 杨洁敏：传统行业拥抱AI，MINS珠宝工作室的探索之路

杨洁敏，可能是我私域里最"奢侈"的私董。她是MINS珠宝工作室创始人，为喜爱珠宝的人提供珠宝定制服务。

我们相识，是因为她加入我的"AI老板圈"，成了我的私董。后来我才知道，其实早在两年前，她就已经认识我了。

洁敏曾在新华社、中央电视台担任新闻编辑。两年前，经过原新华社同事的推荐，她开始关注我的视频，后来还读过我的《超级个体》。她说对书中的"独孤九剑"方法论印象深刻，2023年她看到了AI的颠覆性趋势，所以我的"AI老板圈"刚一推出，她便立刻入手，站在了AI浪潮之上。

我对洁敏从事的珠宝定制行业很感兴趣，不是因为我要买珠宝，而是因为我非常好奇：在这个无比传统的行业里，AI到底能提供哪些帮助？

从央视到珠宝：杨洁敏与她的MINS工作室

杨洁敏的外曾祖父张宝廷，曾是中缅两国享有盛誉的翡翠商人。受先辈这段经历的影响，以及出生地腾冲的翡翠文化熏陶，她的童年充满了各种与珠宝有关的故事。对于她而言，各种闪闪发光、颜色各异的小物件，是童年的美好记忆。

怀揣着对于珠宝的热爱，5年前，她从央视辞职，创立了MINS珠宝工作室。

5年后的今天，MINS已经成长为一家成熟的珠宝工作室，覆盖珍珠、翡翠、钻石、耳环、戒指、项链、手链、胸针、古董珠宝等多个品类。近三年他们累计提供了超过1000次珠宝定制服务，实现业务收入超过1500万元。

从客服到设计：杨洁敏在行业内的AI探索

每一件定制珠宝，从宝石挑选到设计，再到制作，都是独一无二的。因此，与客户、供应商和制造商的每一次交流，都必须针对特定产品进行。这个过程需要大量的时间和人力。如何提高效率，是包括MINS在内的珠宝定制行业需要共同面对的问题。

洁敏说，以他们服务数千名客户的经验来看，客户询问的问题高度相似，例如：不同宝石和材料的区别，如何挑选宝石和材料，各种设计的特点和适应性，珠宝定制流程，定制所需时间，宝石真伪和质量的鉴定方式，以及价格决定因素等。

面对这些高度相似的问题，他们正尝试利用AI，结合自身经验和知识，生成相应的答案，以便客户在购买过程中快速得到有针对性的回答，将人工客服资源集中在更特殊的问题上。

除了客服之外，他们还在尝试利用AI辅助珠宝设计。

在提供珠宝定制服务时，大多数客户对他们想要达到的效果只有模糊的概念。设计师需要通过多次交流，做出多份草图，才能将客户的期待转化为直观的设计图。而且，许多客户在看到设计图后，还会产生新的想法，需要多次修改才能满意。从客户初步提出想法到完成设计，可能需要几周的时间。

为此，他们正尝试让AI绘图工具，例如Midjourney、Stable Diffusion等，完成初步的设计工作，缩短设计时间，将设计师的精力集中在更精细的部分。

以情感与艺术为核心：适度依赖，小步迭代

不过，洁敏也提到，在珠宝定制行业中，引入AI是要谨慎一些的，要在现有商业模式的基础上适度依赖，并采取小步迭代的方式。珠宝定制是一个传统的行业，尽管AI可以提升许多环节的效率，但不能对行业商业模式产生颠覆性影响。

最关键的是，珠宝定制的过程，具有艺术性和情感性。虽然他们已经试图用AI客服来处理一些高度相似的客户咨询，但定制服务提供者本身的艺术素养，以及与客户建立共情和信任关系的能力，仍然是获取客户、留住客户的关键因素。简单来说，客户更关注的可能是品牌的"温度"，而不是智能化水平。

此外，能否挑选到合适的宝石，也对定制成果有着重要影响。宝石的挑选是一个碎片化的过程，需要对接不同的供应商，从大量的宝石中筛选出最合适的一颗。最终结果的好坏，和服务商的供应商网络、对宝石的判断能力强相关。因此，珠宝定制行业，只能在现有的商业模式下适度依赖AI。

但是换个角度看，尽管短期内，珠宝定制行业的商业模式无法被颠覆，AI的快速发展在将来仍然有可能带来更多应用场景。这就要求我们时刻关注AI技术的发展，并主动试验AI技术的新应用，以小步迭代的方式，将AI技术运用到更多的价值链中。

例如，随着AI技术的进步和人们对AI应用意识的增强，未来更多的宝石供应商，可能会将他们的库存接入有AI技术支持的数据库中。像MINS这样的定制工作室，就可以直接描述自己需要的宝石数据，然后让AI快速从数据库中筛选出合适的备选项目，从而提高整个宝石采购环节的效率。

而他们，也将继续采用小步迭代的思路，关注AI技术的发展，进一步地发掘更多的应用场景，来辅助工作室的业务需求。

智能裁员助理：平衡团队规模与效能

裁员和招聘，是两个相对的过程和手段。但是，相对招聘而言，裁员发生的概率往往更低，处理起来也更为复杂，如果处理不当，可能会带来员工不满、品牌声誉受损等问题。

在ChatGPT横空出世、火遍全球之际，很多雇主会选择裁撤团队，使用ChatGPT来完成那些原本是由人力完成的工作。在超级个体和他们的团队身上，这样的情况更加普遍，因为团队人数往往较少，对成本更加敏感。

但是，厂长要强调，使用ChatGPT等AI技术的核心目标，并非裁员，而是降本增效。降本增效中的"降本"和"增效"是一组同时出现的词，请不要把它们割裂开。裁员并非降本的唯一方式，如果你能通过优化流程、提高效率、提升业务水平等方式来"增效"，那么单位业绩产出对应的成本，也会随之降低，这也是一种"降本"，即在增效的同时降本。

因此，更明智的做法是将AI融入现有工作流当中，放大超级个体和团队的效能，从而实现跨越式增长和长期稳定发展，而不是思考如何用更少的人维持现有业绩。这是两种思维，前者是增长思维，后者是固守思维。

举个形象的例子，你原来有两条腿，一天吃3碗饭，可以走5千米。现在我给你一双翅膀，免费而且不消耗你的能量，让你可以飞翔。但是翅膀毕竟有局限性，有些场合却不那么方便。这时，你有两个选择：

（1）砍掉一条腿，因为消耗小了，你可以少吃1碗饭。一天吃2碗饭，靠翅膀和"金鸡独立"互相配合，每天还是可以前进5千米。

（2）保留两条腿，一天依然吃3碗饭，天高海阔时振翅翱翔，荆棘密布时脚踏实地，每天可以前进20千米。

你怎么选？

AI就是这双翅膀，它很强大，但还不能完全取代人的手脚。所以，裁员应该是最后的手段，只有在你经过深思熟虑，明确裁员势在必行之后，例如人力确实太过繁重，或者AI对业务的提升受到其他因素制约时，我才建议你这么做。

如果你确定了要裁员，ChatGPT可以帮助你解决很多问题，例如确定裁员规模与范围、指导你进行沟通、协助你保护品牌形象与声誉、教你如何处理激烈情绪等。

厂长还是带你下沉到一个具体场景中，为你逐个演示一遍。例如你是儿童早教领域的IP，有一个10个人的团队，认为ChatGPT可以替代一部分工作。你可以这样问ChatGPT。

提示词：

我专注在儿童早教领域，主要工作包括拍摄短视频、写文章、制作课程、直播等，现在有一个10个人的团队，其中1名助理、1名视频制作、3名文案编辑、1名课程设计、1名助教、1名公众号运营、1名视频号运营、1名美工。由于ChatGPT的出现，文案编辑和课程设计这两个岗位的部分工作或许可以被ChatGPT代替，所以我想要裁掉一些人。请就裁员规模和范围给我提供一个方案，注明裁员后我应该如何重新分配工作，以及你提出这个方案的理由。

ChatGPT：

在考虑裁员规模和范围时，我们需要确保团队的核心功能和效率不受影响，同时充分利用ChatGPT的能力。根据您目前的团队构成，我提议如下：

裁员方案：

1. 裁减2名文案编辑，留下1名以监督和校对由ChatGPT生成的内容。

2. 裁减1名课程设计，将ChatGPT纳入课程设计流程，用以提供素材和想法。

重新分配工作：

1. 剩余的1名文案编辑负责审核、修改和完善ChatGPT生成的内容，确保质量和符合品牌调性。

2. 1名助教在课程设计阶段负责与ChatGPT协同工作，以确保课程内容符合教育目标和学习者需求。

理由：

1. ChatGPT在文案编辑和课程设计方面具有一定的能力，可以有效地减轻团队的工作负担。

2. 裁减部分员工可以降低人力成本，将资源投入其他领域，如营销和客户服务，以提高整体业务表现。

3. 保留部分核心岗位的员工，确保ChatGPT生成的内容和课程设计质量得到监督和把关，防止出现错误或不符合品牌调性的内容。

请注意，虽然ChatGPT具有很强的语言生成能力，但在某些情况下，它可能无法完全理解您的需求和教育目标。因此，在裁员和重新分配工作后，请密切关注团队的工作效率和质量，以确保达到预期效果。同时，要确保与员工保持良好沟通，提供足够的支持和资源，以便他们适应新的工作环境。

ChatGPT给出了一个裁员方案，裁减2名文案编辑，留下1名以监督和校对由ChatGPT生成的内容，并且裁减1名课程设计，将ChatGPT纳入课程设计流程，用以提供素材和想法。

不过，在这个例子中，我对ChatGPT进行了引导，明确提到想要对文案编辑、课程设计这两个岗位进行优化，所以它给出的答案是遵循这个大方向的。我认为有必要和它继续探讨，明确我这个先入为主的想法是否正确。

提示词：

裁掉课程设计人员，让助教借助ChatGPT设计课程更合适，还是裁掉助教，让课程设计人员借助ChatGPT提高效率，省下的时间担任助教更合适？

ChatGPT：

在这种情况下，我建议裁减助教，让课程设计人员借助ChatGPT提高效率，同时承担助教的部分职责。以下是我的理由：

1. 专业性：课程设计人员通常具有更丰富的教育背景和专业知识，他们更了解如何制定符合教育目标的课程。借助ChatGPT的能力，课程设计人员可以更快地生成素材和想法，从而提高工作效率。

2. 整合能力：课程设计人员在与ChatGPT合作时，可以更好地整合不同类型的教育资源，包括视频、文章和互动活动等，以创建更为完整和高质量的课程。

3. 质量把关：课程设计人员更有能力确保课程内容的质量和符合教育目标，他们可以对ChatGPT生成的素材和想法进行筛选和修改，以符合品牌调性和教育需求。

4. 职责划分：将助教职责纳入课程设计人员的工作范围，可以使他们更好地了解学生的需求和问题，从而更有针对性地优化课程内容。

当然，在实施这一方案时，请确保与课程设计人员保持良好的沟通，明确新的职责和期望，并提供足够的支持和资源，以帮助他们适应新的工作环境。同时，请密切关注团队的工作效率和质量，以确保达到预期的效果。

ChatGPT给出的理由有理有据，经过讨论，我决定采纳它给出的建

议，把裁减课程设计变为裁减助教。明确了裁员规模和范围，接下来我关心的，就是怎么和被裁掉的员工沟通。

提示词：

好的，那就裁掉助教和2名文案编辑。被裁掉肯定不开心，我该怎么和他们沟通呢？

ChatGPT：

在与被裁员工沟通时，要确保采取适当的策略和态度。以下是一些建议：

1. 提前准备：在与员工沟通前，确保您已充分考虑并确定了裁员的原因、范围和影响。在必要时，请咨询人力资源专家或法律顾问，以确保遵循相关法规。

2. 私密环境：安排与被裁员工的私人会议，以便在一个安静、不受打扰的环境中进行沟通。这有助于保护员工的隐私和尊严。

3. 明确沟通：在沟通时，要明确告知员工裁员的原因和决定。尽量避免使用模糊的措辞，以免给员工造成不必要的困扰和误解。

4. 同理心：要展示关心和理解，让员工知道这是一个艰难的决定。尽量站在他们的角度思考，对他们的感受表示关心。

5. 提供支持：为被裁员工提供一定程度的支持，例如提供找工作的指导、推荐信或者协助他们与其他公司或行业内的人脉建立联系。这些措施可以帮助员工更快地找到新的工作机会。

6. 保持职业道德：在整个过程中，要保持尊重和职业道德，避免任何可能被视为不当行为的举动。

7. 关注剩余团队：在完成裁员后，要关注剩余团队的情绪和士气。与团队成员沟通裁员的原因和公司的未来发展规划，以减轻他们的担忧。同时，提供足够的支持和资源，帮助他们适应新的工作环境。

请注意，在裁员过程中，每个人的反应和需求可能会有所不同。灵活调整您的沟通策略，以满足不同员工的需求，并尽可能减轻他们的困扰。

ChatGPT虽然给出了一些有建设性的建议，但是我想让它给出一些具体的沟通话术，以供我参考学习。我在《方法论》和《虚构类书籍》的章节中，讲到过"小模型点亮大模型"的方法，在这里，我再次使用这样的方式，提升ChatGPT输出话术的质量。

提示词：

在裁员沟通上，有什么好的沟通模型吗？

ChatGPT：

在进行裁员沟通时，可以采用一种被称为"SPIKE"模型的沟通策略。SPIKE模型强调在沟通过程中的尊重、同理心和支持，同时保持清晰和直接。以下是SPIKE模型的具体步骤：

1. S - Setting（环境）：为与被裁员工的沟通安排一个私密、安静且不受打扰的环境。确保与会人员尽可能少，并预先通知参会人员，以便他们做好心理准备。

2. P - Purpose（目的）：在会谈开始时，简要说明会议的目的。避免过多的细节，以免在一开始就让员工感到不安或焦虑。

3. I - Information（信息）：明确、直接地传达裁员决定和原因。避免使用模糊或过于复杂的措辞。说明公司是基于业务需求和ChatGPT技术的出现做出的这个决定，并强调这与员工个人表现无关。

4. K - Knowledge（知识）：为员工提供关于裁员流程、经济补偿以及如何领取工资和福利等方面的详细信息。确保员工充分了解接下来将发生什么，以便他们能够顺利地进行转型。

5. E - Empathy（同理心）：在整个沟通过程中，展示关心和理解。倾听员工的想法和感受，回应他们的问题和担忧。表达您理解这是一个艰难的决定，并尊重他们的感受。

6. E - Encouragement（鼓励）：为被裁员工提供支持，如提供求职指导、推荐信或协助他们与其他公司或行业内的人脉建立联系。表达您对他们未来的信心，并鼓励他们积极地寻找新的机会。

通过遵循SPIKE模型，您可以确保在整个裁员沟通过程中保持专业、尊重和同理心，同时有效地传达重要信息。请注意，每个员工的需求和反应可能不同，因此在沟通过程中要保持灵活，并根据实际情况进行调整。

提示词：

很好，可以按照这个模型，结合你前边给出的沟通建议，以裁掉文案编辑为例，为我写一份沟通话术吗？

ChatGPT：

当然可以。以下是一个基于SPIKE模型和之前沟通建议的示例，用于与被裁减的文案编辑沟通：

设置（Setting）：

安排一个私密、安静且不受打扰的环境，确保与会人员尽可能少。

目的（Purpose）：

"张三，谢谢你抽时间来参加这个会议。今天我们需要讨论一下团队的调整和未来的发展方向。"

信息（Information）：

"由于公司业务发展的需要，我们决定引入ChatGPT技术来提高工作效率。经过深思熟虑，我们认为在文案编辑方面，ChatGPT可以有效地减轻团队的工作负担。因此，公司决定调整文案编辑团队的人员配置。遗憾地通知你，我们将不得不裁减你的职位。我要强调的是，这个决定与你的个人表现无关。"

知识（Knowledge）：

"关于裁员流程，我们将按照公司政策和相关法规为你提供相应的经济补偿。此外，你将在离职后的一个月内收到所有应得的工资和福利。在接下来的几天里，人力资源部门将与你联系，提供更详细的信息并回答你的任何问题。"

同理心（Empathy）：

"我们理解这对你来说是一个非常困难的时刻。我们非常感激你在公司的付出和贡献，并且非常重视你的才能。这个决定让我们也非常痛心，但我们必须为公司的未来发展做出这个艰难的决定。如果你有任何问题或顾虑，请随时向我提问。"

鼓励（Encouragement）：

"我们愿意为你提供一封推荐信，以帮助你在寻找新工作时证明你的能力和经验。此外，我们也愿意协助你与其他公司或行业内的人脉建立联系。我们相信你具有非常强大的能力，未来会取得更大的成功。请保持积极的心态，继续努力寻找新的机会。"

以上沟通话术仅供参考，你可以根据实际情况和员工的反应进行适当调整。保持专业、尊重和同理心，帮助员工更好地应对这个困难时刻。

很好，到这里，我已经知道该如何进行有效沟通。随之而来的问题，就是在沟通中，针对对方可能表现出的情绪，我应该如何处理。处理人，就是处理情绪。

提示词：

在这样的裁员谈话中，员工一般都会暴露出哪些情绪和反应，我又该如何处理呢？

ChatGPT：

在裁员谈话中，员工可能会表现出多种情绪和反应。以下是一些常见的情绪和反应，以及应对建议：

1. 愤怒：员工可能会对裁员决定感到愤怒。在这种情况下，保持冷静和专业，尊重他们的感受，并给他们一些时间消化这个消息。避免与愤怒的员工发生争执。

2. 悲伤：员工可能会感到悲伤和失望。表达同理心，让他们知道你理解他们的感受。给予他们足够的时间和空间，让他们表达自己的情绪。

3. 担忧：员工可能会担心他们的未来和经济状况。提供具体的解决方案和支持，如求职指导、推荐信或协助他们与其他公司或行业内的人脉建立联系。

4. 否认：员工可能会否认这个决定，希望能够挽回自己的职位。在这种情况下，重申裁员的原因，并强调这是一个经过深思熟虑的决定。避免员工产生任何误解或希望。

5.疑问：员工可能会提出关于裁员流程、经济补偿和其他细节的问题。准备好回答这些问题，并在必要时引导他们咨询人力资源部门。

6.接受：有些员工可能会相对较快地接受这个决定。即使如此，仍要确保表达关心和支持，帮助他们顺利地过渡到新的工作环境。

在处理员工情绪和反应时，请注意以下几点：

· 保持冷静、专业和尊重

· 表达同理心，理解员工的感受

· 提供具体的解决方案和支持

· 避免员工产生误解或希望

· 随时准备好回答员工的问题

请根据实际情况灵活调整应对策略，以满足不同员工的需求。在整个过程中，始终关注员工的情绪和反应，并尽可能减轻他们的困扰。

ChatGPT给出的回答既专业，又全面，就像是一位人力资源专家。针对这些不同的情绪，你可以继续和它探讨，明确不同的情绪应该如何有针对性地处理。在这里，厂长用最极端的情绪——愤怒，为你演示一下。

提示词：

如果一名文案编辑表现出愤怒，例如对我破口大骂，我该怎么疏导他的情绪？有没有一些心理学上常用的疏导策略，是我可以快速学习和实践的？

ChatGPT：

当面对愤怒的员工时，保持冷静、专业和同理心非常重要。以下是一些心理学上常用的疏导策略，可以帮助你在应对愤怒员工时保持冷静和有效地疏导他们的情绪：

1.保持冷静：在面对愤怒的员工时，不要回应他们的愤怒。保持冷静、专业，避免与他们发生争执。

2. 倾听：让员工表达他们的愤怒和担忧。认真倾听他们的观点，尽量不要打断。通过倾听，你可以了解他们的感受，从而更好地帮助他们。

3. 同理心：表达对员工情绪的理解。告诉他们你了解他们为什么感到愤怒，并表示你能感受到他们的挫败。

4. 重复员工的观点：重复员工表达的观点，表明你确实听到了他们的意见。这有助于缓解他们的愤怒，并让他们觉得被尊重和理解。

5. 适当地道歉：如果适用，可以对员工所经历的困扰表示歉意。请注意，这并不意味着你要为整个裁员决定道歉，而是表示你理解他们的感受，并对他们所经历的困扰表示关心。

6. 提供解决方案和支持：向员工提供具体的解决方案，帮助他们解决问题。这可能包括提供求职指导、推荐信或协助他们与其他公司或行业内的人脉建立联系。

7. 设置界限：尽管要尊重员工的感受，但如果他们的行为变得过于激烈或不尊重，你需要明确地表达你的界限。在这种情况下，可以礼貌但坚定地表明，你愿意倾听他们的观点，但期望对话保持尊重和专业。

请根据实际情况灵活运用这些疏导策略。处理愤怒员工时，关键在于保持冷静、专业，并尽可能地表现出同理心。通过有效地疏导员工的情绪，你可以帮助他们更好地应对这个困难时刻。

ChatGPT给出的回答非常优质，很多内容是典型的心理学处理方式，也已经被实践证明是有效的。例如"重复观点"，很多时候，你只要简单重复对方说过的话，他就会生出被理解、被认同的感受，历史上有很多危机谈判，都是靠这一招化险为夷的。

你可以用同样的方式，和ChatGPT逐个探讨，也可以给它提供更多的背景信息，让对话能够更加深入，在这里我就不演示了。最后，我问它怎么能够最大限度地维护品牌形象和声誉。

提示词：

感谢你的建议，接下来我想谈谈保护品牌形象与声誉这个方面。有些员工被裁员后心怀不满，会到处夸大散播雇主的负面消息。为了避免这种事情发生，我可以提前做些什么？如果发生了，我又该如何挽回呢？

ChatGPT：

为了避免被裁员员工散播负面消息，你可以从以下几个方面着手：

1. 公平对待：确保裁员过程公平、透明，并遵循公司政策和相关法规。公正地对待所有员工，避免歧视和偏袒。

2. 沟通：与被裁员员工保持积极沟通，解释裁员的原因，并表达对他们的同情和支持。在整个过程中，保持真诚和关心。

3. 提供支持：提供实质性的支持，如经济补偿、推荐信和求职指导。这可以减轻员工的担忧，并有助于维护公司的声誉。

4. 维护员工隐私：尊重员工的隐私，不要在公共场合透露具体的裁员信息。这有助于维护员工的尊严，减少负面情绪的产生。

5. 培养公司文化：建立一个积极、透明、互相支持的公司文化。在困难时期，这种文化可以帮助员工更好地应对变革，并减少负面言论的传播。

如果员工已经开始散布负面消息，你可以采取以下措施来挽回公司声誉：

1. 及时回应：迅速、公开地回应负面消息，解释情况并澄清误解。避免回避问题或激化矛盾。

2. 坦诚承认：如果公司确实存在问题，诚实地承认并表示愿意改进。这有助于重建公众对公司的信任。

3. 强调积极方面：展示公司在其他方面的积极表现，强调公司的价值观和社会责任。这可以帮助抵消负面消息的影响。

4. 沟通与对话：与负面言论的传播者进行对话，了解他们的担忧并提供解决方案。这有助于平息他们的愤怒，减少负面言论的传播。

5. 关注员工满意度：在裁员后，关注留在公司的员工的满意度，确保他们感受到关心和支持。员工满意度的提高有助于改善公司的形象和声誉。

综上所述，在应对被裁员员工散布负面消息时，关键在于公平对待员工、积极沟通、提供支持，并在必要时迅速回应负面消息。通过采取这些措施，你可以减少负面言论的传播，保护公司的品牌形象和声誉。

ChatGPT分别从事前和事后两个角度给出了明确的建议。如果这些事情无奈已经发生，只需要给它提供具体的场景和问题，不断给它反馈，它就可以给你详细的应对方案。

◆ 慧子姐：公司全面应用AI，降本增效的布道者

慧子姐，职场培训公司"冰底学堂"CEO、"跟慧财商"品牌创始人。她的职场培训每年有千万营收，财商教育每年百万营收。

她的"冰底学堂"，主要针对0~8岁的职场人，课程覆盖职业规划、人际沟通、演讲表达、求职面试、个人品牌、商业思维、小红书等多个维度。而在她的"跟慧财商"中，她自己也做IP，帮助理财小白提升财商和理财技能。

慧子姐之前就是我的私董，看到我推出"AI老板圈"，很自然就报名了。

她说，主要是想看看其他老板，如何结合AI为公司降本增效，她认为这些信息对于创业者来说非常重要。

不管是做公司业务，还是打造自己的IP，她和她的团队每天都要花大量时间来写文案、做短视频、直播、写文章来获客，以及写课程、做交付。

2023年3月的一天，她刷朋友圈，看到一个创业者朋友说"ChatGPT比大部分员工好用多了"，并附上了一张与ChatGPT聊天的截图。这条朋友圈一下子就引起了她的兴趣，点开那张图片时，她被ChatGPT的回答深深震撼，"感觉像一个智商超级高的人在回答"，慧子姐说。

当天她就找朋友要了一个账号，和ChatGPT聊到凌晨2点才休息。她开始意识到，这个AI可以在很多方面帮助她降本增效，因为它可以在几秒钟内回答几乎任何问题，为她节省大量时间和精力。

AI变现的第一桶金：慧子姐AI俱乐部

在开始接触ChatGPT的那几天里，慧子姐难掩兴奋，在自己的朋友圈、社群频繁晒出ChatGPT的强大。看到这些内容，很多人都被吸引了，问她到底要怎么上手。这也让她萌生了一个想法：创建"慧子姐AI俱乐部"，带领大家一起学习以ChatGPT为代表的AI使用方法。

她认为，赠人玫瑰，手有余香，教也是最好的学。

于是，她在一次财商课的直播中分享了这个想法，没想到大家反响非常热烈，很多人都表示非常有兴趣，希望能够加入这个俱乐部。当天就有一百多人报名，2天内报名人数就突破了300人，变现6位数。

慧子姐还对我说她很意外，我说，因为你站在了时代的浪潮之巅。

之后，她还参考我的"AI老板圈"发售信的提示词，让ChatGPT写了一篇发售文章，又为俱乐部吸引了几百名学员。

对于慧子姐来说，AI俱乐部，也成了她在AI领域直接变现的第一桶金。

全面应用AI而不裁员：慧子姐的管理智慧

慧子姐说想围观其他老板，用AI降本增效，其实她自己的公司在AI的应用上也绝不输给别人。

早在接触ChatGPT的第二天，慧子姐就将自己和ChatGPT的聊天截图分享到了公司群，向员工们展示ChatGPT的强大功能，并鼓励每个人都要在当天上手。

现在，她公司的每个部门都在积极地使用ChatGPT，特别是在写作方面。员工们借助ChatGPT，能够轻松地产出比以前更多、更高质量的文案，大大提高了公司的内容生产效率。以前每天可能只能产出2~3篇文案，现在却可以轻松产出10篇以上，而且质量也得到了保证。

除了文案，ChatGPT也为课程开发提供了很大的帮助。慧子姐说，公司最近研发的课程大纲，也是借助ChatGPT来完成的。以前，可能需要花费四五天，才能完成一个大纲，现在只需1个小时即可完成，而且内容还更吸引人。这不仅为公司的课程开发工作节省了大量时间和精力，也让这些课程更加符合市场的需求。

此外，ChatGPT还为公司的管理工作带来了巨大的便利。以前，不管是慧子姐还是各部门主管，总要帮员工解答很多问题，而员工也要帮学员解答很多问题，占用了大量的时间精力。现在，员工们有问题都可以让ChatGPT来解答，她和部门的管理负担显著减少。这也让他们有更多的时间去关注战略性的工作，从而更好地推动公司发展。

我问慧子姐，既然AI的降本增效作用这么明显，那么有没有想过要裁员？

她回答道："目前没有想过裁员，我们公司本身是一个创业型公司，奋斗文化特别浓厚，每个员工的自驱力都非常强。ChatGPT帮助大家把工作效率提升了，他们能够有更多的时间去休息、去提升自己、去做自己喜欢的事情，我觉得也是很不错的。员工们的身心状态更好，反过来也可以把工作做得更好。"

我认为，她看得更深、更长远。

慧子姐的未来规划：做个布道者

作为ChatGPT的深度用户，慧子姐每天都会花大量时间去使用ChatGPT。从战略制定到管理，再到课程开发和文案写作，她都会用到ChatGPT。此外，她还会利用AI绘画工具，每天创作自己的艺术作品，在自己的AI俱乐部分享和打卡。

在谈到将来的打算时，她表示，尽管自己在工作中已经成功应用ChatGPT，但仍然有很多个人和企业并不知道如何使用AI工具，来提高工作效率。

在未来，慧子姐计划将自己打造成一个AI领域的布道者，向更多人传授AI知识和技能。

目前，她已经开发了C端的培训课程，并计划推出B端培训和定制化解决方案，帮助更多的个人和企业解放生产力，提高工作效率。

她认为，AI并不是人类的敌人，而是人类的助手，可以为我们提供很多帮助。AI技术的发展和应用，可以极大地提升人类的生产力和创造力，让我们有更多的时间去做更多、更重要、自己更喜欢的事情。

所以，请停止观望，开始积极地拥抱AI吧。

创意团建方案：凝聚团队力量，激发创造活力

团建是一个高度开放的场景，不同行业、不同规模的团队甚至是团队处在不同阶段，对团建活动的需求都是不同的。并且，因为团建是一个低频事件，和日常工作并没有过多关联，所以大多数时候，团建策划者都很难说出特别具体的想法。

基于这种情况，在这个章节中，厂长特意为你打磨出了一套"万能"提示词，几乎可以覆盖你的各类需求场景。

这套提示词属于问答流派，开局先赋予ChatGPT一个团建活动策划专家的身份，让它来一步步引导你明确需求，最终交给你一份高质量的答卷。

提示词：

你是团建活动策划专家，将根据我的需求为我制定最优的团建方案。

为了你能写出最佳的方案，你要不断问我你需要知道的各类信息，例如我们所在的行业、团队风格、团建的目标、参与人数、时长、活动经费、地点偏好、新颖程度等。这些只是举例，请你再扩展一些其他问题。每次询问我时，请给出一些例子和引导，以便我能更好地回答你。

直到你认为我提供的信息已经足够，或者我说"没有了"，你才会开始帮我制定团建方案。

团建方案不用长篇大论，只要写明核心内容即可，除非我要求你提供详细方案。

如果你理解了以上内容，请说理解。

ChatGPT：

理解。现在我们开始讨论关于你们团队的相关信息，以便我为你制定最佳的团建方案。

首先，请告诉我你们所在的行业。例如，是科技公司、金融服务、教育，还是制造业等？

ChatGPT已经理解了它的身份，以及要做的事情。它开始询问你所在的行业，并且给你提供了引导，这也是厂长这套提示词的强大之处，它能把问答题转换为选择题。

提示词：

直播带货，以农副产品为主。

ChatGPT：

明白了，你们的行业是直播带货，主要关注农副产品。接下来，请告诉我你们团队的风格。例如，是年轻有活力、务实低调、跨文化多元，还是创新型等？

在提供了行业之后，ChatGPT开始询问团队的风格，要知道，不同类型的团队，适合的团建活动也是不同的。

提示词：

年轻有活力。

ChatGPT：

了解了，你们是一个年轻有活力的团队。接下来，请告诉我这次团建的主要目标。是提高团队凝聚力、增进沟通与合作、放松身心，还是培养领导力等？

ChatGPT继续询问，帮助你明确团建的目标。它给出的引导非常专业，真的就像一位团建策划专家，通过对话循循善诱，帮你抽丝剥茧，理清思路。

提示词：

主要是放松身心，团队最近压力比较大，在放松身心的同时，最好能增进沟通与合作。

ChatGPT：

好的，明白了，团建的主要目标是放松身心，同时希望能增进团队沟通与合作。那么，请告诉我参与团建活动的人数，以及预计的活动时长。例如，人数是20人，活动时长为1天等。

- -

ChatGPT已经确认了团建目标，开始询问参与人数和活动时长，由于这两个问题比较简单，它很聪明地合并在一起询问。

提示词：

人数10人，时长半天。

ChatGPT：

了解了，参与团建活动的人数为10人，时长为半天。接下来，请告诉我你们的活动经费预算。例如，总预算是5000元，或者每人预算500元等。

- -

ChatGPT开始询问预算，预算的不同，将直接影响它给出的方案内容。

提示词：

总预算3000元，可以适当突破。

ChatGPT：

好的，总预算为3000元，可以适当突破。接下来，请告诉我你们的地点偏好。例如，是户外、室内、城市周边度假村等。同时，请告诉我你们希望活动的新颖程度，是希望尝试一些新的、独特的活动，还是可以接受一些常见的团建项目。

- -

拿到预算后，ChatGPT开始询问地点偏好，以及活动形式。这里，厂长决定给它增加一些难度，要求它提供新颖独特的方案，拒绝常规团建项目。

提示词：

地点都可以，但不要长途跋涉，因为只有半天。希望尽量新颖，尝试一些新的、独特的活动，因为我们的团队比较年轻化，常见的团建项目比较老套，对他们没什么吸引力。

ChatGPT：

明白了，地点可以是户外或室内，但要避免长途跋涉，因为活动时间仅为半天。同时，你们希望尽量尝试一些新颖、独特的活动，以吸引年轻的团队成员。

根据你提供的信息，我为你们制定了一个团建方案：

活动名称：探索城市之谜

活动地点：附近市区内（确保距离适中，避免长途跋涉）

核心内容：

1. 分成两个小组，每组5人。

2. 为每个小组提供一系列线索和谜题，引导他们沿着既定路线在城市中探索，并在特定地点完成挑战任务。

3. 挑战任务可以包括拼图游戏、猜谜解码、寻找隐藏物品等，以锻炼团队成员之间的沟通和协作能力。

4. 在活动过程中，鼓励团队成员拍摄有趣的照片和视频，以记录这次独特的城市探险之旅。

5. 活动结束后，所有成员在一家餐厅聚餐，分享他们的探险经历，颁发奖品给完成任务最快的团队。

预算分配：

1. 线索和谜题制作：500元

2. 挑战任务道具：500元

3. 聚餐费用：1500元

4. 奖品预算：300元

5. 其他费用：200元

总预算：3000元

这个方案结合了探险、解谜和团队协作的元素，既能让团队成员放松身心，又能增进沟通与合作。请问您对这个方案有什么意见或建议吗？

- -

询问了足够的要求后，ChatGPT给出了一份"冒险解谜"的初步方案。厂长看到这个方案的时候眼前一亮，如果靠我们自己，估计很难想到这样的团建活动。并且它考虑得非常周到，如果只是冒险，似乎活动的收尾有点"干"，团队经过一系列智力和体力的付出，如果草草结束，确实不太合适。ChatGPT在活动结束后，特意安排了一次聚餐，相信带着刚才的冒险经历，这次聚餐中又多了不少话题，而回味这些话题，又是一次绝佳的、团队协作方面的复盘。

想到这里，厂长兴奋不已，一定要让它继续设计，给出具体的谜题和线索。

提示词：

这个方案不错。地点就安排在天津市泰丰公园，请设计详细的线索、谜题、道具，一共设计5个关卡。

线索指向下一个任务的地点，到达地点后寻找谜题，找到并解开谜题后得到下一个任务的地点，以此类推。

过程中由于没有工作人员确认解谜答案是否正确，所以要想办法在答案正确时可以让他们自己拿到下一个线索。

ChatGPT：

好的，根据您的要求，我为您设计了5个关卡，每个关卡包括线索、谜题和道具。地点设置在天津市泰丰公园。请注意，这个方案需要您事先去公园进行一次实地考察，以确保线索和道具的放置位置合适。以下是详细的关卡设计：

关卡1：

线索：找到公园内最高的雕塑。

谜题：在雕塑周围寻找一张藏有二维码的卡片，扫描后将出现一个数字谜题。谜题为："公园建成年份的后两位数字减去公园建成年份的前两位数字，将结果加上公园门票价格，得到的数字是多少？"

道具：二维码卡片

解答：假设公园建成年份为1990年，门票价格为20元，则结果为（90-19）+20=91。

关卡2：

线索：将关卡1的答案作为距离（单位：米），沿着公园的主干道前进，找到一个带有红色丝带的树。

谜题：在树下找到一副拼图，拼好后会显示下一个地点的图片。

道具：拼图

解答：拼好的图片显示公园内的一个小亭子。

关卡3：

线索：根据拼图上的图片找到公园内的小亭子。

谜题：在亭子内找到一个藏匿的音频播放器，播放后会听到一段描述。根据描述，找到公园内一个特定的景点。

道具：音频播放器

解答：音频描述指向公园里的一个人工湖。

关卡4：

线索：在人工湖附近找到一只小船。

谜题：使用小船在湖上找到一个漂浮的小箱子，打开后会看到一串字母和数字组成的代码。

道具：小船、漂浮小箱子

解答：代码为"THP35"，代表"泰丰公园35号长椅"。

关卡5：

线索：根据代码找到公园内编号为35的长椅。

谜题：长椅下有一个锁住的箱子，需要找到附近隐藏的钥匙来打开箱子。

道具：锁住的箱子、钥匙

解答：钥匙藏在长椅附近的一个花坛中。

完成所有关卡后，参与者会在最后一个箱子里找到一张邀请函，指引他们去聚餐地点庆祝胜利。

为确保答案正确时，参与者能自行拿到下一个线索，每个关卡的谜题设计成环环相扣的形式，只有解出正确答案，他们才能找到下一个线索。例如，在关卡1中，数字谜题的答案同时也是关卡2的线索，他们需要准确计算出正确的距离，才能找到带有红色丝带的树。在关卡2中，只有拼好拼图才能看到下一个地点的图片。以此类推，每个关卡的谜题和线索都紧密相连。

通过这种设计，确保了只有解答正确的参与者才能顺利进行到下一个关卡。最后，成功完成所有关卡的团队将在最终的箱子里找到邀请函，引导他们前往聚餐地点庆祝胜利。

请您再次核对这个方案，看是否满足您的要求。如有任何问题或需要修改的地方，请随时告诉我。

ChatGPT给出了很多富有创造力的内容，方案不错，不过关卡3没有给出谜题内容，我要求它写出。

提示词：

关卡3，请把描述的内容写出来。

ChatGPT：

当然可以。这里是关卡3的音频描述内容：

"在这个宁静的公园里，有一片水域映照着蓝天白云。水中的鱼儿欢快地游动，岸边的垂柳轻轻拂过水面。在这里，你可以听到水波拍打的声音，感受到清风拂过的宁静。请跟随这些线索，寻找这个如诗如画的地方。"

这段描述暗示了一个宁静的水域，有蓝天、白云、鱼儿、垂柳等元素。根据这些线索，参与者需要在公园里寻找一个人工湖。这个人工湖应该与描述中的景象相符，让参与者在寻找过程中感受到公园的美丽与宁静。

希望这次修改符合您的要求。如有任何问题或需要修改的地方，请随时告诉我。

提示词：

这个描述太直白了，换成暗示的方式吧，暗示人工湖。

ChatGPT：

当然，我为您修改关卡3的音频描述，采用更加含蓄的暗示方式：

"在这片绿意盎然的空间，有一处充满生机的角落。阳光与树影交织在一起，形成一幅生动的画卷。这里，水的灵动与大地的宁静相互辉映，仿佛是一面镜子，倒映着天空的美景。请跟随这些线索，揭开这个如诗如画的秘密。"

这段描述更加含蓄地暗示了一个充满生机的地方，其中水和大地共同构成了一幅美丽的画面。参与者需要根据这些线索，在公园里寻找一个人工湖。

希望这次修改符合您的要求。如有任何问题或需要修改的地方，请随时告诉我。

- -

关卡3基本可用了，不过关卡4和关卡5中，有些内容不符合场地实际情况，厂长要求它重新设计。

提示词：

关卡4，公园里没有小船，请重新写一个。

关卡5，公园里的长椅没有编号，请重新写一个。

ChatGPT：

很抱歉给您带来了不便。我将根据您的要求重新设计关卡4和关卡5。

关卡4：

线索：在人工湖边找到一个巨大的石头，上面有一副地图。

谜题：参与者需要根据地图上的标记，找到公园内一个隐藏的地点。地图上标有一个指向该地点的箭头和一些参照物。

道具：地图

解答：地图指向公园内的一个小花园。

关卡5：

线索：根据地图找到公园内的小花园。

谜题：在小花园中，有一块雕刻有一首诗的石碑，参与者需要找到这首诗的最后两句。根据诗句中的关键词，找到公园里一个特定的景点。

道具：雕刻有诗的石碑

解答：诗句的关键词指向公园内的喷泉广场。

完成所有关卡后，参与者会在喷泉广场找到一张邀请函，指引他们去聚餐地点庆祝胜利。

请您再次核对这个方案，看是否满足您的要求。如有任何问题或需要修改的地方，请随时告诉我。

经过这次修正，关卡4基本可用了，但是关卡5还是有问题，公园里没有雕刻着诗句的石碑，自己做一个的话成本又太高，我让ChatGPT再换一个方案。

提示词：

关卡5，没有雕刻有诗的石碑。

ChatGPT：

很抱歉关卡5的设计不符合实际情况，我将再次修改关卡5。

关卡5：

线索：根据地图找到公园内的小花园。

谜题：在小花园中，布置一个有趣的照片寻找任务。事先在花园里的不同角落放置5张印有字母的卡片。参与者需要找到这些卡片并按照顺序拍摄照片，最终将这些字母组合成一个单词。

道具：印有字母的卡片

解答：字母组合成的单词为"WATER（水）"，指向公园里的喷泉广场。

完成所有关卡后，参与者会在喷泉广场找到一张邀请函，指引他们去聚餐地点庆祝胜利。

请您再次核对这个方案，看是否满足您的要求。如有任何问题或需要修改的地方，请随时告诉我。

- -

经过修改，这次没问题了。不过，在线索衔接和细节处理上，还有一些需要调整的地方，厂长经过权衡，决定自己完善。下面是完善后的版本。

起点：公园入口处

起始线索：找到公园内最高的雕塑，你将在雕塑下方发现下一步提示。

关卡1：雕塑

道具：一张卡片，写有谜题，谜题的答案是前进的米数，在对应位置到达下一个关卡。

谜题：用今年的年份，减去公园建成年份，再加上我们公司距今的成立年限，你将得到一个数字，请按这个数字前进。

关卡2：红丝带树

道具：绑着红丝带的树木，下方藏匿一份拼图，拼好后是公园内的一个小亭子，并且在旁边画着一个音乐符号。

谜题：请完成拼图，它将指引你到达下一个关卡。

关卡3：小亭子

道具：音频播放器，播放谜题录音，指向人工湖旁的巨石。

谜题：在这片绿意盎然的空间，有一处充满生机的角落，它仿佛是一面镜子，让你看到阳光、云朵与树影交织在一起，形成一幅生动的画卷。请根据提示，找到这个地方，并且留意它两边那些巨大的东西。

关卡4：人工湖旁的巨石

道具：地图，标注大概位置，并画着很多花朵。

谜题：请前往该区域，找到正确的地点。

关卡5：小花园

道具：7张卡片，分别印着V、I、C、T、O、R、Y七个字母，象征着胜利。

谜题：在这个花园中，散落着7张卡片，请找到它们，按正确顺序排列。

至此，一份创意十足的团建方案就做好了，不过ChatGPT也提醒你，要确保活动效果，你需要事先实地考察，以确保线索和道具的放置位置合适。

在这个例子中，ChatGPT已经出色地完成了90%的内容，"最后一千米"是厂长亲自完成的，如果你不嫌麻烦，也可以不断调教ChatGPT，让它去修改。只不过我认为它给出的内容已经极大限度激发了我的灵感，我完全可以用更快的速度来手动完成。如果要让我把灵感再打字，反向输入给它，然后检验它的输出，甚至可能还要进一步调教，耗费的时间会更多。

用好这套团建"万能"提示词，你也一定可以快速打造出一套团建方案，不仅极具创造力和吸引力，还充分匹配你团队的阶段性需求。

◆ 钟北任：一名与AI"人机合一"的修行者

钟北任，一名连续创业者，是匠壬传媒、友为教育、北阳云海投资等多家公司的创始人。

我和钟北任是通过朋友介绍认识的，我们之间一直保持着交流。同是连续创业者，我和他走过的路有很多相似之处，我们也一直互相勉励着。

钟北任毕业于东北大学计算机专业，曾在广州工作过一年半。时至今日，他已经走过了三年的创业历程，正踏入第四个年头。这些年来，他尝试过不少商业项目，包括密室、剧本杀推广、小红书运营、篮球训练营、龟场和青年社群等。

相信你看到钟北任做过的项目，不难想象出，他一路走来经历了多少坎坷。

2019年在广州买摊位时，他被骗了几十万元，对方直接失联。

2020年第一次创业的密室项目，因为前期准备不足、合作伙伴临时退出，以及自己创业经验不足等问题，也遭受了严重亏损。最终，他选择以放弃一半投资额的条件退出合作。

他还做过代驾，卖过保险。

不过，这些经历也成了他通往成功的阶梯。例如，他在保险公司学到的顾问式行销，就帮助他的剧本杀推广业务实现了10多倍的增长。他曾依靠小红书和抖音，在2个月的时间内，拿下市面上60%剧本的合作，迅速把自己的剧本杀推广业务做到全国前列。

有闭环，也有过贪心：钟北任的AI实践之路

2023年，钟北任加入了我的"AI老板圈"，而他和AI的故事，再次深深触动了我。

因为，他几乎购买了市面上所有的课程。他说，不想错过任何关于AI的知识。

其实在很早的时候，钟北任就开始接触AI了，但直到2023年3月21日，在听了刀姐的一次线下分享后，他才意识到AI带来的变革有多么猛

烈，这一天他直到现在都还记得。从那时起，他开始全身心投入AI领域。现在，他60%的工作已经与AI高度融合，AI也成了他完美的合作伙伴。

每天，他会通过Notion AI，对收集的信息进行快速归纳总结，选择性精读，为自己节省了大量的时间。而在这个过程中，筛选出的内容自然也就成了自媒体的素材。他会利用已经调教好的模型在小红书、公众号等平台进行内容分发，形成一套输入、输出的闭环。

在公司关键事务的判断上，他也会和ChatGPT协同进行头脑风暴，做出最正确的决策。

对于团队，他更是要求所有员工必须拥抱AI，不会AI的员工将不再留下。

全面启用AI后，他整个公司的工作效率有了明显的提高，沟通成本也大幅降低。借助AI强大的文案能力，他们在多个业务板块都实现了自媒体推广的批量复制，内容产出效率直接翻了3倍。

没错，他正利用AI重塑公司业务，努力将公司的员工都培养成超级个体。

不过，在探索AI的过程中，钟北任也走过弯路。

最开始的时候，他非常贪心，想把市面上所有有价值的课程全部学完，导致自己在近两周时间里，承受着极大的输入压力。虽然对AI充满兴奋和热情，但持续的高强度输入，也让他疲惫不堪。

他逐渐意识到，只学习是远远不够的，必须要有所实践。而从大处着眼、小处着手，专注于自己力所能及的领域，成为领域内的AI应用专家，才是正确的路线。

钟北任的终极招数：让ChatGPT成为AI思考教练

以2023年5月火遍全网的"挖呀挖"事件举例，我带你看看，他是怎么通过ChatGPT这个AI超级教练，辅助自己思考的。

在下面的对话中，钟北任的提示词，我并没有改动，这其实也是大多数人日常写文字的状况：思路发散，不够精练，甚至有一些语病。这一切，在AI这位教练面前，你都不用担心。

（1）自己先对事件进行简单思考，使用AI协助分析，提供更多的视角

钟北任：

针对这个事件，我写了以下思考，请你进行分析并给我更多的视角：看了会儿挖呀挖的视频，试图去思考为什么它会火。

我自己在看的感受首先是旋律洗脑。

然后是会在这个过程里度过很长的时间，其中可能是对生活压力的释放。

在看的有几类人，有想借助这个热点火的人，有跟风热闹的人。

催生爆火的是大部分人懒惰的情绪，比如老师爆火后两天直播赚了多少钱。

其实里面是很复杂的关系链。

有的人是欣赏，有的人想借势，有的人看热闹。

这一切的汇聚让老师成了现象级的人物。

常说财富属于少部分人，这个事件里这位老师成了多方簇拥下的结果。

财富、人气自然汇集。

如果我是这位老师，我会快速找到操盘的人，把这波利益最大化。

因为从过往视频来看，老师的能力还不足以给自己塑造更好的框架和路径。

如果想要靠这波热度快速积累财富，需要厉害的咨询公司和厉害的人助力。

当然，前提一定是共赢。

ChatGPT：

你的思考非常深刻，从不同的角度分析了这个视频爆火的现象。我会尝试提供一些其他的视角供你参考：

1.社会现象：这个视频可能成为一种社会现象，反映出人们对快速成功、成名的渴望。在这个事件中，老师的成功可能让一些人觉得只要找到正确的机会，就有可能一夜之间获得名利。

2.网络营销：在当前的社交媒体环境中，病毒式传播对于内容创作者和平台而言是非常重要的。这次事件中，不仅个人会受益，平台也可能因为这个热门事件吸引到更多用户，提高自身的知名度和流量。

3.社会责任：对于这位幼儿园老师来说，虽然一时成名有其诱惑，但也需要关注自己的社会责任。作为一个教育工作者，老师需要保持专业水准和道德操守，在追求个人利益的同时不忘初心，为孩子们提供良好的教育环境。

4.机遇与挑战：这个事件对于老师来说，既是一个机遇，也是一个挑战。如何把握这个机会，发挥自己的优势，同时应对可能面临的困境和负面舆论，是这位老师需要思考的问题。

5.持续发展：短期内的爆红并不意味着长久的成功。如果想要在这个领域取得持续的成果，老师需要不断地提升自己的教育水平，与时俱进，适应不断变化的教育环境。

总之，这个事件反映了多方面的社会现象和人们的心理需求。对于其中涉及的个人和平台，如何把握机会、承担责任、实现持续发展，是值得关注和思考的问题。

（2）把零碎的思考，用作家手法进行梳理

钟北任：

那么你认为还有哪些我没有注意到的视角呢？请替我补充，然后请你用作家的文笔，帮我重新编辑一下，我希望读者感受到我文章的深思和文字的力量。

ChatGPT：

在此基础上，我为你重新编辑了一篇文章，希望能够满足你的需求：

在"挖呀挖"的旋律中，我们看到了一个社会现象的缩影。这个幼儿园老师带领孩子们唱着简单欢快的歌曲，无意间成了网红。在这个事件背后，我们可以观察到人类社会的种种复杂情感和需求。

首先，我们看到了年轻一代对轻松愉快生活方式的渴望。在这个竞争激烈、节奏紧张的时代，人们迫切需要一种情感寄托。而这首简单欢快的歌曲，正好满足了这一需求，让人们暂时忘却压力，找到快乐。

其次，我们看到了人们对快速成功、成名的渴望。在这个信息高度发达的时代，一个视频可以瞬间让人一夜成名。这种现象让许多人相信，只要找到正确的机会，就有可能实现梦想。然而，这样的成功往往建立在短暂的热度之上，长久的成功需要更多的努力和坚持。

再者，我们看到了人性的多样性。在这个事件中，有的人是出于欣赏而关注，有的人想借势而为之，有的人仅仅是看热闹。这种多样性展示了人类社会的复杂性，也反映了互联网时代信息传播的特点之一。

此外，我们还看到了亲子互动的重要性。这个视频的内容适合家长与孩子共同观看，有助于加强亲子间的情感联系。在现代社会，家庭关系的建立和维护变得愈发重要，而这类视频的流行正好满足了这一需求。

然后，我们要关注的是教育工作者的社会责任。尽管一时的成名有诱惑力，但作为教育工作者，他们需要保持专业水准和道德操守。在追求个人利益的同时，他们应该不忘初心，为孩子们提供良好的教育环境。

最后，我们要思考如何实现持续发展。短暂的爆红并不意味着长久的成功。对于这位幼儿园老师来说，她需要不断提升自己的教育水平，与时俱进，适应不断变化的教育环境。同时，她还需要在机遇与挑战之间寻找平衡，发挥自己的优势，以应对可能面临的困境和负面舆论。总之，这个事件呈现出人类社会的多样性与复杂性。在这个信息爆炸的时代，我们需要在关注热点的同时，深入思考背后的原因和影响，以便更好地理解我们所生活的世界。

（3）站在不同的视角上，提出更多落地思路

钟北任：

好的，刚刚的文章，我希望你用一个商业大佬的视角再写一篇，你可能更关注的是这件事的商业价值。

ChatGPT：

从一个商业大佬的视角来看，这个幼儿园老师的视频爆红事件蕴含着巨大的商业价值。以下是分析这一现象的商业角度：

1.品牌合作和广告潜力：这位幼儿园老师凭借独特的个人魅力迅速积累了大量粉丝，具备了与各类品牌进行合作的潜力。企业可以抓住这一机会，与这位老师达成广告代言或品牌合作，借助她的影响力扩大品牌知名度和影响力。

2.内容创意产业的商业价值：这个事件向我们展示了内容创意产业的巨大潜力。一首简单的歌曲，能够在短时间内吸引大量关注，这为音乐、影视、文学等领域提供了无限的商业机会。通过发掘有潜力的内容，商业领袖可以为其投资并推广，从而获得丰厚的回报。

3.教育产品和服务市场：这个事件也反映出亲子教育市场的庞大需求。商业领袖可以抓住这一契机，投资或开发相关的教育产品和服务，以满足家长和孩子们的需求。例如，可以推出亲子活动、教育课程、儿童教具等。

4.社交媒体营销策略：这个事件再次证明了社交媒体营销策略的重要性。商业领袖应该关注社交媒体上的热点事件，运用合适的营销策略，提高品牌在目标市场的知名度和影响力。

5.投资人才和资源：商业领袖应关注具有潜力和创新能力的人才，为他们提供支持和资源。这位幼儿园老师的成功故事表明，通过正确的投资和支持，一个普通人也有可能成为具有巨大商业价值的明星。

6.抓住短暂的商业机会：在这个瞬息万变的时代，商业领袖需要迅速抓住短暂的商业机会，从而实现快速盈利。在这个事件中，企业可以与这位老师展开合作，在热度消退之前尽快实现收益。

（4）从评论互动中，挖掘更多价值

钟北任：

这次爆火，我看到如下有趣的评论和互动：

1.中小学生都在说幼稚，大学生在跟着挖；

2.很多人都在模仿各种挖的场景；

3.很多成年人在录制自己模仿挖呀挖唱歌的视频交作业；

4.很多人感觉有爱心，老师漂亮。

请进行思考分析。

ChatGPT：

这个幼儿园老师的视频爆红事件引发了各年龄段人群的关注和参与，这些有趣的评论揭示了不同群体对这个事件的不同态度和看法。以下是对这些评论的分析和思考：

1.中小学生觉得幼稚，大学生却跟着挖：这反映了不同年龄段的观众对这个现象的心理反应。中小学生可能觉得这个视频的内容与他们的年龄和认知水平不符，因此觉得幼稚。而大学生则可能从中找到了童真和轻松的氛围，这有助于他们在繁重的学业和生活压力下放松心情。

2.很多人模仿各种挖的场景：这表明这个事件具有较高的参与度和互动性。观众愿意模仿视频中的场景，表达自己的想法和创意，同时也在社交媒体上获得关注和认可。这种参与感和互动性对于社交媒体热点事件的传播至关重要。

3.成年人录制模仿挖呀挖唱歌的视频交作业：这说明成年人也对这个事件产生了兴趣，愿意参与其中，展现自己的趣味和幽默。这种参与不仅能让成年人回忆童年，还能帮助他们暂时摆脱生活和工作的压力。

4.很多人觉得有爱心，老师漂亮：这反映了观众对幼儿园老师的正面评价和认可。老师的外貌和亲和力可能是吸引观众关注的重要因素。此外，她在视频中展现的爱心和教育态度也可能让观众产生共鸣，进一步提高了视频的吸引力。

从这些评论中，我们可以看出这个事件成功吸引了各年龄段观众的关注。对于商业领袖而言，了解不同群体的需求和喜好，以及如何将这些需求转化为商业机会，是实现成功的关键。

你看，AI在面对像"挖呀挖"这样的热门事件时，能够帮助你进行快速、深入的思考。它能帮你把零散的想法进行结构化梳理，甚至编织成逻辑清晰的文章。你只要稍作整理，就可以把这些内容作为一篇推文发布出去。

它还能变换不同的角度，扩展你思考的维度，甚至通过拆评论区的内容，挖掘出事件背后更深层次的需求。

如果你也能把AI培养成一位超级思考教练，你或许就能在这个信息又多、又碎片的时代里，抓住更多机会。

深度思考、保持学习：共同迎接充满变革的未来

钟北任坚信，随着以ChatGPT为代表的AI技术的出现，未来我们的交互方式，将发生巨大的改变。在这百花齐放的AI浪潮来临之际，他将始终冲在前线，保持深度思考和高频学习，成为一个与AI"人机合一"的修行者。

同时，他也会积极分享自己的经验和见解，帮助更多的人受益，共同迎接这个充满机会的AI未来。

钟北任的故事，让我看到了一个不断进化的超级个体，这个超级个体在创业的道路上持续向前，不断挑战自己，勇敢迎接这个时代的最大变革。

后 记

拥抱未来，AI超级个体引领时代

本书，我提了一个新的概念：AI超级个体。我认为这是在AI时代，许多创业者的最优创业模式，特别是内容创业者。

整本书的创作，也是围绕AI超级个体最高频的业务场景展开。我们一起探讨了如何在各种场景中使用AI，特别是ChatGPT，从内容、成交、交付到管理，厂长以超级个体的业务场景为出发点，带领你了解了这个时代的最新科技。

我希望你在阅读完这本书后，不仅掌握了AI的使用技巧，更能够学会如何独立思考、运用这些技巧。授人以鱼不如授人以渔，这本书的初衷，是为你提供正确使用AI的方法论，并且给你提供灵感和思路，帮助你在自己的业务场景下，找到适合的使用方法，把AI真正融入你的业务流程当中。

接下来，我希望你能多实践，多积累经验。阅读这本书仅仅是个开始，真正的收获来自实践。在实际运用AI的过程中，你会遇到各种问题，也会有意想不到的收获。实践是检验真理的唯一标准，只有通过不断实践和积累，你才能更好地掌握AI技术，让它成为你的得力助手。

此外，AI技术的发展日新月异，为你提供了无数可能性，也为你提出了更高的要求。作为一名超级个体，保持不断学习的精神是非常重要的。要想跟上这个AI时代的步伐，你必须时刻关注技术的发展动态，必须时刻关注新工具的诞生，也必须适应新的工作方式和思维模式。只有这样，你才能在一波又一波的AI浪潮中，激流勇进、勇立潮头，持续享受到AI带给你的效能红利。

然而，在拥抱AI技术的同时，也请你不要忽略了与人合作。AI技术的本质是为人类服务，为你的业务提供支持。在业务流程中，人，仍然具有举足轻重的地位。你一定要保持与人协作，发挥人与AI的双重优势。人工智能可以帮助你提升效能，但在很多情况下，人类的创造力、直觉和情感智慧仍然无法被替代。只有当人与AI协同工作，你才能实现价值最大化。

随着本书接近尾声，厂长希望给你留下的不仅仅是一系列关于如何使用AI的技巧和策略，更是一种未来的展望，一个对于人工智能与超级个体共同塑造时代的期许。

最后，如果你想要跟厂长一起迭代进化，欢迎你加入厂长的各种创业者圈层，可以先从链接我本人开始，围观一名AI超级个体的快速进化和迭代。

让我们一起拥抱未来，我会和你一起持续探索，共同见证AI超级个体在未来新的商业时代如何领跑各个细分赛道。

彩 蛋

AI如何为本书创作提供强大助力

在这本书的创作过程中，使用了大量AI技术，这也是它可以在一个月内就从我的笔下来到你手中的原因。

例如，为了完成目录的润色，厂长从"小而美创富圈"的课程交付文稿中，挑选出了20多个不错的标题，这些标题，符合我起标题的风格，投喂给ChatGPT学习，这种操作方式属于交代案例的投喂流派。

Model: GPT-4

LY 我是畅销书作家，你是我的文字助理。我会先给你提供一批优秀的标题，请你学习它们的共同点，然后按照这些标题的风格，帮我润色我的标题。
供学习的优秀标题：
6大要素搭建利润为王的商业模式
管理36招打造超强战力特种部队
1颗强大向善的初心
1份稀缺好记的专业背书
1个容易变现的赛道定位
1个极其靠谱操盘手
1个高利润的长销尖刀品
1条高产爆款的内容生产线
1份随处发放的见面礼
1节印钞机版的公开课
1帮全力支持的证言团
代理商模式，如何遍布天下无敌手
知识IP顶流是如何炼成的
单项目爆火北美，新锐健身房商业模式分析

先胜而后战，打造长销的高利润产品
产品6个数字背后的秘密
IP创业做产品的两大误区与核心秘诀
四步成交法引爆浪潮式变现
关于成交销售的六个核心心法
预防大于治疗，稳健经营50年
从流量到留量，坐拥私域资产，实现终身变现

如果你学习完毕，请说"我懂了"，并询问我需要润色的标题列表，我们后续的对话都将围绕这些需要润色的标题来展开，我会不断给你提供建议和反馈，你将不断调整它们，直到我说"搞定"，我们就完成了。

我懂了，请提供需要润色的标题列表。

在ChatGPT学习完毕后，我把本书的目录发送给它，它立刻按照我的标题风格，挥舞起了手中的"神来之笔"。

通俗易懂的AI技术概述
AI技术崛起带来的影响
最具价值的AI工具集
AI时代超级个体的价值与挑战
第一篇 为内容创作插上翅膀
选题库搭建
短视频脚本撰写
短视频文案撰写
广告文案撰写
长文案/品牌故事撰写
利用数字人代为口播
AI成为你代言人
AI帮助写书
AI制作配图
第二篇 放大成交
销售信撰写
发售方案制定
第三篇 高效交付
课程设计
课程内容编排
数字人授课
第四篇 让AI成为你的管理智囊团
招聘

面试
薪酬方案
财务
法务
结语：未来的AI超级个体
AI技术的发展趋势展望
走向未来的个人IP之路

🅰️ 经过学习，我为您润色了以下标题：

1. 通俗易懂的AI技术概述 => AI技术白话解析：轻松掌握核心概念
2. AI技术崛起带来的影响 => AI技术崛起：深刻改变我们的世界
3. 最具价值的AI工具集 => 价值爆棚的AI工具大全：提升效率必备
4. AI时代超级个体的价值与挑战 => AI时代超级个体：价值重塑与挑战应对
5. 第一篇 为内容创作插上翅膀 => 1个神奇AI助手：为内容创作插上翅膀
6. 选题库搭建 => 构建无尽选题库：源源不断的创意来源
7. 短视频脚本撰写 => 1个高效短视频脚本撰写法：抓住用户心
8. 短视频文案撰写 => 快速撰写短视频文案：让你的视频瞬间火爆
9. 广告文案撰写 => 广告文案神器：让你的广告瞬间吸睛
10. 长文案/品牌故事撰写 => 长文案与品牌故事：打造极具影响力的文字
11. 利用数字人代为口播 => 数字人助阵：为你的声音插上翅膀
12. AI成为你代言人 => AI助力：让机器成为你的代言人
13. AI帮助写书 => AI助手：轻松完成你的畅销书
14. AI制作配图 => AI智能制图：为你的内容添加生动视觉
15. 第二篇 放大成交 => 第二篇：放大成交，引爆销售业绩
16. 销售信撰写 => 销售信撰写秘籍：让顾客心动不已
17. 发售方案制定 => 制定发售方案：打造炙手可热的产品
18. 第三篇 高效交付 => 第三篇：高效交付，优质课程设计
19. 课程设计 => 课程设计利器：轻松打造卓越教学
20. 课程内容编排 => 课程内容编排：高效率教学实现
21. 数字人授课 => 数字人授课：引领AI时代的教育革命
22. 第四篇 让AI成为你的管理智囊团 => 第四篇：

🔷 LY   继续

🅰️ 第四篇：让AI成为你的管理智囊团，助力企业风生水起
23. 招聘 => AI招聘神器：锁定优质人才，助力企业成长

24. 面试 => AI面试辅助：精准选拔最佳人选
25. 薪酬方案 => AI智能薪酬方案：激励员工，提升团队凝聚力
26. 财务 => AI财务管理：数据驱动，助力财务高效运营
27. 法务 => AI法务助手：智能提醒，规避法律风险
28. 结语：未来的AI超级个体 => 结语：拥抱未来，AI超级个体引领时代
29. AI技术的发展趋势展望 => AI技术发展趋势：展望未来的机遇与挑战
30. 走向未来的个人IP之路 => 个人IP崛起：AI技术助力实现价值最大化

这些润色后的标题已经尽量贴近您提供的优秀标题风格，请您查看并给予反馈。

第一次润色，ChatGPT给出的结果就已经令人震撼。不过，有些标题它给出的内容，有点背离厂长的本意，毕竟我每个标题都只提供了几个字，出现理解偏差也是在所难免的。于是，我不断向它反馈建议、补充信息，它也任劳任怨地帮我不停打磨。

LY　请换一种方式重新润色以下标题，标题后边如果有括号，代表我提供的反馈或建议：
放大成交，引爆销售业绩（销售一词太低级，换一个高级点的方式）
AI助手：轻松完成你的畅销书（没有体现出AI在书本创作上的价值，轻松完成一词太过笼统）
AI智能制图：为你的内容添加生动视觉（AI制图的目的不是生动，而是快速、优质、高产、省去设计师等）
高效交付，优质课程设计（不够高大上）
课程设计利器：轻松打造卓越教学（课程设计打造的不是教学，关键是快速制作出专业、完整的课程框架）
课程内容编排：高效率教学实现（不光是排版，排版是次要的，主要的是内容润色）
助你精准选拔最佳人选（有点老套）
AI智能薪酬方案：激励员工，提升团队凝聚力（智能一词太老套，随便什么都可以叫智能，要突出AI特色）
AI财务管理：数据驱动，助力财务高效运营（财务中，AI主要是承担咨询的任务，比如遇到财税方面的问题时，可以向AI寻求答案）
AI法务助手：智能提醒，规避法律风险（法务中，AI主要承担咨询任务，比如有法律问题不明白可以向AI提问寻求答案，也可以帮助撰写法律文件）

根据您的反馈和建议，我重新润色了以下标题：

1. 放大成交，引爆销售业绩 => 拓展业务边界：提升营收成就
2. AI助手：轻松完成你的畅销书 => AI助力：创作畅销书的高效良策
3. AI智能制图：为你的内容添加生动视觉 => AI图像助手：快速产出高品质视觉素材
4. 高效交付，优质课程设计 => 卓越课程设计：实现高效交付与学习体验
5. 课程设计利器：轻松打造卓越教学 => 课程设计神器：迅速构建专业完整框架
6. 课程内容编排：高效率教学实现 => 课程内容优化：润色提炼，实现卓越教学
7. 助你精准选拔最佳人选 => AI招聘卫士：助您锁定顶尖人才
8. AI智能薪酬方案：激励员工，提升团队凝聚力 => AI薪酬策略：激发员工潜能，凝聚团队力量
9. AI财务管理：数据驱动，助力财务高效运营 => AI财务顾问：解答财税疑难，提升运营效率
10. AI法务助手：智能提醒，规避法律风险 => AI法务顾问：提供专业咨询，助力法律文件撰写

请您查看这次润色的标题，并给出反馈。如有需要，我会继续调整。

LY 高效交付，优质课程设计 => 卓越课程设计：实现高效交付与学习体验

这个还是不够好，交付的未必是课程，本书的受众也就是超级个体，他们可能交付各类产品，不要体现具体产品名称了，这是一个大标题，围绕整个交付场景来润色

了解您的需求，我为您重新润色了这个标题：

高效交付，优质课程设计 => 卓越交付策略：为超级个体提供高效的产品与服务体验

请您查看这次润色的标题，并给出反馈。如有需要，我会继续调整。

LY 这个点不太对，不是高效的，AI在交付中的应用，核心是提升交付质量和交付速度

感谢您的反馈，我重新调整了这个标题：

高效交付，优质课程设计 => AI赋能交付：提升质量与速度，助力超级个体成功

请您查看这次润色的标题，并给出反馈。如有需要，我会继续调整。

LY 可以再换一个吗

当然可以，我再为您调整了这个标题：

高效交付，优质课程设计 => AI助攻交付：提速增质，成就超级个体传奇

请您查看这次润色的标题，并给出反馈。如有需要，我会继续调整。

以上为你演示的是目录1.0的创作过程，在本书的实际撰写过程中，我对目录又进行了一些微调。

"AI助攻交付：提速增质，成就超级个体传奇"，也就是你看到的本书第四篇的大标题，我一个字都没改。

还记得我在"训练AI代言人"一章中提到的厂长的思维分身吗？在本书创作过程中，为了进一步提高效率，很多问题我都是直接向"思维分身"提问，让它从我的150万字精华中快速抽取信息。

例如，在"撰写品牌故事"一章中，我提到"品牌故事也是最高级且最便宜的广告，能够长期累积效应，为你的IP创业带来更大的成功机会"，这个观点就是"思维肖厂长"提炼出来的。

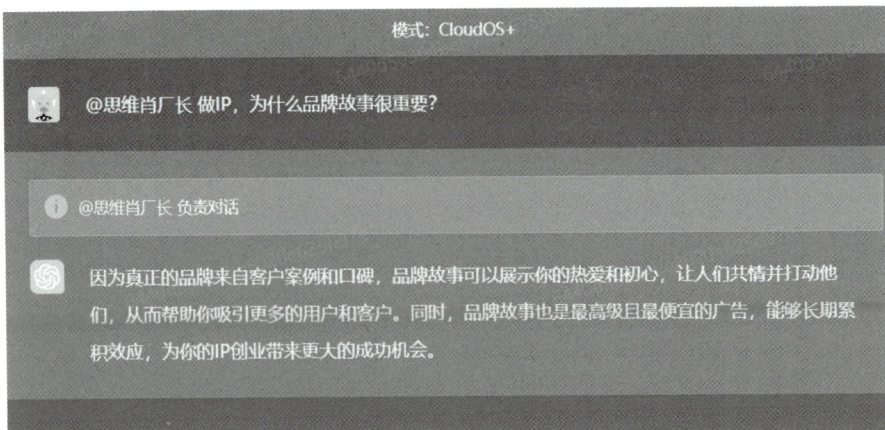

模式：CloudOS+

@思维肖厂长 做IP，为什么品牌故事很重要？

@思维肖厂长 负责对话

因为真正的品牌来自客户案例和口碑，品牌故事可以展示你的热爱和初心，让人们共情并打动他们，从而帮助你吸引更多的用户和客户。同时，品牌故事也是最高级且最便宜的广告，能够长期累积效应，为你的IP创业带来更大的成功机会。

除此之外，厂长还大量使用Notion AI，对某些段落进行了预生成、扩写和润色。这些AI技术的强大助攻，为我带来了前所未有的书籍创作体验。

ChatGPT的高阶用法：自循环流派

在本书的第一篇，讲解B.O.K.E.方法论的时候，我提到过一种ChatGPT的高阶用法——自循环流派。这种方式通过引入编程思维，在提示词里规定ChatGPT需要遵循什么过程，在什么情况下应该执行哪个步骤，为ChatGPT装上了一台强大的发动机。

我在"撰写品牌故事"这个章节中，就"背景"部分的提示词，提出了以下思路和引导：

核心产品：你的主打产品或服务。

品牌背景：你创业早期的情况。例如成立时间、成立原因、初始困难与挑战、创业动力、IP背景等。

发展历程：重要里程碑、至暗时刻、关键转折、高光时刻等。

市场地位：你的市场份额、行业地位、独特优势等。

品牌成果：你拿到了哪些实实在在的结果。例如成功案例、客户评价、荣誉奖项、重要数据等。

使命愿景：你的目标群体是谁，希望帮助他们达成什么、做到什么程度。

展望未来：你的发展规划、未来的努力方向等。

这些内容的产出就用到了我自己编写的一套"自循环"提示词，当然，拿到ChatGPT的内容后，我进行了手动微调。

Model: GPT-4

LY 阅读下面的所有说明，一旦你理解了它们，就说"我们开始吧："
我希望你成为我的Prompt Database Creator。你的目标是根据我选定的场景帮助我制定尽可能详尽的提示词库。
你将遵循以下过程：
你的第一反应是问我这个提示词库是关于什么场景的。我会提供一个场景，根据我的输入，你将生成3个部分：
一级提示词（我提供的这个场景下可以用于向你提问的一级提示词列表，所谓一级提示词，指的是归纳后的提示词类别，而不是具体的提示词，且它应该清晰、简洁且易于你理解）
建议（提供3条改进建议）
备选（提出3-10个备选的新的一级提示词）
在这些部分的末尾，提醒我的选择是：
选项1：阅读上述内容并提供关于一级提示词的改进建议。
选项2：键入"使用此提示"，我会根据这个一级提示词列表，生成具体的提示词内容。
选项3：键入"重新启动"以从头开始重新启动此过程。
选项4：键入"退出"以结束此脚本并返回常规ChatGPT会话。
如果我输入"选项2"、"2"或"使用此提示"，那么我们就完成了，你应该根据最后一次的一级提示词，生成每个提示词分类下的具体提示词，即二级提示词，并尽可能穷尽它们；
如果我键入"选项3"、"3"或"重新启动"，请忘记最后一次改进后的一级提示词并重新启动此过程；
如果我键入"选项4"、"4"或"退出"，请完成此过程并恢复到你的一般操作模式。
我们将持续进行这个迭代过程，我会向你不断提供改进建议，你会在"一级提示词"这部分中不断更新，直到完成。

🤖 我们开始吧。请告诉我，这个提示词库是关于什么场景的？

LY 撰写品牌故事

🤖 好的，关于撰写品牌故事的场景，我为您生成了以下一级提示词、建议和备选内容：

一级提示词：

1. 品牌背景
2. 价值观与使命
3. 核心产品与服务
4. 成功案例
5. 品牌未来愿景

建议:

1. 请确保这些一级提示词涵盖了您希望在品牌故事中包含的所有关键信息。
2. 考虑您的目标受众,在一级提示词中尽量使用他们更容易理解的术语。
3. 评估您的品牌故事的目的和目标,确保一级提示词与这些目标紧密相关。

备选:

1. 品牌创始人背景
2. 品牌形象与风格
3. 品牌发展历程
4. 客户评价与反馈
5. 社会责任与影响
6. 市场地位与竞争力
7. 企业文化

接下来,您可以选择:
选项1: 阅读上述内容并提供关于一级提示词的改进建议。
选项2: 键入"使用此提示",我会根据这个一级提示词列表,生成具体的提示词内容。
选项3: 键入"重新启动"以从头开始重新启动此过程。
选项4: 键入"退出"以结束此脚本并返回常规ChatGPT会话。

LY　请把备选的7个提示词,全部添加到一级提示词中

好的,我将备选的7个提示词添加到一级提示词中。现在的一级提示词列表如下:

1. 品牌背景
2. 价值观与使命
3. 核心产品与服务
4. 成功案例
5. 品牌未来愿景
6. 品牌创始人背景
7. 品牌形象与风格
8. 品牌发展历程
9. 客户评价与反馈
10. 社会责任与影响
11. 市场地位与竞争力
12. 企业文化

接下来，您可以选择：

选项1：阅读上述内容并提供关于一级提示词的改进建议。

选项2：键入"使用此提示"，我会根据这个一级提示词列表，生成具体的提示词内容。

选项3：键入"重新启动"以从头开始重新启动此过程。

选项4：键入"退出"以结束此脚本并返回常规ChatGPT会话。

LY 一级提示词修改为：核心产品、品牌背景、发展历程、市场地位、品牌成果、使命愿景、展望未来。

其中：品牌背景包括了创始人背景，市场地位包括了市场竞争力，品牌成果包括了成功案例、客户评价与反馈。

明白了，根据您的要求，我已经将一级提示词修改如下：

1. 核心产品
2. 品牌背景（包括创始人背景）
3. 发展历程
4. 市场地位（包括市场竞争力）
5. 品牌成果（包括成功案例、客户评价与反馈）
6. 使命愿景
7. 展望未来

接下来，您可以选择：

选项1：阅读上述内容并提供关于一级提示词的改进建议。

选项2：键入"使用此提示"，我会根据这个一级提示词列表，生成具体的提示词内容。

选项3：键入"重新启动"以从头开始重新启动此过程。

选项4：键入"退出"以结束此脚本并返回常规ChatGPT会话。

LY 使用此提示

好的，根据您选择的一级提示词，我为您生成了以下具体的二级提示词：

1. 核心产品
   - 主要产品线
   - 产品特点与优势
   - 目标市场和消费者群体

2. 品牌背景（包括创始人背景）
   - 创立时间和地点
   - 创始人的故事和经历
   - 公司愿景和初衷
3. 发展历程
   - 重要的历史事件
   - 产品线的扩展与创新
   - 公司规模的变化
4. 市场地位（包括市场竞争力）
   - 在行业中的地位和声誉
   - 主要竞争对手
   - 独特的竞争优势
5. 品牌成果（包括成功案例、客户评价与反馈）
   - 典型的成功案例
   - 客户评价与见证
   - 获得的奖项和荣誉
6. 使命愿景
   - 公司的核心价值观
   - 长期发展目标
   - 对社会和环境的贡献
7. 展望未来
   - 未来发展计划
   - 潜在的市场机会
   - 预期的挑战和应对策略

请查看以上二级提示词，并随时向我提出修改建议或询问。如需继续修改一级提示词，请随时告诉我。

有了这段提示词，在你遇到具体问题，不确定需要向ChatGPT提供哪些信息的时候，你就不再需要整理思路、查漏补缺、反复调教，ChatGPT会根据你的场景，为它自己写出一个提示词库，而你只需要全程做选择题即可。